中國學術思想

研究輯刊

四十編

林慶彰　主編

第 3 冊

清華簡與周代統治思想

李健勝　著

花木蘭文化事業有限公司

國家圖書館出版品預行編目資料

清華簡與周代統治思想／李健勝 著 -- 初版 -- 新北市：花木
蘭文化事業有限公司，2024〔民 113〕
目 4+182 面；19×26 公分
（中國學術思想研究輯刊 四十編；第 3 冊）
ISBN 978-626-344-767-7（精裝）
1.CST：簡牘 2.CST：政治思想 3.CST：春秋戰國時代
4.CST：西周
030.8   113009249

ISBN-978-626-344-767-7

中國學術思想研究輯刊
四十編 第三冊   ISBN：978-626-344-767-7

清華簡與周代統治思想

作　　者　李健勝
主　　編　林慶彰
總 編 輯　杜潔祥
副總編輯　楊嘉樂
編輯主任　許郁翎
編　　輯　潘玟靜、蔡正宣　美術編輯　陳逸婷
出　　版　花木蘭文化事業有限公司
發 行 人　高小娟
聯絡地址　235 新北市中和區中安街七二號十三樓
　　　　　電話：02-2923-1455／傳真：02-2923-1452
網　　址　http://www.huamulan.tw 信箱 service@huamulans.com
印　　刷　普羅文化出版廣告事業
封面設計　劉開工作室
初　　版　2024 年 9 月
定　　價　四十編 15 冊（精裝）新台幣 40,000 元

清華簡與周代統治思想

李健勝　著

作者簡介

李健勝，1975 年生，青海貴南人。湖南師範大學歷史文化學院教授，中國先秦史學會常務理事，主要從事先秦秦漢思想文化史研究。在《中國史研究》《史學理論研究》《史學月刊》等發表學術論文 60 餘篇，出版《子思研究》《〈論語〉與現代中國：闡釋及建構》《流動的權力：先秦、秦漢國家統治思想研究》等專著十餘部。主持國家社科基金項目 3 項（其中 1 項為國家社科基金重大項目子課題）、國家出版基金項目 1 項、省級社科項目 1 項。

提 要

本書利用清華簡研究西周、春秋及戰國時期最高統治者、統治精英、精英思想家在國家管理與社會控制方面的思想、理念、立論等。全書共分四章，前三章分別研究了清華簡《程寤》所見太姒寤夢與武王受命、從清華簡文「肆祀血盟」看西周前期的王權政治、清華簡所見周公「天命」觀的貴族政治屬性、從清華簡文「使眾若使一人」看秦國以軍紀治民思想的源起與轉進、清華簡《子產》所見國野分治與鄭國統治思想、清華簡《越公其事》的文本性質及其所見戰國國家統治思想、清華簡「書」類文獻的文本性質與墨家賢人觀的擴充機制、清華簡《子犯子餘》《趙簡子》所見諸子反貪婪觀念、清華簡《耆夜》《保訓》等所見戰國儒家統治思想的源起、清華簡《五紀》所見「五德」與黃帝學說的統治思想等問題。第四章總結清華簡所見周代統治思想的結構、特徵、影響等問題，從制禮作樂與告別「革命」、國家統治路徑中的「新」與「舊」、與多元世界相對抗的統治思想及其歷史命運三個維度總結了清華簡所見周代統治思想的政治學內涵。

目

次

緒　言

　　本書是一部利用清華簡研究周代統治思想的學術專著。2008 年 7 月，清華大學入藏一批戰國竹簡，經碳 14 測定，寫作年代大致為戰國中晚期，以楚國文字風格為主，出土地點大概在湖北一帶。2010 年以來，清華簡陸續結集出版，至今已發行 12 冊。近年來，我國出土的戰國竹簡多為「書」類、「語」類及諸子類文獻，文獻性質不同於秦漢簡牘，具有濃重的思想文化史內涵。其中，郭店楚簡、上博簡、清華簡、安大簡的出土、公布，為先秦思想史研究提供了新材料，推動了相關學科的研究進展，尤其是清華簡所見「書」類文獻的學術價值更是不可估量。

　　統治思想史是政治思想史的組成部分，主要內容涉及國家層面的政權治理與社會控制思想，從內容結構及層次上可分為最高統治者的統治思想，精英政治群體的統治思想和精英思想家的統治思想三個部分，它們相互有別又彼此交融，共同構成特定時代或特定國家統治思想的基本內容。利用傳世文獻研究周代統治思想史的成果可謂汗牛充棟，利用出土材料解析這一時期統治思想的成果也為數不少，但基於「清華簡與周代統治思想」的學理思考和系統性研究成果較為匱乏。本書通過探究清華簡所見不同層面社會精英統治理念、手段、見解等，分析相關內容、特點及社會影響等，藉此把握周代統治思想脈博。

一、難得的新材料

　　2010 年出版的《清華大學藏戰國竹簡（壹）》（中西書局）公布了《尹至》《尹誥》《程寤》《保訓》《耆夜》《金縢》《皇門》《祭公》和《楚居》。其中，《尹至》《尹誥》涉及夏末商初之事，《程寤》《保訓》《耆夜》《金縢》《皇門》

《祭公》的內容為文武伐商、周公攝政稱王及其他周初史實，《楚居》則講述了楚國歷史。這批竹簡多為「書」類文獻，它們的出土證實除傳世的儒家《尚書》外，戰國時期還有其他類別的「書」類文獻，這為研究周代前期國家統治思想提供了難能可貴的新材料。這批「書」類文獻埋入地下後未經儒家改造，文本本身體現出的思想性質和價值傾向是解析書寫者或傳承者統治思想的絕佳材料，亦可用於諸子統治思想研究。

2012 年出版的《清華大學藏戰國竹簡（三）》，共收入 6 種、8 篇文獻。其中，《說命》屬「書」類文獻，內容與《古文尚書》中的《傅說之命》全然不同，學者多以此文再證後者確係偽「書」，筆者認為鬼神化的傳說故事顯然與墨家賢人觀的生成方式密切相關，是研究墨家統治思想的重要材料。《周公之琴舞》《芮良夫毖》和第一輯的《耆夜》涉及西周「詩」學，所見徽戒思想是儒家政治批判觀的文獻來源。《良臣》則簡要羅列了黃帝以來各代賢臣，是研究春秋戰國國家人才觀的新材料。《赤鵠之集湯之屋》和第五輯的《湯處於湯丘》《湯在啻門》一樣，巫術色彩濃重，學界一般認為和早期道家君人南面之術有關，但在筆者看來它們是研究墨家統治觀念的新材料。

2016 年出版的《清華大學藏戰國竹簡（陸）》之《子產》，內容涉及子產以國野分治治理鄭國。圍繞這篇新材料，學者們對子產政治思想的屬性展開研究，子產到底是出禮入刑，還是禮法並重，抑或有其他思想傾向，因這篇文獻的公布有了重新審視或討論的契機。2017 年的第七輯《子犯子餘》《趙簡子》可做為考察諸子反貪婪思想的文獻依據，藉此可暸解周代反貪婪思想的源起、特點及其變遷過程。《越公其事》也是一篇十分重要的先秦佚文，所載內容反映的究竟是春秋時期吳越爭霸及越王句踐施政，還是假託句踐表達戰國統治思想，值得辨析和研究。2018 年出版的《清華大學藏戰國竹簡（捌）》共收入 8 篇戰國佚文，其中，《邦家之政》《邦家處位》《治邦之道》和次年出版《清華大學藏戰國竹簡（玖）》中的《治政之道》與墨家的賢人觀有關。

2020 年公布的《四告》，分別記載周公旦、伯禽、穆王及召伯虎的四篇告辭。其中《四告一》是周公向皋陶祝禱的告辭，結構、內容與《尚書·立政》多有相似之處，它的出土對研究周初國家及周公統治思想具有重要意義。2021 年公布的《五紀》當是戰國黃帝學說的一篇佚文，文本思想結構深受陰陽五行思想影響，但在形式上有意迴避「五行」，其中所見「五德」可證戰國諸子思想的雜糅。2022 年公布的《參不韋》以「託言問對」的形式來述作者的治政理

念，蘊含著鮮明的戰國「五行」思想。

　　史學研究的新進展仰賴新材料的發現，這一觀點已成為學界共識。對於先秦史研究領域而言，新材料的出土意義更為重大，因為反映這一時期歷史面貌的史料太少了，就先秦思想史研究來說，儘管諸子文獻相對豐富，但反映最高統治者統治思想和精英政治群體統治思想的材料也很缺乏，儘管可以借助新的闡釋方法深挖傳世文獻所見周代統治思想的方方面面，但缺乏新材料的支撐，這一研究方向的創新性受到顯而易見的抑制。如果說郭店楚簡和上博簡的發現，起到「重現七十子」之功效，使受「秦火」影響不能窺其全貌的孔孟之間的儒學等諸子思想得以重見天日，那麼，清華簡的出土則在更豐富的文獻背景和更廣闊的思想視域中，呈現了商周時代的政治行為、思想文化及學術活動面相，反映出戰國時代發達的書寫能力和活潑的思想創造，其價值不僅在於重現了諸子之學，更在於重現商周文明。

　　清華簡「書」類文獻的出土，不僅證明儒家《尚書》之外，還有其他體系的「書」之傳承，更重要的是它反映了基於官府檔案的歷史書寫之多元性，這些文獻一方面反映了有別於儒家的思想旨趣，另一方面未經後世改作，保留了「書」的一些原始形態，藉此可窺見商周政治史的原始狀態。其中，《皇門》《四告一》等所見周公攝政稱王的背景、過程及效應，對於還原姬周統治集團內部的權力運作及其變遷過程，具有撥雲見霧之功效。清華簡「語」類文獻多具政論性質，和同類傳世文獻在論說方式、書寫目的等方面有較大區別，其政鑒意味更為突出。清華簡所見諸子文獻的書寫方式、學理特徵等足以說明戰國時代是我國形成原創思想文化的一個巔峰時代，這些文獻進一步證明處於亂世的思想家們對重建社會政治秩序抱有濃厚的興趣。

　　總之，清華簡是難得的研究周代統治思想史的新材料，藉此不僅可以重新討論諸子思想命題，也可討論周代統治者個人和精英政治群體的統治思想，為相關論題的縱深性研究提供材料支撐。

二、重點參考的研究成果

　　清華簡公布以來，基於這批材料的上古史研究成為先秦乃至古史研究的一大熱點，湧現出一批優秀研究成果。首先，由李學勤、黃德寬先後領銜的清華簡簡文整理、釋讀團隊的成果是筆者重點參考的研究成果。十幾年來，清華大學古文字釋讀與研究團隊不斷公布簡文內容，展開相關研究，文字學、上古

史方面的成果不斷湧現，相關學者既是清華簡古文字釋讀的先鋒，也引領上古史研究前沿。本書所引用清華簡具體釋文基本遵循這一團隊公布的原始釋文，採用寬式釋文，同時對有爭議的釋讀文字擇優從之，這些成果中既有公開發表的論文，也有簡帛網等網站公布的釋讀新成果。研究成果方面，李均明、石小力、程浩等學者得風氣之先，就各自感興趣的問題做過廣泛而深入的研究。比如，《五紀》公布後，上述學者就所見黃帝故事、宇宙論、德目內涵等進行研究，相關成果既有介紹新近釋讀成果、引領研究熱潮的作用，也有啟發新研之實際功效。

其次，杜勇基於「《尚書》學」的研究是筆者重點參考的學術成果，相關論著對新見「書」類文獻的認知和對一些問題的見解多有啟發之益。具體來說，杜勇曾借用「貴族社會」理論反思夏商社會形態，對這一時期社會形態的外在形式和內在結構皆有精到的認知，這為利用新的「書」類文獻還原古史提供了堅實的史觀基礎，而在這一基礎之上提出的觀點往往能迫近史實，切中要害。比如，《清華簡與伊尹傳說之謎》一文，針對墨家有意杜撰伊尹身份而宣揚其賢人觀的文本書寫方式，提出伊尹並非姒姓的有莘氏人，也非庖人出身的媵奴，而是因遭洪災與有莘氏並族的子姓伊氏之長，他有效促成了殷氏、莘氏、伊氏戰略同盟的建立，奠定了推翻夏桀統治的政治軍事基礎，在夏朝貴族國家體制下，伊尹往來夏商之間屬於正常的政治活動而不是有意為之的間諜行為。〔註1〕杜勇還利用《芮良夫毖》等還原了周厲王的實際施政，有力地批駁了視厲王為改革家的不當之論。總體而言，杜勇的研究屬於典型的「《尚書》學」成果，尤重上古政治史研究，講求新舊史料結合下的古史還原，方法論上具有較高參考價值。

再次，曹峰和李銳對《保訓》所見「中」觀念的解讀，對筆者多有啟發之功。《保訓》發布後，學界對其中所見「中」到底是實物還是觀念，是何種實物及如何理解「中」觀念展開熱烈討論。曹峰《〈保訓〉的「中」即「公平公正」之理念說——兼論「三降之德」》一文認為，「中」作為一種「公平公正」的理念，對應著人間社會與天地萬物，是處理族群間矛盾的有效手段。〔註2〕他敏銳地捕捉到文王遺囑的核心內涵，把「中」觀念和處理族群矛盾關係問題

〔註1〕杜勇：《清華簡與伊尹傳說之謎》，《中原文化研究》2015年第2期。
〔註2〕曹峰：《〈保訓〉的「中」即「公平公正」之理念說——兼論「三降之德」》，《文史哲》2011年第6期。

連接起來，可謂切中要害。不過，曹峰認為，這個「中」與追求平衡技巧的「中」以及心學意義上的「中」沒有直接關係，只能作「正直無私」解，而李銳認為《保訓》「中」觀念既有實在意義，又有抽象意義，與儒家中庸觀念有淵源關係〔註3〕。

　　第四，劉光勝的系列論文也是筆者重點參考的研究成果。在利用清華簡研究「《尚書》學」、上古政治史及思想文化史論題方面，劉光勝堪稱「勞模」，他發表的系列成果在認識儒家《尚書》的形成和偽《古文尚書》的性質，周公施政及其影響，《耆夜》《皇門》等篇章的思想文化內涵等方面皆有很高的參考價值。對筆者而言，劉光勝的研究具有濃厚的思想史解讀意味，諸多論題與筆者的研究相重合，因此，凡有涉及，必定引用。就研究問題背後的價值觀而言，劉光勝研究成果之歸旨往往遵循儒家道德價值觀，比如，《三監之亂與周公治國謀略的展開——以清華簡〈皇門〉為中心的考察》一文，精準還原了周公發布《皇門》的時間、地點，卻對周公欲圖褫奪成王之位，受其他姬周貴族勢力挾制而旋又放棄攝政稱王的事實不作討論，提出周公「內弭父兄，外撫諸侯」的一系列舉措表現出高超的政治睿智與應變能力〔註4〕，這反映了作者的思想立場和精神意趣。

　　第五，寧鎮疆對清華簡及其他出土簡文的細緻解讀，無論是方法論還是具體結論都是這一領域頗為重要的研究成果。其作《由清華簡〈芮良夫毖〉之「五相」論西周亦「尚賢」及「尚賢」古義》一文指出，清華簡文「元武、聖夫」往往是出身異族或身份低賤的人，姬周統治上層使用這些人，實為「世官」之外別闢一用人通道，這與「尚賢」之古義構成事實上的連接，而貴族仕途中那種正常的晉升其實並不屬於「舉賢」範疇。〔註5〕寧鎮疆擅長解析傳世文獻與出土文獻的細微聯繫和差別之處，所得結論不僅契合史實，且學術價值頗高，對筆者的研究多有啟發。

　　此外，劉成群的《清華簡與墨學管窺》〔註6〕等論文也有較濃厚的思想文

〔註3〕李銳：《清華簡〈保訓〉與中國古代「中」的思想》，《孔子研究》2011 年第 2 期。
〔註4〕劉光勝：《三監之亂與周公治國謀略的展開——以清華簡〈皇門〉為中心的考察》，《古代文明》2020 年第 3 期。
〔註5〕寧鎮疆：《由清華簡〈芮良夫毖〉之「五相」論西周亦「尚賢」及「尚賢」古義》，《學術月刊》2018 年第 6 期。
〔註6〕劉成群：《清華簡與墨學管窺》，《清華大學學報》（哲學社會科學版）2017 年第 3 期。

化史研究意味，抓住了這批文獻的典型特徵。熊賢品在《論清華簡七〈越公其事〉吳越爭霸故事》一文中，敏銳地發現《越公其事》中吳王夫差和越王句踐的言行不受大夫干擾，治國理政方面明顯具有獨立性〔註7〕，這對筆者進一步解析《越公其事》的文本性質及其思想內涵頗有啟發之功。

總之，清華簡是研究上古政治史、思想史、文化史的重要新材料，公布以來，不僅引起學界廣泛關注，也引發了研究熱潮，份量厚重的學術成果頻見於各類學術期刊。其中，引發筆者閱讀興趣並決意跟風研究的成果多為思想文化史方面的論著，研習基礎上的學術創新既是目標，更是責任。

三、支撐研究的先秦國家形態觀點

思想史屬於專門史的一種，偏重對思想現象的還原、解讀和闡釋，按說和關涉國家形態的宏大敘事主題無涉，然而，隨著研究的深入，筆者愈發感到國家形態乃至社會形態問題對思想史研究有著統攝性影響，這樣的認識既不是研究趨勢使然，也非「為賦新詞強說愁」，而是擴展研究視野、深化學術認知的必需。

就本書的主課題「清華簡與周代統治思想」而言，想要恰當地利用清華簡解析周代不同層面的統治思想，前提是要把握清楚周代的國家形態，即周代的國家外在形式是什麼樣的，它的統治結構是如何構成的，國家管理和社會控制的基本模式如何，與之前的時代有何聯繫和區別，諸如此類的問題既關涉學術研究基礎，也是解析相關思想史問題和深入認識周代社會的方法。

筆者認為距今五千多年以來，我國進入「小國時代」，距今 4000 年至公元前 221 年，處於「王國時代」，秦統一六國之後進入「帝國時代」。其中，「小國」一詞取於《老子》「小國寡民」，國土面積小、人口少，互不統屬是「小國」的基本形態特徵。「王國」即王之國，跨地域、超血緣統治是它有別於「小國」的基本特徵，「王國」時代的國家形態總體上是多元的，當時既有數個「王國」並存的情況，也有「王國」和「小國」並存的事實，而承認數個「王國」並存，並非所有「小國」併入中原正統「王國」，是重建上古史的先決性觀念。「帝國」即皇帝之國，這一時期的國家形態總體上也是多元的，存在「帝國」與「王國」乃至「小國」並立現象。不過，中原「帝國」的主體地位不容否定。

〔註7〕熊賢品：《論清華簡七〈越公其事〉吳越爭霸故事》，《東吳學術》2018 年第 1 期。

　　周代國家屬於「王國時代」，它在國家起源上上承「小國時代」，在滅商過程中又和「王國時代」對接，因此它的國家形態和「小國」「王國」都有聯繫。夏、商、周三族大約同時期在不同區域進入「小國時代」，偏居西北的周族，國力甚弱，直到周文王時代，臣服於商的同時，逐步兼併周邊「小國」，國力漸強，總體上處於從「小國」狀態向「王國」形態轉變的關鍵時期。姬周「小國」當為農耕文明孕育下的典型血族政治實體，當它的統治範圍擴展至異姓之人、異族之地時，原有的統治方式應當受到了大的衝擊，如何管理異姓、異族之人呢？從清華簡《保訓》所見文王囑咐太子發言論看，儘量把這些人當作本族之人看待，以求公平公正之統治法則，是解決「小國」邁向「王國」過程中國家治理問題的關鍵。文王以「中」概括這一統治之策，可謂濃縮了超血緣、跨地域統治的政治智慧。學界根據這一文獻的具體情節設定進行闡釋，得出的結論各不相同，甚至可以說大相徑庭。筆者認為如若把文王言論放到當時的國家形態背景下去理解，諸多疑問或分歧便會迎刃而解。

　　清華簡《四告一》提示出周初特別重視盟誓，結合傳世文獻可知，夏、商、周三族都有濃重的盟誓傳統，尤其是立國之初，盟誓扮演著輔助建邦立國、劃分政治權利、調節社會矛盾等的重要作用，而到了中後期，盟誓逐步形式化，至春秋時期，已完全淪為政治作秀。如何理解這樣的變化呢？首先，「小國」時代的周族文化具有濃重的巫鬼色彩，神道設教意義上的盟誓是調節族群內部社會關係的常用之法，邁向「王國時代」過程中，盟誓所表現出的國家治理與社會控制層面的「原始性」一直發揮著作用，基於盟誓的開疆拓土本身就是周邦「王國」化的具體表現，等到「王國」國家形態固化，這樣的「原始性」隨之瓦解，「王國」國家體制也隨之僵化。

　　此外，從「小國」到「王國」的跨越，對處於巫鬼時代的周族而言，需要鬼神的啟示，清華簡《程寤》所載太姒寤夢，恰好就是這樣的神啟。結合筆者提出的國家形態立論，可恰當地認知這篇文獻所見周王受命問題，儘管儒家標榜文王「三分天下有其二」，但處於「小國」形態下的他，突破體制需要一個契機，而太姒之夢昭示太子發領受天命，而這與商紂討伐東夷失利殷商「王國」處於危機狀態的時局恰好吻合。

　　總之，利用國家形態理論解析西周前期統治思想，有助於深化周王受命、盟誓與國家統治、周公統治思想等命題。國家形態指的是國家的外部形態構造，只關涉國家統治形態，與社會形態理論的解釋力度不可同日而語，因此未

受到學界廣泛關注，實際上，以恰當的認識框定國家的外在形態結構，相當於對史學研究對象進行了時空定位，而相對準確的時空定位，對於還原、解讀歷史問題無疑是十分必要的。

在《流動的權力：先秦、秦漢國家統治思想研究》（中國社會科學出版社，2018 年）一書中，筆者用「王權─貴族」權力結構指涉先秦社會形態結構。在筆者看來，統治者的性質很大程度上決定了國家性質，而國家性質也決定著社會形態，因此，國家權力結構也可指代社會形態。在社會形態結構上，先秦總體上是貴族社會，貴族階層通過盟誓、內外服及分封制控制著主流社會資源，他們是國家管理和社會控制的主體。細究這一時期的社會形態結構，可以發現，貴族可分為王室和貴族兩大階層，王室是王權的擁有者，他們和大小貴族是利益共同體，居於統治高位控制、管理著畿內封君和外服諸侯，通過層層分封，貴族權利不斷下滲，王權在形式上不斷擴展，但地方實權掌握在大小貴族手中。「王權─貴族」權力結構下，王權形式上至高無上，實則為有限王權，王室只有通過不斷的賞賜才能獲得貴族擁戴，也只能借助禮樂制度維持王權權威。換言之，禮樂制度是維持王權的基礎，即使其崩壞的時代，仍起到形塑權力結構的作用，這是清華簡《子產》所見鄭國為何固守國野分治的原因。

「王權─貴族」權力結構本身也決定了王權是貴族集團的代言者，也是貴族集團利益的鍛造者和維護者，穩定、有序的王權政治首要的統治目標是維護、擴充貴族利益。對於王室而言，他們面對的是貴族集團而非百姓群體，重視貴族才可葆有王權。由此觀之，西周「重民」之說當是後世的觀念塑造，而非當時的歷史事實。循著這一權力結構解析清華簡「書」類文獻所見周公的政治境遇及其統治理念，方能接近史實真相，也方能理解周公籠絡奄遺在內的東方異族貴族上層的緣由。

如前所述，「王國」國家形態下的周代社會面臨超血緣、跨地域的國家管理和社會控制問題，除了以「中」道治理外，清華簡《子犯子餘》所見「使眾若使一人」是秦國利用兵家思想和西戎以軍紀治民傳統，試圖對多元族群和地域進行一體化統治的觀念表達，而族群文化的多樣性和地域的差異性勢必會對這樣的統治法則形成抵制或消解作用。超血緣、跨地域的統治也關涉人才選用問題，墨家主張使用位卑而德高的賢人觀，這在清華簡中進一步得到證實，說明「王權─貴族」社會形態結構下形成的文化傳統對諸子思想也有很強的規約作用。

　　筆者還認為，在「王國」國家形態和「王權—貴族」社會形態結構之下的周代社會，既有顯而易見的封建社會因素，也有奴隸制社會因素，前者基於封賜土地、民人而形成層層分封的封建制度，後者則與具體的農牧業生產活動息息相關。在古史材料中，封建制度被理想化、範型化，而奴隸制度涉及殘酷的剝削和反文明的事實，因此被有意地掩蓋或忽略，甚難用史料得以還原。但是，只要摒棄單質主義的史學觀，充分考量中國歷史文化的複雜性和多元性，就不難發現，周代社會具有複合式的社會形態，其中，奴隸社會因素是不容迴避的。儘管本書的論題不涉及這個問題，但對社會形態葆有興趣或予以關注，是筆者進行研究寫作的一個前提。

　　筆者從事史學研究以來，一直都以顧頡剛先生的「層累說」為史學實踐的理論支撐。「層累說」雖針對先秦古史而起，卻揭示了人類記憶的基本規律和深層特徵，因而深具跨時代、跨學科的統攝力，那些所謂前現代、現代性及後現代史學觀完全可以都被它一網打盡。有人把出土文獻當作「走出疑古時代」的證據，但它們的出土（尤其是清華簡）恰恰證明人類記憶的層累特徵，文獻材料的敘事屬性，以及史實與觀念相互糾纏的複雜關係。比如，「句踐滅吳」是春秋史實，但清華簡《越公其事》所示思想觀念則是縣制改革背景下的戰國統治思想，基於基本史實的觀念層累是這篇文獻的本質屬性，考辨史實也好，呈示觀念也罷，都要基於「層累說」的史學還原之法。竊以為，我們中國人擁有這一最契合本土歷史的史學理論，並無求於他者的必要，「層累說」是筆者的史學信仰。

　　總之，「小國—王國—帝國」說和「王權—貴族」社會形態結構說是筆者關於古代國家形態方面的基本立論，而「層累說」對筆者的先秦秦漢思想文化史研究具有導向作用，這些既是筆者觀察先秦社會的理論先導，也是研究相關問題的基本方法。

四、本書的篇章結構和主要內容

　　本書主體內容共分四章，第一章主要研究西周前期的統治思想，第二章為春秋戰國國家統治思想，第三章研究戰國諸子思想，第四章總結清華簡所見周代統治思想的特點和內涵。

　　本書篇章結構的布局與筆者關於統治思想史研究及其組成結構的觀點、主張相關。統治思想史是政治思想史的組成部分，主要內容是關於如何進行國

家管理和社會控制的思想主張之總和。政治思想史有諸多針對國家管理和社會控制手段展開反制性思考的內容，它們也屬於政治思想史範疇，但不屬於統治思想史範疇。因之，所謂「統治思想史」，即從國家或統治者立場或試圖輔助於國家管理和社會控制的精英思想家角度出發，去還原、解讀、闡釋他們關於如何管理國家和控制社會的觀念、立場和思想主張，相關研究內容與治國理政正面相關，而那些試圖解構統治的觀念或立場當排除在這一研究視域之外。總之，統治思想史研究是政治思想史研究的一部分，也可稱之為狹義的政治思想史，那些把統治思想史研究和政治思想史混同的認識不符合這一研究方向的基本規範。

在具體研究過程中，統治思想史研究當致力於還原特定時期特定國家、統治者或精英思想家的統治立場、觀念及主張。所謂「還原」，就是借助歷史學研究的一般方法，依據相關史料考證史事，辨析因果，整合史實，形成接近歷史本相的敘述或結論，使人們對特定統治思想史論題的認知相對接近其發生、發展的本來面目。「還原」的方法論說明統治思想史研究總體上屬於歷史學範疇，研究它的目的不是為了標榜或批判某個統治思想史方面的主張，也不是為了還原史實以供借鑒，就史學研究價值而言，「還原」既是方法，也是目的。

解讀統治思想史論題是指利用各種史料還原其本來面目的基礎上，對這一思想主張形成的歷史背景、具體內容、歷史地位及影響等進行進一步解釋。如果說「還原」是史事層面的考證，那麼「解讀」是史觀層面的論證，「解讀」工作使相關歷史問題上升為史學問題，為人們進一步認識某一統治思想論題提供基於史學研究的學術成果和具體結論。

闡釋某個統治思想史論題則在史學研究基礎上將學術研究上升為哲學史議題，試圖通過哲學闡釋挖掘統治思想史論題蘊含的哲學意義，並對其進行價值判斷，並結合現實社會之需要，對過往思想主張進行進一步的闡釋和說明，藉此形成觀察社會現實的座標，進而使歷史和現實之間產生有意義的連接。

基於以上思考，筆者收集清華簡中有關周代統治思想的材料，結合相關研究成果，找出其中有意義的問題進行研究，形成從最高統治者的統治思想、統治精英的統治理念和精英思想家統治思想立論三個維度，對相關統治思想史論題進行還原、解讀和闡釋。

第一章中，有關西周前期統治思想的研究，實為最高統治者統治思想和精英群體統治思想的混同，其中既有文王、武王及周公有關「天命」「革命」、反

「革命」等問題上的理念，也有精英政治群體關於政權更迭、統治技術等的制度設定。本章中，筆者試圖還原姬周貴族取代殷商統治者的觀念前提和制度基礎，欲圖解讀早期易代「革命」中的心理動因，也試圖闡釋「王國」體制初建之時統治者內部的爭權奪利與秩序重構及其思想史意義。清華簡有多篇「書」類文獻，較集中地反映了商周易代之際的政治史實態，儘管已然觀念化，但和儒家《尚書》相比，有關統治思想史的材料更接近那個時代的本相，讓我們看到那個時代最高統治者和精英政治群體立場上的統治思想的受體是貴族階層，觀念宣教的對象也是貴族群體，因而其產生國家管理和社會控制效應的接受群體也是貴族。基於這樣的理解，筆者在闡釋其思想史意義時，更偏重通過還原這些思想發生、發展的具體情境，去展示它們的時代價值和歷史影響。

第二章有關春秋戰國國家統治思想的研究屬於國別史意義上的學術討論，各節之間不構成邏輯上的聯結。王國林立的時代，國家形態既可濃縮成一姓一國的外在形態，也可以多元並存的形態使這一時期的國家統治思想顯得駁雜繁複。首先，筆者在解讀超血緣、跨地域統治現象的同時，試圖闡釋國家統治思想的地方性問題。其中，秦國推行的「使眾若使一人」當為一種地方性知識，它在秦國的順利推行並不意味著有通約性的思想價值，鄭國對西周舊制的固守和農耕型「小國」的政治傳統密切相關，而借越王句踐表達的基於縣制基礎上的國政改革則意味著「王國」體制僵化背景下，通過地方制度建設建構「帝國」體制的時代信號。

第三章中的四個論題分別討論了墨家賢人觀的擴充機制，諸子的反貪婪觀念，儒家儆戒思想，「中庸」觀念及「中刑」思想的起源，清華簡《五紀》所見「五德」與黃帝學說的統治思想。這些論題集中展現了清華簡所見戰國精英思想家的統治思想，他們提出的賢人觀，反對貪婪的主張等皆切中戰國國家統治和社會管理的實際，試圖基於學派基本立場提出可資借鑒的主張，藉此博得統治者青睞，並使具體主張轉化為治國理政的實際效應。人才問題是國家治理和社會資源分配的核心問題，傳統中國政治受困於貪官污吏之橫行，如何恰當地處理族群關係事關國運，處理族群關係的基本準則或可上升為一種政治哲學，道德政治也是中國互古不變的統治思想議題，如果我們承認今天的中國仍與古代社會有著千絲萬縷的聯繫，那麼上述諸子的思想就有進一步闡釋的必要。

第四章屬於統治思想史研究方法論的思考。清華簡不僅展現了周代統治

思想的基本面貌，也反映了這一時期統治思想的結構性特徵，而總結這一結構性特徵對推進相關研究方法有一定助益。本章還從制禮作樂與告別「革命」、國家統治路徑中的「新」與「舊」、與多元世界相對抗的統治思想及其歷史命運三個維度總結了清華簡所見周代統治思想的政治學內涵。

「地不愛寶，其旨如醴」，我們這一代學人是幸運的。二十多年前，湖北荊門出土「子思之儒」文獻，筆者以「子思研究」為題，初步接觸並使用先秦佚文，如今，清華簡的公布，激發了筆者的研究熱情，也促使我思考統治思想史研究的內容構成和基本方法。現將研究成果呈於學林，萬望學界友朋給予關注和批評。

第一章　清華簡所見西周前期統治思想

本章選取清華簡《程寤》所見太姒寤夢與武王受命，《四告一》所見盟誓現象與西周前期王權政治，清華簡所見周公「天命」觀三個議題，解析清華簡所見西周前期的統治思想。

第一節　清華簡《程寤》所見太姒寤夢與武王受命

清華簡《程寤》記載了文王之妻太姒夢見商廷生棘，太子發取周廷梓樹植於商廷，周梓化為松柏棫柞而受商命於皇天，以及文王訓誡太子發之事。《程寤》為《周書》之一，散佚甚久，一些內容散見於《博物志》《藝文類聚》《太平御覽》等。整理者認為該簡文與周人豔稱的「文王受命」有關〔註1〕，這一看法很大程度上影響了研究者的思考方向，以往研究成果偏重於考察簡文與文王受命〔註2〕、文武受命〔註3〕的關係問題，對太姒寤夢與周初統治思想的內在關係等問題解析不夠。在筆者看來，清華簡《程寤》十分生動、具體地反映了周初的國家統治思想，值得從這個角度解析文本的統治思想史意義。

〔註1〕李學勤主編：《清華大學藏戰國竹簡（壹）》，中西書局 2010 年版，第 135 頁。

〔註2〕劉國忠：《清華簡〈程寤〉與「文王受命」》，《文史知識》2012 年第 5 期；晁福林：《從清華簡〈程寤〉篇看「文王受命」問題》，《北京師範大學學報》（社會科學版）2016 年第 5 期。

〔註3〕陳穎飛：《清華簡〈程寤〉與文王受命》，《清華大學學報》（哲學社會科學版）2013 年第 2 期。

一、太姒寤夢與周人天命觀的內在關聯

清華簡《程寤》開篇云:「隹王元祀正月既生魄,太姒夢見商廷惟棘,迺小子發取周廷梓樹於厥間,化為松柏棫柞。寤驚,告王。」文王令太子發使巫祝舉行消除災害的「祓」,「幣告」於「宗祊社稷」,祈禱於「六末山川」,攻商人之神,舉行「望」祭,「烝」祭,「占於明堂」後,「並拜吉夢,受商命於皇上帝」〔註4〕。

如若清華簡《程寤》所載是實時的歷史記載,那麼太姒寤夢當發生於文王出羑里回到程之時,它反映了周人以夢境表達天命信仰的思想觀念,而通過夢占來判斷吉凶的傳統則由來已久。據《帝王世紀·自皇古至五帝》,黃帝夢見「大風吹天下之塵垢皆去,又夢人執千鈞之弩,驅羊萬群」。黃帝寤夢後占卜,「得風後於海隅,登以為相。得力牧於大澤,進以為將」〔註5〕。這是有關傳說時代夢占的記述。甲骨卜辭載有商王夢見地震、戰爭、狩獵、飛禽野獸、祖先等,他們視夢為鬼魂對做夢者憂咎禍孽的示兆,有時將夢因歸於先王先妣,並利用甲骨占卜夢之吉凶,「卜以問疑」,貞問夢兆所示禍憂,如「己亥卜,爭,貞夢王亡囚。」(《合集》17443)「壬午卜,王日貞又夢。□午卜,王(日)貞又囚。」(《合集》24123)有時還結合夢象來占夢釋夢,如「癸丑卜,爭,貞旬亡囚。王固曰:㞢希,㞢夢。甲寅,允㞢來艱。左告曰:㞢盏劦自益,十人㞢二。」(《合集》137正)商王有時還以殺牲祼鬯或告夢致祭的儀式來禳除夢憂。商人早已有吉夢、凶夢的觀念,「惟考之卜辭,則知此種信仰,在殷高宗武丁之世,即早已完成」〔註6〕。商人釋夢之法一般採取較簡明的直解法,王夢有時徇詢臣下,但還沒有專職的占夢官〔註7〕,也未見將解夢與政權更迭之事相聯繫的卜辭。

《漢書·藝文志》云:「雜占者,紀百事之象,候善惡之徵……眾占非一,而夢為大,故周有其官。」〔註8〕據《周禮》,禮官之屬設有占夢一職,「占夢掌其歲時,觀天地之會,辨陰陽之氣,以日月星辰占六夢之吉凶。一曰正夢,二曰噩夢,三曰思夢,四曰寤夢,五曰喜夢,六曰懼夢。季冬聘王夢,獻吉夢於王,王拜而受之;乃舍萌於四方,以贈惡夢,遂令始難歐疫」〔註9〕。據說

〔註4〕 李學勤主編:《清華大學藏戰國竹簡(壹)》,中西書局2010年版,第136頁。
〔註5〕 徐宗元輯:《帝王世紀輯存》,中華書局1964年版,第21頁。
〔註6〕 胡厚宣:《殷人占夢考》,《甲骨學商史論叢初集》(第三冊),成都齊魯大學國學研究所專刊,1944年,第451頁。
〔註7〕 宋鎮豪:《甲骨文中的夢與占夢》,《文物》2006年第6期。
〔註8〕 《漢書》卷30《藝文志》,中華書局1962年版,第1773頁。
〔註9〕 (漢)鄭玄注,(唐)賈公彥疏:《周禮注疏》,見(清)阮元校刻:《十三經注疏》,中華書局2009年版,第1744～1745頁。

當時有「三夢之法」，一曰《致夢》，二曰《觭夢》，三曰《咸陟》，且視夢為人之所寢而可占卜，「以觀國家之吉凶以詔救政」〔註10〕。從太姒寢夢後文王的一系列祭祀、占卜行為看，周人十分重視夢占，把它看作傳達天意的重要方式，夢之吉凶的觀念較商人更為明確，已經掌握了把某種夢像經過一定形式的轉換，以夢兆形式預示人事的轉釋之法。

　　以夢占傳達天意、比喻人事是周人的文化傳統。《尚書・周書・泰誓中》記載，周武王在孟津誓師時，曾有過夢占之舉：「天其以予乂民，朕夢協朕卜，襲於休祥，戎商必克。」〔註11〕「朕夢」「朕卜」指武王夢兆和之後的占卜，它們都是吉兆，意味著伐商必勝。《泰誓》未像清華簡《程寤》那樣詳記夢境具體內容，《墨子・非攻下》云：「武王踐功，夢見三神，曰：『予既沉漬殷紂於酒德矣，往攻之，予必使汝大堪之。』武王乃攻狂夫，反商作周，天賜武王黃鳥之旗。」〔註12〕天神不僅通過夢境告訴武王「予既沉漬殷紂於酒德矣」，只要勇敢攻商，必定大勝，還賜予武王「黃鳥之旗」。周武王也以占卜形式來確認夢兆吉凶，並藉此領受天命，正如司馬遷所言：「自古聖王將建國受命，興動事業，何嘗不寶卜筮以助善……王者決定諸疑，參以卜筮，斷以蓍龜，不易之道也。」〔註13〕總之，從清華簡《程寤》《周書・泰誓中》所載太姒寢夢、武王吉夢看，周人篤信天命，以占卜探測天命的做法，反映出周文化的理性意識中夾雜著非理性因素。〔註14〕

　　以夢兆表現天意，以天帝鬼神信仰配合現實政治需要的觀念意識，不僅僅是商末周初的文化現象，它也一直存續於與《程寤》有關的佚文中。《逸周書・程寤解》云：「文王去商在程，正月既生魄，大姒夢見商之庭產棘，小子發取周庭之梓樹於闕間，化為松柏棫柞，寤驚，以告文王，文王乃召太子發占之於明堂。王及太子發並拜吉夢，受商之大命於皇天上帝。」〔註15〕《逸周書・程寤解》敘述的重點是太姒所做吉夢讓文王意識到「受商之大命」。《藝文類聚・

〔註10〕（漢）鄭玄注，（唐）賈公彥疏：《周禮注疏》，見（清）阮元校刻：《十三經注疏》，中華書局 2009 年版，第 1735 頁。

〔註11〕（漢）孔安國傳，（唐）孔穎達等正義：《尚書正義》，見（清）阮元校刻：《十三經注疏》，中華書局 2009 年版，第 385 頁。

〔註12〕吳毓江撰，孫啟治點校：《墨子校注》，中華書局 1993 年版，第 221 頁。

〔註13〕《史記》卷 128《龜策列傳》，中華書局 2013 年版，第 3917 頁。

〔註14〕羅新慧：《周代天命觀念的發展與嬗變》，《歷史研究》2012 年第 5 期。

〔註15〕黃懷信、張懋鎔、田旭東：《逸周書彙校集注》，上海古籍出版社 2007 年版，第 183 頁。

靈異部下・夢》載：「大姒夢見商之庭產棘，太子發取周庭之梓樹於闕，梓化為松柏棫柞。寐覺，以告文王。文王乃召太子發，占之於明堂。王及太子發，並拜吉夢，受商之大命於皇天上帝。」〔註16〕該篇的敘述重點也在於文王以吉夢「受商之大命」。《帝王世紀・周》載，「十年正月，文王自商至程。太姒夢見商庭生棘，太子發取周庭之梓，樹之於闕間，梓化為松柏柞棫。覺而驚，以告文王。文王不敢占，召太子發，命祝以幣，告於宗廟群神，然後占之於明堂，及發並拜吉夢，遂作《程寤》。」〔註17〕該篇側重於記述太姒之夢為吉夢一事。儘管側重點各有不同，但這些傳世文獻與清華簡《程寤》一樣，都反映了非理性的觀念意識，可以說是周人天命觀在文本層面的延續。受周人天命觀影響，《程寤》所載商廷「惟棘」被後世視為一種政治隱喻。西漢伍被為淮南中郎，他看出淮南王劉安有不軌之心，勸諫之曰：「王安得亡國之言乎？昔子胥諫吳王，吳王不用，乃曰『臣今見麋鹿遊姑蘇之臺也。』今臣亦將見宮中生荊棘，露沾衣也。」〔註18〕西晉索靖「知天下將亂，指洛陽宮門銅駝，歎曰：『會見汝在荊棘中耳！』」〔註19〕《昭明文選・祖餞》載詩：「洛陽何寂寞，宮室盡燒焚。垣牆皆頓擗，荊棘上參天。」〔註20〕顯然，「荊棘」隱喻的是姦邪之心或敗政失德。當然，隨著時代的演進，「唯德是輔」的觀念意識逐步強化，成為周人理性意識中的核心精神，《潛夫論・夢列》載：「太姒有吉夢，文王不敢康吉，祀於群神，然後占於明堂，並拜吉夢。修省戒懼，聞喜若憂，故能成吉以有天下。」〔註21〕該篇的敘述重點是太姒吉夢促使文王慎行修德而有天下，契合了周人重「德」的思想觀念。

對文王而言，「太姒寤夢」有雙重意義，一是它昭示了天意，上天以寤夢形式預示周人可以代商；二是明白了太子發是周人代商的核心人物。當這兩點以夢兆的形式降臨時，文王當對此深信不疑，反映出巫鬼信仰在周人文化中的地位與作用。

〔註16〕（唐）歐陽詢撰，汪紹楹校：《藝文類聚》，上海古籍出版社 1999 年版，第 1355 頁。

〔註17〕徐宗元輯：《帝王世紀輯存》，中華書局 1964 年版，第 82 頁。

〔註18〕《漢書》卷 45《伍被傳》，中華書局 1962 年版，第 2168 頁。

〔註19〕《晉書》卷 60《索靖列傳》，中華書局 1974 年版，第 1648 頁。

〔註20〕（南朝梁）蕭統選，（唐）李善注，韓放主校點：《昭明文選》（中），京華出版社 2000 年版，第 36 頁。

〔註21〕（漢）王符著，（清）汪繼培箋，彭鐸校正：《潛夫論箋》，中華書局 1979 年版，第 322 頁。

　　具體來說，太姒寤夢的發生和夢境的文字表達都和當時的文化氛圍息息相關，太姒的確做了此夢，文王不僅以占卜、祭禱之術承接此夢，且把它視為上天的真實授意。因之，《程寤》首先真實地反映了當時的文明發展樣態，即周人尚處於巫鬼時代，鬼神信仰滲入社會生活的方方面面，周族首領的日常生活和政治活動也時常圍繞鬼神信仰而展開，太姒寤夢無疑是鬼神信仰決定周族上層政治動向的一個典型事例。其次，文王直解太姒夢境之法反映出巫鬼時代周族上層政治活動與巫術的親緣關係。在太姒的夢境裏，「小子發取周廷梓樹於厥間」，周人未來首領的出現，樹木品種的改換，預示著周人可取商而代之。最後，如若《程寤》是史官的真實記錄，作為「書」類文獻的一種，記錄它的目的當不是向民眾宣宗周人代商的天定，而是為了以文字形式記錄統治者內部確認的上天啟示，春秋戰國以來，經過摘抄、加工的《程寤》才有了文王要求太子發親近賢人等內容，成為以君王旨意教誨民眾的標準的「書」類文獻。

　　巫鬼時代，夢境預示與政權更迭息息相關。《呂氏春秋·慎大》記載了妺喜所言夏桀之夢：「今昔天子夢西方有日，東方有日，兩日相與鬥，西方日勝，東方日不勝」，伊尹以告商湯，商湯發兵攻夏，「令師從東方出於國西以進。未接刃而桀走，逐之至大沙。身體離散，為天下戮。」〔註22〕清華簡《尹至》《尹誥》將伊尹助湯滅夏事件條理化、系統化和細節化〔註23〕，雖未載夏桀之夢，但隱含有「二日相鬥」故事母題。太姒之夢雖未像妺喜之夢那樣被演繹成政權更迭的直接契機，但夢境預示周人代商的重大意義決定了周族統治者未來的軍政行為，這說明今人看來荒誕不經的夢兆在當時被認為是真切的神示，它不僅僅是人們預知未來的一種形式，還與切實的軍政活動密切相關，尤其是統治者內部交流、確認的夢境決定了未來的重大軍政活動。由此，這樣的夢境既屬於巫鬼信仰範疇，也是軍政活動的組成，它們無疑真實地反映了那個時代的文化氣息和軍政主題。

　　總之，清華簡《程寤》篇相關內容反映的是巫鬼時代人們思想層面的真實〔註24〕，集中體現了周人以夢兆及祭祀、占卜體會天意、表達現實需求的觀念

〔註22〕許維遹撰、梁運華整理：《呂氏春秋集釋》，中華書局2009年版，第353～356頁。

〔註23〕夏大兆，黃德寬：《關於清華簡〈尹至〉〈尹誥〉的形成和性質——從伊尹傳說在先秦傳世和出土文獻中的流變考察》，《文史》2014年第3輯。

〔註24〕劉光勝：《真實的歷史，還是不斷衍生的傳說——對清華簡文王受命的再考察》，《社會科學輯刊》2012年第5期。

意識，而太姒寤夢與天命觀念的內在關聯則主要表現在以夢兆預示政權興替，並藉此建構周初政權的合法性。

二、太姒寤夢與周王受命

清華簡《程寤》公布後，學者們對與之相關的文王、武王受命及受命時間展開熱烈討論，尤其是利用傳世文獻及金文材料研探文王受命到底是七年、九年還是十二年等懸而未決的問題。筆者認為，如若結合學界有關清華簡《程寤》文體的研究成果，並詳解太姒寤夢的具體內容，可以發現，太姒寤夢一事說的是武王受命，並非文王受命，也非文武受命。

從文體看，除清華簡《程寤》外，《逸周書》中的《寤儆解》《和寤解》《武寤解》《史記解》等都屬於「寤」體類文獻，這類文獻的特點在於「寤」與夢境息息相關，《說文》云：「寤，寐覺而有信曰寤。」段玉裁注改正為「寐覺而有言曰寤」〔註25〕，意為驚醒後有話要說。「寤」還與「驚」「悟」緊密相聯，其表現形式為夢後的感悟。〔註26〕太姒驚醒後，把夢境告知文王，「王弗敢占，詔太子發，俾靈名凶，祓」。〔註27〕文王擔心此夢不吉，不敢占卜，詔令太子發，舉行「祓」祭。據《說文》，「祓祭」乃「除惡祭也」〔註28〕。之後又舉行了一系列的祭祀、占卜，才確定太姒之夢為吉夢。太姒是文王之「賢妃」，《詩·大雅·思齊》：「大姒嗣徽音，則百斯男。」〔註29〕簡文沒有明確說明太姒驚醒後「悟」的具體內容，但結合上下文可知，此夢境之「悟」者不是太姒而是文王，受命者不是文王而是武王。

太姒夢見商王庭長滿荊棘，太子發將梓樹植於其間，它們立刻化為「松柏棫柞」。整理者認為荊棘比喻姦佞朋黨，而「松柏棫柞」比喻賢良善人〔註30〕，申超通過比對以松、柏、棫、柞比喻人事的各類文獻，得出它們皆為良木，「可

〔註25〕（漢）許慎撰，（清）段玉裁注：《說文解字注》，上海古籍出版社 1981 年版，第 347 頁。

〔註26〕馬智全：《清華簡〈程寤〉與〈書〉類文獻「寤」體略探》，《魯東大學學報》（哲學社會科學版）2015 年第 1 期。

〔註27〕李學勤主編：《清華大學藏戰國竹簡》（壹），中西書局 2010 年版，第 136 頁。

〔註28〕（漢）許慎撰，（清）段玉裁注：《說文解字注》，上海古籍出版社 1981 年版，第 6 頁。

〔註29〕（漢）毛公傳、鄭玄箋，（唐）孔穎達等疏：《毛詩正義》，見（清）阮元校刻：《十三經注疏》（清嘉慶刊本），中華書局 2009 年版，第 1111 頁。

〔註30〕李學勤主編：《清華大學藏戰國竹簡》（壹），中西書局 2010 年版，第 137 頁。

以指代賢臣」，象徵著太子發將會率領賢臣佔領商都，推翻商朝的結論。〔註31〕
文王聽聞太姒之夢後，不敢占卜，詔令太子發前來，已然通過具體行為表達了
對夢境之「悟」。文王意識到他這一代無法滅商，而太子發會「受商命於皇上
帝」，於是訓誡太子發慎重對待天命，其文云：「發，汝敬聽吉夢……惟商戚在
周，周戚在商，欲惟柏夢，徒庶言逑，矧又匆亡秋明武威，如械柞亡根。嗚呼，
敬哉。朕聞周長不貳，務擇用周，果拜不忍，綏用多福。惟梓敝不義，芃於商，
俾行量亡乏，明明在向，惟容納棘，億亡勿用……」〔註32〕除強調商周水火不
容，太子發一定要謹遵天命、不可鬆懈、立志滅商外，文王主要是根據夢境要
求太子發要教化民眾、爭取人心，尤其是要做好賢臣之表率，否則他們會像無
根之「械柞」，無法發揮輔佐之功。可見，無論是太姒寤夢的具體內容，還是
文王的訓誡之辭，都能反映出太姒所作之夢昭示著太子發將會率領賢臣攻滅
商朝，夢占過程中，文王始終是以巫者身份引導太子發接受天命，真正受命者
是太子發，而非文王。此外，從周原卜骨 H11：84：「貞：王其枼，侑、又甲
大，叀周方伯」〔註33〕，清華簡《保訓》所載「今朕疾允病，恐弗堪終。汝以
書受之」〔註34〕等文獻看，文王只是被商王封為方伯〔註35〕，且自身也意識
到無法領有天命。當然，清華簡《保訓》晚出，所載未必是商末周初的史實，
但即便認定文王受命是事實，與武王伐商、受疆受民相比，也缺乏具體事實為
依據。

擴而言之，周族雖一直受商王統治，但其翦商的想法可能由來已久，至文
王時，因被商紂囚禁數年，歸程後可能已明確樹立了取商而代之的意志，而清
華簡《程寤》所記太姒寤夢應當是一個轉折，也是一個契機。就前者而言，文
王藉此夢境判斷當時周族力量還較弱小，沒做好取商而代之的準備，或許因此
打消了攻商的決定；就後者而言，文王判斷出太子發是滅商的主導者，將滅商
的希望寄託於太子發。

由此可見，《程寤》已然明確地昭示出了武王受命。這一天命觀念既是太
姒寤夢後，文王祭祀、占驗、解夢的結果，也是商周二族競爭史實的觀念指向，

〔註31〕申超：《清華簡〈程寤〉主旨試探》，《管子學刊》2013 年第 1 期。

〔註32〕李學勤主編：《清華大學藏戰國竹簡》（壹），中西書局 2010 年版，第 136 頁。

〔註33〕曹瑋編著：《周原甲骨文》，世界圖書出版公司北京公司 2002 年版，第 64 頁。

〔註34〕李學勤主編：《清華大學藏戰國竹簡》（壹），中西書局 2010 年版，第 143 頁。

〔註35〕劉光勝：《〈清華大學藏戰國竹簡（壹）〉整理研究》，上海古籍出版社 2016 年
版，第 185 頁。

說明武王受命總體上不是觀念建構的結果，而在一定程度上是歷史事實在統治觀念中的投射。和文王受命的觀念母題不同，武王受命首先是鬼神預示的結果，太姒夢境中，太子發的具體行為預示著不久的將來由他主導滅商行動，他能受命是上天的意旨；從當時的情勢判斷，周族尚不具備滅商的能力，貿然進攻有可能適得其反，鬼神的預示讓文王更加確信自己是無法完成滅商大業的，只有寄望於太子發，以占卜、祭禱之法讓領受天命的意旨落實到太子發身上才是他應當完成的任務；後來的歷史發展過程證明太姒之夢的確與史實相合，史官所記窹夢一事或可能反覆提及，也有可能得以加工、潤色，傳之於後世以為戒鑒，從而強化了武王受命的觀念基礎。

當然，文王受命問題也不可忽視。文王受命是一個十分複雜的問題，周人之所以力倡之，有政治上造勢的考量〔註36〕，文王謀劃滅商行動有年，長期在西部經營翦商大業，與周邊部族形成穩固的戰略同盟，他的功業既是武王滅商的軍政基礎，也是周人敢於滅商的動力源泉。因此，基於政治上造勢的考量，提出、散播文王受命的觀念顯然有利於完成滅商大業。文王受命也是武王追念乃父的一種方式，伐商成功後，為追念乃父，將伐商之功冠於文王，這既是表達孝道的一種方式，也有利於籠絡文王舊臣，團結姬周貴族。武王滅商終以殘酷的部族戰爭收場，周族之所以能夠領有商國疆土民人，那是軍事征伐的結果，征服本身的殘酷性是不言而喻的，打出文王受命的旗號，實有武王借文王之德掩蓋伐商之殘酷性的考量，藉此還宣揚了周人的德治觀念，可謂一舉多得；周公通過宣揚乃父之德為其輔政乃至稱王構造合法性，也是文王受命進一步事實化的一個環節，畢竟承認文王而非武王受命對於周公權力的合法化是十分有利的；周代中後期以來出現的文王受命一說，總體上屬於弘揚、追懷乃祖歷史功德的紀念性觀念，提倡者不會執著於到底是文王還是武王受天命，對他們來說，祖先的功德是注解姬周王族權力合法性的基石，其中的史實因素牢靠與否不是至為關鍵的問題，而文王「三分天下有其二」的情勢下，既已領有天命，還能容忍商紂的殘暴，無疑是周德傳統源遠流長的最好證據。總之，隨著政治形勢的變化，文王受命一事不斷被注入新的內容，包含其中的思想內涵也發生著變化，當虛無縹緲的天命觀念與切實的政治利益糾合在一起時，文王受命問題就成為各種政治觀念的注解，而它何時源起、具體內容及表現形式如

〔註36〕李忠林：《皇天與上帝之間：從殷周之際的天命觀說文王受命》，《史學月刊》2018 年第 2 期。

何，反而顯得不甚重要。因此，考證文王受命的具體內容與這一問題生成的思想史背景需要結合起來，才能看清包含其中的政治史意味。同時也應當注意到周人的受命本身是一個觀念史問題，不是具體史實。因此，文王受命還是武王受命，同樣都是周人統治觀念的產物，《程寤》所見的確是武王受命，而非文王受命。

至於《程寤》所載周文王訓誡太子發的言論中明顯有著賢人政治觀思想因素的部分，也不能證明是文王受命的證據。就賢人觀來說，新近出土的材料說明文王時期任用異姓賢能而形成賢人觀念，所謂「尚賢」就其本義來說，其實是試圖於「世官」之外別闢一用人通道，而貴族仕途中那種正常的晉升其實並不屬於「舉賢」範疇〔註37〕。也就是說，文王訓誡武王要善於任用賢人並非是選賢任能方面開創性的觀念或舉動，事實上，自大禹建夏以來，超血緣、跨地域的王國國家統治形態下選拔、任用異姓賢能是平常之事。因此，不能以其中所見賢人觀念就判定《程寤》與文王受命有關。當然，《程寤》所見賢人觀或許是史官後來添加進去的，有可能是春秋戰國時期隨著儒、墨賢人政治觀的流行，致使《程寤》篇中摻入了「松柏械柞」所指代的任賢用能的思想觀念，反映的是春秋戰國士人以賢能政治觀重構上古歷史的觀念史現象。如若是這樣，那麼，這篇文獻所見賢人觀念與文王受命更加沒有關聯了。

三、從祥瑞受命到以德受命

從傳世文獻看，周人既標榜祥瑞受命，也強調以德受命。《墨子·非攻下》云：「赤鳥銜珪，降周之岐社，曰：『天命周文王伐殷有國。』」〔註38〕「赤鳥銜珪」乃是典型的祥瑞受命。《詩·大雅·大明》云：「維此文王，小心翼翼。昭事上帝，聿懷多福。厥德不回，以受方國。」〔註39〕《尚書·周書·康誥》云：「惟乃丕顯考文王，克明德慎罰；不敢侮鰥寡，庸庸，祗祗，威威，顯民……聞於上帝，帝休。天乃大命文王，殪戎殷，誕受厥命，越厥邦厥民。」〔註40〕這說明《詩》《書》主要宣揚以德受命。此外，出土銘文還強調文武以德受命，

〔註37〕 寧鎮疆：《由清華簡〈芮良夫毖〉之「五相」論西周亦「尚賢」及「尚賢」古義》，《學術月刊》2018 年第 6 期。

〔註38〕 吳毓江撰，孫啟治點校：《墨子校注》，中華書局 1993 年版，第 221 頁。

〔註39〕 （漢）毛公傳、鄭玄箋，（唐）孔穎達等疏：《毛詩正義》，見（清）阮元校刻：《十三經注疏》（清嘉慶刊本），中華書局 2009 年版，第 1091 頁。

〔註40〕 （漢）孔安國傳，（唐）孔穎達等正義：《尚書正義》，見（清）阮元校刻：《十三經注疏》，中華書局 2009 年版，第 431 頁。

如《毛公鼎》「丕顯文、武，皇天引厭厥德，配我有周，膺受大命」〔註41〕，「皇天引厭厥德」即是以德受命。

　　與上述文獻不同的是，清華簡《程寤》中既有祥瑞受命的內容，也有以德受命的話語。太姒寤夢及之後文王的一系列祭祀、占卜，以至最後確認該夢是吉夢的內容反映的是祥瑞受命，反映了商周易代之際夢占風氣的盛行，也從一個側面反映了商周政治觀念的對立。文王訓誡太子發要懷藏文德、守持大道、愛惜人才的內容〔註42〕，表達的是以德受命，這是區別周人德治與商朝鬼神觀念，以及借文王之口傳遞賢人政治觀的文本表達。

　　同一簡文中既有祥瑞受命又有以德受命的內容，集合了兩種看似對立的文化價值立場，這或許能夠說明簡文本身就是「層累」而成的。具體來說，清華簡《程寤》所載太姒寤夢及文王祭祀、占卜等內容是該簡文的原初部分，或許是史官的實錄，也有可能是後世追述此事的最初文本形態。清華簡《程寤》所載文王訓誡太子發的言論可能是後來加上去的，最早可能出現於周公時期，當時周族上層力倡的德治觀念為簡文中的文王訓誡之語提供了思想底色，也有可能是春秋戰國時期才添加上去的，體現了後世關於商周易代過程中周人以德服人的政權合法性建構理念，以及藉此標榜的賢人政治觀。清華簡《程寤》的文本形成過程或許可以反映出「書」類文獻形成的具體方式，以及所附載觀念的歷史演變過程，反映了史實與觀念的彼此依存和相互投射。該簡文的原初形態反映的是商周易代時期的文化觀念和價值立場，後來添加上去的內容則是由思想觀念規導而成的，從而形成文本「層累」的事實和思想觀念的遞進。總之，簡文本身的「層累」過程昭示了周初政權合法性建構在政治觀念層面上的「層累」，也說明簡文與其所表現的思想觀念之間在一定程度上構成對應性關係，即從遵夢而行至遵德而行。

　　還有一種可能是簡文或許不是「層累」而成，但內容本身的確可以分為兩個部分。由於缺乏直接證據，這篇「書」類文獻的形成時間難以確定，如若是史官的實錄，那麼它應當是《周書》中形成甚早的文本，如若是後世的追記或者是春秋晚期至戰國中期士人仿照「書」類文獻創製而成，那麼它的製作應當

〔註41〕 中國社會科學院考古研究所編：《殷周金文集成（修訂增補本）》第二冊，中華書局 2007 年版，第 1541 頁。

〔註42〕 黃懷信：《清華簡〈程寤〉解讀》，《魯東大學學報》（哲學社會科學版）2011 年第 4 期。

也有所依憑而非嚮壁虛造，加之埋入地下後，未再經歷戰國晚期乃至西漢前期士人的添加、改造，很大程度上保持了文本的原始狀態，從而與其他流傳系統中的類似篇章形成一定差異。據此，或許可以確定該簡文形成之初，前半部分反映的就是祥瑞受命，後半部分表達的就是以德受命，這種文本結構本身就能反映作者的寫作意圖。

就後一種情況來看，清華簡《程寤》所表達的從遵夢而行到遵德而行的思想觀念，典型地反映了周人天命觀的演變過程及其思想特質。如前所述，太姒寤夢及文王的祭祀、占卜反映出周人觀念意識中的非理性因素。從文王訓誡太子發的內容看，簡文彰顯了周人的理性思維，文本的寫作雖然從太姒寤夢所反映的祥瑞受命寫起，但主題最終還是落在了德治上，這說明非理性因素在周人的觀念意識中雖然佔據一定的思想空間，但並非主核。從遵夢而行到遵德而行的文本構造本身也說明，受時代背景及文化觀念等因素影響，周人文化中的確有非理性的天命鬼神信仰，但其文化底色是以德治理念為代表的理性精神。當然，也應注意到，德治思想是春秋戰國時期流行的政治觀念，清華簡《程寤》所見德治理念也有可能是這一思想在上古文獻中的投射，說明這一時期的德治觀念具有強大的觀念塑造能力，經這一觀念改造過的文獻與原初的文本形態及其所表達的觀念愈漸疏遠，可能體現了春秋戰國時代的主流政治觀。

如若不考慮《程寤》文本形態與所見思想內涵的形成過程，將祥瑞受命和以德受命兩種觀念納入統治思想史的解讀範疇，可以推進對《程寤》所見兩種天命觀的認識。

首先，祥瑞受命有堅實的傳統觀念基礎，太姒寤夢是周人確信天命發生轉移的一個標誌性事件。如若不以某種歷史的必然觀念去看待周人代商一事，而是回歸到太姒寤夢一事發生的起點，應當明白儘管商紂長年征伐東夷致使國力衰微，他的殘暴統治也使統治階層內部人心渙散，多子族與他離心離德，但是長期沒入羌戎的周族軍政實力遠不及商族，儘管商王步步緊逼致使文王處境艱尬，周人也有取而代之的政治圖謀，但無論是繼續臣服於商或者是起而滅之，都需要一個契機，或者一次神諭，而太姒寤夢就是這樣的一個契機，更是一次神諭，使周族統治者放下原有的心理包袱，不再畏於自身實力弱小和商人的強大，下定決心完成滅商大業。在今人看來，把太姒做的一個夢當作周人進行軍政冒險的一個由頭，實在是過於荒誕，但是，如若回到商周易代之際周人文化氛圍的真實場域，這一夢境是鬼神的指示，更是典型的祥瑞受命，它的功能和

商湯聽說夏桀夢見天有二日就不顧天災連綿奮而滅夏的舉動多有相近之處。

其次，以德受命既是周初實現王國國家形態建構的統治觀念，也是後世注解政權合法性的優美說辭，前者是實實在在的統治之術，後者則具有一定的政治裝飾功能。如前所述，任用賢能是王國時代較為普遍的為政方式，它不是以德服人的體現，而是應對多族群統治的基本方略。太姒寤夢之時，尚未真正落實滅商行動的文王為何以此夢為契機向太子發宣教賢人政治觀，或者層累而成的《程寤》為何在文本中滲入這一觀念呢？筆者認為如果文王向太子發申說任用賢人之重要性的文字是該篇文獻的原始記錄，那麼文王應當是在告誡太子發不要固執於小國狀態的周族統治，而應當堅定地推行跨族統治之道，盡早讓周族之國具備超血緣、跨地域統治的王國國家形態，讓更多異姓貴族服務於周邦，只有這樣才能完成滅商大業，真正成為統治疆域更為廣闊，容納族群更為多元的「王國」。因之，以任用賢能所表述的以德受命觀念，是切實的統治之術。如若《程寤》所見賢人觀是後世添加上去的，那麼，周人製造文王、武王善用賢人，以不忍人之心滅商，繼而宣揚、推行德政的一系列說辭，是姬周王族鞏固、宣揚周人領有天命的一個證明，其中所見以德受命說的心理動向尚好理解，而如若是儒、墨賢人觀滲入的結果，那麼他們的目的當是在血統論仍然牢固的情勢下為了推行選賢任能的主張改編了《程寤》，試圖借文王之口宣揚他們的統治思想。

四、「攻於商神」與周人「革命」觀的形塑

如前所述，文王深怕太姒做的是惡夢，在「占於明堂」之前，讓太子發分別命令「祝忻」「巫率」「宗丁」為文王、太姒和太子發舉行「祓」祭，「幣告宗祊社稷，祈於六末山川」之後，「攻於商神」，又進行「望」、「烝」之祭。〔註43〕其中，「攻於商神」之「攻」當是上古時期的厭勝巫術，周人以「天」為後盾，對商族祖先神為主的神靈系統進行詛咒，這意味著周人有獨立於商的宗教觀念與巫祝系統。同時，「攻於商神」的行為也說明殷周之間的宗教關係體現著相應的政治關係，周人一方面服從殷人，一方面在周邦內部推行一套與殷人並行甚至對立的制度，這與文獻中周對殷的雙重政治態度合拍。〔註44〕在這一認識基礎上，筆者認為「攻於商神」體現了周人「革命」觀的宗教性起源及其形塑過程中的重要一環。

〔註43〕李學勤主編：《清華大學藏戰國竹簡（壹）》，中西書局 2010 年版，第 136 頁。
〔註44〕李凱：《說清華簡〈程寤〉「攻於商神」》，《雲南社會科學》2014 年第 5 期。

文王在程之時，所面對的政治環境頗為複雜。從大的政治環境來說，周人與商人存在盟誓關係，周人以兩族盟誓形式臣服於商，是大邑商的臣子，這種盟誓關係建立在宗教信仰基礎上，對當時諸族首領及貴族成員軍政行為有很強的約束力，因此不敢輕易背盟，周人也看到商紂在東方戰線耗盡國力，對待大小貴族極為嚴苛，統治階層內部離心離德，這是起兵攻商的絕佳時會。從小的政治環境來說，周人總體上實力較弱，與周邊部族的關係尚待完善，統治階層內部也未必都持有攻伐商的統一意見。在這樣的政治環境下，冒然起兵或可能得不到族眾全力支持，也不一定戰勝尚有一定實力的商族，如不起兵，待商紂從東夷戰事中緩解過來，矛頭必然會對準周人，面臨兩難處境之時，太姒寤夢顯然是一個打破困境的契機，她的夢境啟示文王待太子發親政之時解除與商人的盟誓關係，進而起兵伐商，不僅不會遭到天神的懲罰，反而是天神在啟示文王天命將落到太子發身上，周人將在太子發的帶領下完成滅商大業。由此，周人革商人之命的「革命」觀念之起源或可能是一個偶然因素促成的，這個偶然因素是今人看來十分荒誕的一個夢境啟示。

「攻」是一個宗教術語，有攻解、驅逐、解除之義，「攻於商神」即驅逐、解除造成災難的商人之神。在早期宗教信仰中，特定的族群有自己的神靈信仰系統，特定族群信仰的神靈也只會保佑自己的族群，這是「小國」時代以來形成的人群界域在宗教信仰層面的投射。對周人來說，他們面臨的困境不僅是強大商族的征服和威脅，也來自商人神靈系統的控制和干擾，太姒寤夢，文王害怕受到商人之神的迫害，於是以厭勝之法驅逐商人之神，解除他們對周王族的干擾和攻擊。可以想見，當時巫祝使用的厭勝之法當是引周人之天神及祖先神攻解商人的天帝及祖先神，這樣的攻解之法實為神靈世界的「革命」，即周人之神驅逐商人之神，之後，文王占於明堂，結果是太姒寤夢乃吉夢。當神靈世界的「革命」投射到現實世界，周人革商人之命的可能性也由此形成，周人的「革命」觀也因此產生了。總之，周人的「革命」觀不僅僅是周族上層審時度勢、奮起滅商的現實軍政操作的產物，清華簡《程寤》相關記載透露出它的起源當與早期神靈信仰有關，從「攻於商神」的前後一系列宗教占卜行動看，周人「革命」觀的確立與厭勝之術密切相關，而攻解商人之神的方式和由此得到的吉夢是這一「革命」觀得以形塑的重要一環。

「攻於商神」所見周人的「天命」觀應當是周人歷史的一個轉折點，太姒寤夢這樣的偶發事件讓周人終於下定滅商的決心，明確了天命所歸，不再搖擺

於服商與滅商之間，形成了以革商人之命為主核的統治思想。如果說統治者的統治思想隨著具體的統治事項和所實施的統治之術隨時可能發生轉換，那麼特定國家在特定時期實施的統治思想則與想要達成的統治目標往往是合一的，因而具有一定的穩定性。太姒寤夢前，周邦尚持雙重的政治態度，太姒寤夢後，革商人之命成為文王後期至周公時代統一、穩定的統治思想，指導著周人的各項軍政行為，發揮著聚攏周族社會力量、調解內部矛盾的功能。

「攻於商神」的宗教活動及其衍生出的「革命」觀也進一步說明《程寤》所見周王受命實乃武王受命。儘管「攻於商神」本身是由文王主導的，但這樣做的目的是驗證太姒寤夢吉凶與否，為占於明堂做準備，而太姒夢境中的主角是太子發，占於明堂的結果不僅僅是卜問夢之吉凶，也是為了進一步明確神的預示。後來發生的史實也證明武王是滅商行動的主導者，是完成周人「革命」大業的第一人，而這些史實與「攻於商神」的結果相一致，也與太姒寤夢後的一系列宗教活動的目的相一致。無論是太姒的夢境，還是文王進行的攻解、占卜，都透露出天神預示天命將歸於武王，文王針對所面臨的大小政治環境，判斷出他本人可能完成不了滅商大業，因此寄望於武王。從這個角度對太姒寤夢的宗教活動與後來的歷史事實進行參比，就會發現早期巫術宗教活動中看似非理性的行為實際上滲透著理性與智慧，看似怪誕的宗教行為實為人之社會行為的觀念投射。

綜上，清華簡《程寤》所載太姒寤夢反映了周人以夢占判斷吉凶，並以夢兆體會天意、預示人事的觀念意識，其與周人天命觀念的內在關聯主要表現在以夢兆預示政權興替，並藉此建構周初政權的合法性。從太姒寤夢的具體內容看，《程寤》所載並非文王受命，也非文武受命，而是武王受命。《程寤》中有祥瑞受命的內容，也強調以德受命，這或許是文本層累的結果。「攻於商神」所見周初「革命」觀當是基於太姒寤夢的一個觀念產物，其中的宗教精神與周人的歷史理性之間有很強的通約性，也透露出武王受命才是周初政權合法性建構的核心命題。

第二節　從清華簡《四告一》「肆衵血盟」看西周前期的王權政治

清華簡《四告一》是周公禱告皋繇之辭，理解簡文的關鍵部分整理者釋為

「逸俯血盟」〔註45〕，黃德寬釋為「肆擾血盍」〔註46〕，指肆祭和血祭。「逸」
當為「肆」，《周禮·地官司徒·大司徒》：「祀五帝，奉牛牲，羞其肆。」鄭玄注
云：「奉，猶進也。鄭司農云：『羞，進也。肆，陳骨體也。』玄謂進所肆解骨
體。」〔註47〕「血盟」見於睡虎地秦簡《日書甲種》簡一〇四正貳「毋以卯沐
浴，是為血明，不可□井池」〔註48〕。「俯」當為「祔」，《說文》解作「後死者
合食於先祖」〔註49〕，程浩認為「祔」祭可能與改變皐繇的「配享」有關，故
釋為「肆祔血盟」，指周公以祔祭讓作為天帝司慎的皐繇脫離原先的配享，成為
周人祖先神的附屬，並與奄遺盟誓，把他們拉入己方陣營〔註50〕。黃德寬釋讀
為「肆擾血盍」，表示兩類祭祀活動。「肆」表示肆解牲體以祭祀的用法，《周禮·
地官司徒·大司徒》：「祀五帝，奉牛牲，羞其肆。」鄭玄注：「奉，猶進也。鄭
司農云：『羞，進也。肆，陳骨體也。』玄謂進所肆解骨體。」〔註51〕「明」讀
為「盍」，表示血祭，「肆擾血盍」記載的是肆祭和血祭的祭祀活動〔註52〕。從
《四告一》內容看，周公並非單純地祭祀皐繇，而是與其遺族盟誓。因此，筆
者從程浩解。從周公告皐繇的具體儀式及其內涵看，盟誓在實現跨族統治，構
建內外服等方面發揮過重要作用，也能反映出西周前期王權政治的一些特點。

一、以盟誓實現跨族統治、構建內外服

（一）盟誓與跨族統治

　　清華簡《四告一》記述了周公兩次禱告奄人祖先皐繇之事。第一次的主題
是祈求皐繇不要因滅其國、遷其民而「討余有周旦」，與奄遺盟誓，讓他們「即
服於天，效命於周」〔註53〕。管叔、蔡叔聯合武庚發動叛亂，早已臣服殷商的

〔註45〕黃德寬主編：《清華大學藏戰國竹簡（拾）》，中西書局 2020 年版，第 110
頁。
〔註46〕黃德寬：《清華簡〈四告〉疑難字詞二考》，《出土文獻》2020 年第 3 期。
〔註47〕（漢）鄭玄注，（唐）賈公彥疏：《周禮注疏》，見（清）阮元校刻：《十三經注
疏》（清嘉慶刊本），中華書局 2009 年版，第 1525 頁。
〔註48〕「明」通「盟」，睡虎地秦墓竹簡整理小組：《睡虎地秦墓竹簡》，文物出版社
1990 年版，第 197 頁。
〔註49〕（漢）許慎撰，（宋）徐鉉校定：《說文解字》，中華書局 1963 年版，第 8 頁。
〔註50〕程浩：《清華簡〈四告〉的性質與結構》，《出土文獻》2020 年第 3 期。
〔註51〕（漢）鄭玄注，（唐）賈公彥疏：《周禮注疏》，見（清）阮元校刻：《十三經注
疏·》（清嘉慶刊本），第 1525 頁。
〔註52〕黃德寬：《清華簡〈四告〉疑難字詞二考》，《出土文獻》2020 年第 3 期。
〔註53〕黃德寬主編：《清華大學藏戰國竹簡（拾）》，中西書局 2020 年版，第 110 頁。

奄人從亂，周公「討徵不服，方行天下，至於海表出日」〔註54〕，滅了商奄。
清華簡《繫年》第三章：「成王伐商蓋，殺飛廉，西遷商蓋之民於朱圉。」「商
蓋」即「商奄」，東征結束後，周人把一部分奄人遷至今甘肅天水一帶〔註55〕。
《左傳·定公四年》：「因商奄之民，命以伯禽而封少皞之虛。」〔註56〕以盟誓
配合伯禽之封，命書云：「王曰叔父，建爾元子。俾侯于魯，大啟爾宇，為周
室輔。乃命魯公，俾侯于東，錫之山川，土田附庸。」〔註57〕周在奄人故地「少
皞之虛」建立魯國，把一部分奄遺封給伯禽以為「附庸」。通過這些盟誓，周
人實現了對這一古老族群的跨族統治，而從《四告一》的禱辭看，周公主導的
這次盟誓明顯具有實用性和功利性特徵，它披著早期宗教信仰的外衣，有效解
決了王國國家超血緣、跨地域統治面臨的重大挑戰。

　　從西周前期王權政治的具體運作過程看，通過盟誓建立跨族統治聯盟是
周人開疆拓土的重要方式。周族遷至岐下後，與姜姓羌人結盟，長期聯姻，周
族的興起、強盛與姜姓氏族的堅定支持是分不開的，周族文化中已然滲入羌人
文化因素。〔註58〕文王時，「小心翼翼，昭事上帝，聿懷多福，厥德不回，以
受方國。」〔註59〕從周原甲骨「癸巳彝文武帝乙宗貞王其加祭成唐□禦及□母
其彝血牡三豚三由又正」（鳳雛 H11：1）〔註60〕，「彝文武丁□貞王翌日乙酉
其尞再中□武丁豐□□□□十王」（鳳雛 H11：112）〔註61〕等看，文王曾在殷
宗廟祭祀商人先祖，拜謝稱旅，與西正等共飲血酒，並殺牲為盟，以示對商王

〔註54〕黃德寬主編：《清華大學藏戰國竹簡（拾）》，中西書局 2020 年版，第 110
　　　　頁。
〔註55〕李學勤主編：《清華大學藏戰國竹簡（貳）》，中西書局 2011 年版，第 141
　　　　頁。
〔註56〕（晉）杜預注，（唐）孔穎達等正義：《春秋左傳正義》，見（清）阮元校刻：
　　　　《十三經注疏》（清嘉慶刊本），中華書局 2009 年版，第 4635～4636 頁。
〔註57〕《詩經·魯頌·閟宮》，（漢）毛公傳、鄭玄箋，（唐）孔穎達等疏：《毛詩正義》，
　　　　見（清）阮元校刻：《十三經注疏》（清嘉慶刊本），中華書局 2009 年版，第
　　　　1328 頁。
〔註58〕徐中舒：《徐中舒先秦史講義》，天津古籍出版社 2008 年版，第 297～307
　　　　頁。
〔註59〕《詩經·大雅·大明》，（漢）毛公傳、鄭玄箋，（唐）孔穎達等疏：《毛詩正義》，
　　　　見（清）阮元校刻：《十三經注疏》（清嘉慶刊本），中華書局 2009 年版，第
　　　　1091 頁。
〔註60〕曹瑋編著：《周原甲骨文》，世界圖書出版公司北京公司 2002 年版，第 1 頁。
〔註61〕曹瑋編著：《周原甲骨文》，世界圖書出版公司北京公司 2002 年版，第 78
　　　　頁。

朝的效忠〔註62〕。臣服於商的同時，文王與周邊部族締結同盟關係，「帥殷之叛國以事紂」〔註63〕，並在「西土」形成以周族為盟主的反商部族聯盟。〔註64〕周原甲骨載有「伐蜀」（鳳雛 H11：68）、「〔克〕蜀」（鳳雛 H11：97）〔註65〕，此處的「蜀」很有可能就是《尚書·牧誓》記載的「蜀」〔註66〕。伐蜀成功後，蜀成為反商聯盟成員之一。《詩經·大雅·皇矣》載：「密人不恭，敢距大邦。」〔註67〕周原甲骨也記有「於㠱（密）。周。」（鳳雛 H11：31）〔註68〕。位於周西邊的密須時常侵擾周族，還入侵阮、共，文王滅之，爭取到阮、共的支持。文王還利用「西伯」身份獲得征伐、平抑方國之間爭端的權力，《詩經·大雅·緜》：「虞芮質厥成，文王蹶厥生。予曰有疏附，予曰有先後。予曰有奔奏，予曰有禦侮。」〔註69〕文王平虞、芮兩國爭端，使之歸附周族，與之建立盟誓關係。《詩經·大雅·皇矣》：「帝謂文王，詢爾仇方，同爾兄弟，以爾鈎援，與爾臨衝，以伐崇墉。」〔註70〕文王伐崇前需要告知同盟部族，並要求他們做好一同伐崇的準備，這期間當舉行了盟誓。1993 年在山西曲沃北趙晉公

〔註62〕有學者認為相關卜辭實為文王驗證天命問卜而受殷先王嗣位之命，但筆者認為無論文王是在表達對商的忠心，還是在祈請以周代殷，都是通過盟誓進行的。參見李桂民：《周原廟祭甲骨與「文王受命」公案》，《歷史研究》2013 年第 2 期。

〔註63〕《左傳·襄公四年》，（晉）杜預注，（唐）孔穎達等正義：《春秋左傳正義》，見（清）阮元校刻：《十三經注疏》（清嘉慶刊本），中華書局 2009 年版，第 4192 頁。

〔註64〕沈長雲：《先秦史》，人民出版社 2006 年版，第 97～98 頁。

〔註65〕曹瑋編著：《周原甲骨文》，世界圖書出版公司北京公司 2002 年版，第 52、71 頁。

〔註66〕徐錫臺：《周原出土的甲骨文所見人名、官名、方國、地名淺釋》，吉林大學古文字研究室主編：《古文字研究》第 1 輯，中華書局 1979 年版，第 189～190 頁；繆文遠：《周原甲骨所見諸方國考略》，四川大學學報編輯部、四川大學古文字研究室：《古文字研究論文集》第 10 輯，四川人民出版社 1982 年版，第 68～69 頁。

〔註67〕（漢）毛公傳、鄭玄箋，（唐）孔穎達等疏：《毛詩正義》，見（清）阮元校刻：《十三經注疏》（清嘉慶刊本），中華書局 2009 年版，第 1121 頁。

〔註68〕曹瑋編著：《周原甲骨文》，第 27 頁。有學者則寫作「於宍」，參見李零：《讀〈周原甲骨文〉》，北京大學中國考古學研究中心、北京大學震旦古代文明研究中心編：《古代文明》第 3 卷，文物出版社 2004 年版，第 228～229 頁。

〔註69〕（漢）毛公傳、鄭玄箋，（唐）孔穎達等疏：《毛詩正義》，見（清）阮元校刻：《十三經注疏》（清嘉慶刊本），中華書局 2009 年版，第 1101 頁。

〔註70〕（漢）毛公傳、鄭玄箋，（唐）孔穎達等疏：《毛詩正義》，見（清）阮元校刻：《十三經注疏》（清嘉慶刊本），中華書局 2009 年版，第 1123 頁。

室墓地出土「文王玉環」〔註71〕，上有銘文：「玟（文）王卜曰：我眔會人弘伐昆人。」（《銘圖》〔註72〕19710）其中，學界多釋「會」為「唐」。「昆」字拓本為「𣄰」，根據學者的考證，「𣄰」為「亞」字的異體，釋為「崇」，此銘文記載的即為文王與唐人戰崇之事〔註73〕。此外，克崇後舉行的「師祭」〔註74〕也有盟誓的因素。《尚書大傳·殷傳·西伯戡耆》載，文王「二年伐於，三年伐密須，四年伐畎夷，紂乃囚之。……文王出則克耆，六年伐崇則稱王。既伐于崇。」〔註75〕，儘管所載顯然經過後世加工，未必合於史實，但也能說明文王通過一系列盟誓構建跨族統治，藉此把軍政勢力推進至商王朝腹地。

借盟誓實現跨族統治的現象還體現在分封制的實施中。「周之宗盟，異姓為後」〔註76〕，異姓諸侯受封時須與周天子盟誓。《左傳·僖公四年》載管仲之言：「昔召康公命我先君大公曰：『五侯九伯，女實征之，以夾輔周室！』賜我先君履，東至於海，西至於河，南至於穆陵，北至於無棣。」〔註77〕學者認為這是分封齊國時的部分命辭。〔註78〕《左傳·僖公六年》：「昔武王克殷，微子啟如是。武王親釋其縛，受其璧而祓之，焚其櫬，禮而命之，使復其所。」〔註79〕宋國之封〔註80〕亦是異姓分封的實例，而盟誓活動有效地將異姓貴族

〔註71〕 山西省考古研究所、北京大學考古學系：《天馬——曲村遺址北趙晉侯墓地第三次發掘》，《文物》1994 年第 8 期。

〔註72〕 吳鎮烽編著：《商周青銅器銘文暨圖像集成》，上海古籍出版社 2012 年版。文中簡稱《銘圖》。

〔註73〕 陳劍：《甲骨金文考釋論集》，線裝書局 2007 年版，第 300～306 頁。

〔註74〕 《爾雅·釋天》，（晉）郭璞注，（宋）邢昺疏：《爾雅注疏》，見（清）阮元校刻：《十三經注疏》（清嘉慶刊本），中華書局 2009 年版，第 5676 頁。

〔註75〕 （漢）鄭玄注，王闓運補注：《尚書大傳》，商務印書館 1937 年版，第 29～30 頁。

〔註76〕 《左傳·隱公十一年》，（晉）杜預注，（唐）孔穎達等正義：《春秋左傳正義》，見（清）阮元校刻：《十三經注疏》（清嘉慶刊本），中華書局 2009 年版，第 3768 頁。

〔註77〕 （晉）杜預注，（唐）孔穎達等正義：《春秋左傳正義》，見（清）阮元校刻：《十三經注疏》（清嘉慶刊本），中華書局 2009 年版，第 3890～3891 頁。

〔註78〕 晁福林：《試論西周分封制的若干問題》，陝西歷史博物館編：《西周史論文集》（下），陝西人民教育出版社 1993 年版，第 748 頁。

〔註79〕 （晉）杜預注，（唐）孔穎達等正義：《春秋左傳正義》，見（清）阮元校刻：《十三經注疏》（清嘉慶刊本），中華書局 2009 年版，第 3903 頁。

〔註80〕 宋國之封，有「武王封宋說」和「成王封宋說」。陳立柱認為武王封微子啟於孟渚之濱（今山東曹縣），周公、成王東征後遷微子之任稽於宋（今河南商丘），立之為宋公（商公）。參見陳立柱：《微子封建考》，《歷史研究》2005 年第 6 期。筆者從陳立柱之說。

納入周人統治範圍，擴大了西周王朝的統治基礎。

地方諸侯也依憑盟誓與異姓族群建構統治關係。受封後，諸侯與其附庸進行「分宗」盟誓〔註81〕，魯公伯禽分得「殷民六族」後，「帥其宗室，輯其分族，將其類醜，以法則周公」〔註82〕，留在故地的商奄遺民當在本族卿大夫的統率下服事魯公，清華簡《四告二》中伯禽告任、俞之神的目的亦是將被征服的任人、俞人納入其國〔註83〕，實現跨族統治。

（二）盟誓與內外服

清華簡《四告一》所見周公第二次祭祀皋繇，率「邦君、諸侯、大正、小子、師氏、御事」〔註84〕，一起向商奄祖先禱告。其中，「邦君」「諸侯」即周之外服，「小子」「御事」等則為內服，這說明內外服是周人實現政權構造的主要方式。謝維揚認為，中國早期國家政治構造最主要特徵是內外服制。〔註85〕結合相關史實，可以看出盟誓是建構和實施內外服的重要制度依託。大禹「塗山之會」實際上就是把被征服東夷諸族及夏后氏同族納入外服體制的建國大會，從盟者宣誓效忠大禹，大禹封賞諸部族，這一過程中，盟誓無疑是大禹運作權力、建構國家的根本性制度。《尚書·酒誥》云：「越在外服，侯、甸、男、衛、邦伯；越在內服，百僚庶尹，惟亞惟服，宗工、越百姓、里居。」〔註86〕這反映的是商人成熟的內外服體系。周承殷制，也構建起內外有別、上下有序的內外服統治體系。

和夏、商的政治傳統相似，周人也以盟誓為制度依託建構和實施內外服。伐商取勝後，武王在立國、封賞等儀式上宣誓「膺受大命，革殷，受天明命」〔註87〕，「立王子武庚，命管叔相」〔註88〕，「又作《武》，其卒章曰：『耆定爾

〔註81〕 雒有倉：《論西周的盟誓制度》，《考古與文物》2007 年第 2 期。

〔註82〕 《左傳·定公四年》，（晉）杜預注，（唐）孔穎達等正義：《春秋左傳正義》，見（清）阮元校刻：《十三經注疏》（清嘉慶刊本），中華書局 2009 年版，第 4635 頁。

〔註83〕 黃德寬主編：《清華大學藏戰國竹簡（拾）》，中西書局 2020 年版，第 117 頁。

〔註84〕 黃德寬主編：《清華大學藏戰國竹簡（拾）》，中西書局 2020 年版，第 110 頁。

〔註85〕 謝維揚：《中國早期國家》，浙江人民出版社 1995 年版，第 404 頁。

〔註86〕 （漢）孔安國傳，（唐）孔穎達等正義：《尚書正義》，見（清）阮元校刻：《十三經注疏》，中華書局 2009 年版，第 439 頁。

〔註87〕 《史記》卷 4《周本紀》，中華書局 2013 年版，第 162 頁。

〔註88〕 《逸周書·克殷解》，黃懷信、張懋鎔、田旭東撰：《逸周書彙校集注上》上冊（修訂本），上海古籍出版社 2007 年版，第 356 頁。

功』」〔註89〕，分封有功之臣。周公東征結束後，「四方民大和會」〔註90〕於洛邑，「周公為盟」〔註91〕，以盟誓結合分封，在東土建立新的諸侯國。康叔受「封於殷虛」〔註92〕，授予「大路、少帛、綪茷、旃旌、大呂，殷民七族」〔註93〕，周公要求他發誓效忠周室，「作新民」〔註94〕。唐叔受封於「夏虛」〔註95〕時，也舉行了盟誓。1993 年北京琉璃河 1193 號大墓出土《克罍》《克盉》兩件刻有封燕銘文的銅器，銘文載：「王曰：『太保，唯乃明。乃鬯享於乃闢，余大封。乃享，令克侯於匽（燕）。剌羌戈，祖於御微。克來匽，入土眔有嗣（辭的異體字）。』用作寶尊彝。」（《近出》〔註96〕987）諸家對這段銘文解讀不一〔註97〕，如若是東征後即封燕，此處的「王」可能是指周公，如若指成王，應當是以成王名義進行的分封，不過可以明確的是分封燕侯時舉行了盟誓儀式。上述這些盟誓活動都有載書，並「藏在盟府」〔註98〕，以為憑據。

〔註89〕 《左傳·宣公十二年》，（晉）杜預注，（唐）孔穎達等正義：《春秋左傳正義》，見（清）阮元校刻：《十三經注疏》（清嘉慶刊本），中華書局 2009 年版，第 4086 頁。

〔註90〕 《尚書·周書·康誥》，（漢）孔安國傳，（唐）孔穎達等正義：《尚書正義》，見（清）阮元校刻：《十三經注疏》（清嘉慶刊本），中華書局 2009 年版，第 430 頁。

〔註91〕 《史記》卷 130《太史公自序》，中華書局 2013 年版，第 4014 頁。

〔註92〕 《左傳·定公四年》，（晉）杜預注，（唐）孔穎達等正義：《春秋左傳正義》，見（清）阮元校刻：《十三經注疏》（清嘉慶刊本），中華書局 2009 年版，第 4636 頁。

〔註93〕 《左傳·定公四年》，（晉）杜預注，（唐）孔穎達等正義：《春秋左傳正義》，見（清）阮元校刻：《十三經注疏》（清嘉慶刊本），中華書局 2009 年版，第 4636 頁。

〔註94〕 《尚書·周書·康誥》，（漢）孔安國傳，（唐）孔穎達等正義：《尚書正義》，見（清）阮元校刻：《十三經注疏》（清嘉慶刊本），中華書局 2009 年版，第 432 頁。

〔註95〕 《左傳·定公四年》，（晉）杜預注，（唐）孔穎達等正義：《春秋左傳正義》，見（清）阮元校刻：《十三經注疏》（清嘉慶刊本），中華書局 2009 年版，第 4637 頁。

〔註96〕 劉雨、盧岩：《近出殷周金文集錄》，中華書局 2002 年版。文中簡稱《近出》。

〔註97〕 如陳平認為燕名義上的受封者可能是太保，實際上的受封者則是克，但卻未指明冊封他的「王」是成王還是周公；杜廼松則認為冊封克的「王」應是成王。參見陳平：《克罍、克盉銘文及其有關問題》，《考古》1991 年第 9 期；杜廼松：《克罍克盉銘文新釋》，《故宮博物院院刊》1998 年第 1 期。

〔註98〕 《左傳·襄公十一年》，（晉）杜預注，（唐）孔穎達等正義：《春秋左傳正義》，見（清）阮元校刻：《十三經注疏》（清嘉慶刊本），中華書局 2009 年版，第 4235 頁。

成王親政後，結合盟誓進行分封。《左傳・昭公四年》載「成有岐陽之蒐」〔註99〕。有學者認為《荊子鼎》《保尊》《保卣》三篇銅器銘文可作為「岐陽之蒐」記載的佐證。〔註100〕學界雖有爭議，但《荊子鼎》銘文「丁巳，王大祓」（《銘圖》2385）和《保尊》《保卣》銘文的「遘於四方，會王大祀」（《集成》6003），都可證實成王與諸侯舉行了盟誓大典。《麥方尊》：「王令辟井（邢）侯出坯，侯於井（邢），……侯賜赭訊臣二百家。」（《集成》6015）《邢侯簋》：「昭朕福盟，朕臣天子，用典王命。」（《集成》4241）成王分封邢侯〔註101〕，賜其家臣「二百家」，邢侯發誓效忠成王，並把盟辭刻於禮器以證之。《覡公簋》：「遘於王命唐伯侯於晉。」（《銘圖》4954）覡公為其妻作簋，恰逢成王遷封唐侯燮於晉。〔註102〕

康王時期的盟誓也與分封、冊命諸侯相結合。《作冊旂尊》「令作冊折既聖土於相侯。」（《集成》6002）康王〔註103〕分封相侯，《大盂鼎》《小盂鼎》所見南公之孫盂受王錫命，封授疆土及衣服車馬，都是分封盟誓的確證。《宜侯夨簋》：「王令（命）虞（虎）侯夨曰：鄦（？）侯於宜，……賜土……。」（《集成》4320）康王遷封虞侯於宜，通過盟誓重新授民授疆土。〔註104〕曾國當始封於成康時期，2019 年出土於隨州棗樹林曾侯墓葬 M190 的《鑄鍾》銘文記有「王客我於康宮，乎厥命。皇祖建於南土，蔽蔡南門，誓應京社，適於漢東。」此銘文涉及兩次盟誓：一是器主曾公畎追述周天子分封其先祖於南土時的盟

〔註99〕（晉）杜預注，（唐）孔穎達等正義：《春秋左傳正義》，見（清）阮元校刻：《十三經注疏》（清嘉慶刊本），中華書局 2009 年版，第 4418 頁。

〔註100〕李學勤：《斗子鼎與成王岐陽之盟》，《中國國家博物館館刊》2012 年第 1 期；黃錦前：《荊子鼎與成王岐陽之盟》，《中國國家博物館館刊》2013 年第 9 期；於薇：《湖北隨州葉家山 M2 新出夨子鼎與西周宗盟》，《江漢考古》2012 年第 2 期。

〔註101〕學界對封邢時代頗有爭議，本文從李學勤之說。參見李學勤：《麥尊與邢國的初封》，楊文山、翁振軍主編：《邢臺歷史文化論叢》，河北人民出版社 1990 年版，第 103～104 頁。

〔註102〕唐伯何時侯於晉，朱鳳瀚傾向於成王；李伯謙也認為成王時期更為合理（參見《覡公簋與唐伯侯於晉》，《考古》2007 年第 3 期；《覡公簋與晉國早期歷史若干問題的再認識》，《中原文物》2009 年第 1 期）。

〔註103〕王暉認為該器中的「王」指康王。參見王暉：《作冊旂器銘與西周分封賜土禮儀考》，《中國歷史文物》2005 年第 1 期。

〔註104〕虞侯遷封的時間例來眾說紛紜，主要有成王說與康王說。本文從康王遷封虞侯於宜之說。參見杜勇：《關於令方彝的年代問題》，《中國史研究》2001 年第 2 期。

誓；二是追述其先祖與保護國蔡、應的盟誓。〔註 105〕

周人不唯以盟誓構建外服，其內服體系亦是以盟誓構建起來的。《班簋》載有「王令毛公以邦冢君……伐東國」(《集成》4341)，「毛公」采邑為毛，屬畿內封君，周天子與之盟誓確定統治關係。《左傳・僖公二十六年》載，「昔周公、大公股肱周室，夾輔成王。成王勞之，而賜之盟，曰：『世世子孫無相害也！』載在盟府，大師職之。」〔註 106〕周公一如文王時期的虢仲、虢叔，為王之「卿士」〔註 107〕，屬內服體系，他在攝政稱王時當與成王有盟誓在先，宣誓東征勝利、成王成年後還政，這是他取得同盟者支持的根本原因。

上述見於傳世文獻或金文的盟誓活動或因史官實錄的散佚，或受冊命文書固定格式的限制，或係後世文獻的轉述，都無法還原盟誓活動在權力運作過程中發揮的真實作用。清華簡「書」類文獻可能是由墨家選編的〔註 108〕，其中的《四告一》弱化了儒家「書」類文獻中以統治者的賢能、愛民表述政權合法性的書寫方式，透露出為了降服、聯合異族而禱告其遠祖，為治理國政實施「效所作周邦刑法典律，用創興立誨」，為吸納各類賢能「允厥元良，以傅輔王身，咸作左右爪牙，用經緯大邦周」〔註 109〕等實態化和寫實化的文本書寫，其中，典型地反映了以盟誓進行權力運作的真實狀態，充分體現了藉於盟誓的權力運作具有高度的靈活性和有效性，也說明西周前期的王權政治是多種政治力量妥協的結果。

〔註 105〕《湖北隨州葉家山西周墓地發掘簡報》認為 M2（或可能為曾侯諫媿姓夫人墓）年代應在康昭之世；李學勤認為 M2 年代應在成康之世；朱鳳瀚則認為此批墓葬下限最晚的 M27 號墓似亦不會晚於康王晚期；郭長江等人則認為曾國始封不可能晚至昭王或其後。參見湖北省文物考古研究所、隨州市博物館：《湖北隨州葉家山西周墓地發掘簡報》，《文物》2011 年第 11 期；李學勤等：《湖北隨州葉家山西周墓地筆談》，《文物》2011 年第 11 期；郭長江、凡國棟、陳虎等：《曾公畩編鍾銘文初步釋讀》，《江漢考古》2020 年第 1 期。

〔註 106〕（晉）杜預注，（唐）孔穎達等正義：《春秋左傳正義》，見（清）阮元校刻：《十三經注疏》(清嘉慶刊本)，中華書局 2009 年版，第 3954 頁。

〔註 107〕《左傳・僖公五年》，（晉）杜預注，（唐）孔穎達等正義：《春秋左傳正義》，見（清）阮元校刻：《十三經注疏》(清嘉慶刊本)，中華書局 2009 年版，第 3896 頁。

〔註 108〕程浩：《有為言之——先秦「書」類文獻的源與流》，中華書局 2021 年版，第 301～304 頁。

〔註 109〕黃德寬主編：《清華大學藏戰國竹簡（拾）》，中西書局 2020 年版，第 110 頁。

綜上，盟誓是周人滅商過程中經常使用的一種權力整合機制，藉此實現跨族統治，盟誓也是周人建構內外服的重要制度依託，結合盟誓在當時開疆拓土過程中所發揮的重要作用，可以看出西周前期的王權政治實際上是盟誓政治，基於盟誓的權力運作表現出很大的靈活性和有效性。

二、盟誓與西周前期王權的「原始性」

（一）盟誓與周文化中的「原始性」

「神不歆非類，民不祀非族」[註110]，周公為何祭祀異族祖先皋繇？其中的曲折隱幽可從清華簡《程寤》探知一二。文王志在滅商，仍「以服事殷」[註111]，因為周族以盟誓臣服於商[註112]，不能背盟。西周早期王權脫胎于氏族部落階段的神權政治，是遠古「原邏輯」[註113]思維的產物，初步具有分層社會性質的部族聯盟首領往往被看成是神的後裔，而藉此建立的王權的神聖性和宗教性是一種信仰而非欺騙手段。[註114]從考古學角度看，「小國」時代出現的玉琮是巫術與王權結合的最早的美術象徵，商周青銅器所鑄各類動物形象則是統治階層以絕地天通之法獲取和維持政治權力的主要工具。[註115]從清華簡《四告一》中的祫祭儀式看，當時的人們相信「在帝左右」[註116]的祖先神兼具天神和人鬼的雙重身份，現實世界中曾擔任百辟臣僚者，死後昇天須服事於天帝的朝廷[註117]，周公之所以禱告皋繇，是因為他長期擔任掌

〔註110〕　《左傳・僖公十年》，（晉）杜預注，（唐）孔穎達等正義：《春秋左傳正義》，見（清）阮元校刻：《十三經注疏》（清嘉慶刊本），中華書局 2009 年版，第3910 頁。

〔註111〕　《論語・泰伯》，（魏）何晏注，（宋）邢昺疏：《論語注疏》，見（清）阮元校刻：《十三經注疏》（清嘉慶刊本），中華書局 2009 年版，第 5402 頁。

〔註112〕　徐中舒：《周原甲骨初論》，四川大學學報編輯部，四川大學古文字研究室：《古文字研究論文集》第 10 輯，四川人民出版社 1982 年版，第 4～7 頁。

〔註113〕　〔法〕列維・布留爾著，丁由譯：《原始思維》，商務印書館 1981 年版，第 99～130 頁。

〔註114〕　王震中：《中國文明起源的比較研究》，中國社會科學出版社 2013 年版，第431 頁。

〔註115〕　張光直：《中國青銅時代》（二集），生活・讀書・新知三聯書店 1990 年版，第 79～80、127 頁。

〔註116〕　《詩經・大雅・文王》，（漢）毛亨傳、鄭玄箋，（唐）孔穎達等疏：《毛詩正義》，見（清）阮元校刻：《十三經注疏》（清嘉慶刊本），中華書局 2009 年版，第 1083 頁。

〔註117〕　陳夢家：《殷虛卜辭綜述》，中華書局 1988 年版，第 573 頁。

管刑罰的「士師」〔註118〕，害怕被滅其國、遷其民的奄人祖先神懲罰他，遂以盟主身份和奄遺「血盟」，用「二元父羊、父豕」〔註119〕祔祭之，讓本為夏代祖先神附屬的皋繇追隨周人祖先神。周公告皋繇的祭祀活動說明當時的鬼神信仰對人類行為有著切實的影響，周公害怕皋繇會降罪於他，才會以攻解之法祭祀之，從中可以看出，早期宗教信仰的內涵並不在於拯救靈魂，而是為了實現具體、現實的目的。〔註120〕總之，在巫術盛行、政教不分的時代，西周前期的王權政治具有濃厚的「原始性」，這種「原始性」由宗教信仰、神權政治、世俗王權及其習俗載體等雜糅而成，通過祭祀儀式表達統治意志是王權政治的重要內容，而盟誓就是以祭祀儀式體現王權「原始性」的一個典型，其發生的原動力來自對神靈的崇拜和敬畏〔註121〕，既包含著盟主與從盟者基於神權信仰構成的統治關係，也包含有基於詛盟儀式形成的忠誠理念和信任關係。〔註122〕

　　盟誓活動充滿著濃鬱的原始宗教氣息。從字源角度看，甲骨文中的「盟」通常刻為「盟」、「盟」、「盟」等，隸定為「盟」。「皿」為器皿形，「血」為牲耳形，這與《周禮·司盟》所載「殺牲歃血，朱盤玉敦，以立牛耳」〔註123〕的記述相合。其後，「盟」字的構造由「取象演化為兼取意，結構成分便有所變更」，這是因為「『盟』本源於『明』而得義於『明』。」〔註124〕《詩經·小雅·黃鳥》「此邦之人，不可與明。」鄭箋「明當為盟。盟，信也。」〔註125〕《爾雅·釋言》：「誓，謹也。」郭璞注曰：「所以約勤謹戒眾。」邢昺疏曰：

〔註118〕趙平安：《清華簡〈四告〉的文本形態及其意義》，《文物》2020年第9期。

〔註119〕黃德寬主編：《清華大學藏戰國竹簡（拾）》，中西書局2020年版，第110頁。

〔註120〕羅新慧：《周代天命觀念的發展與嬗變》，《歷史研究》2012年第5期。

〔註121〕呂靜：《春秋時期盟誓研究：神靈崇拜下的社會秩序再構建》，上海古籍出版社2007年版，第4頁。

〔註122〕閻步克認為西周作為典章制度的「禮」破壞導致春秋以盟誓為標誌的「信」之觀念的發達。參見閻步克：《春秋戰國時「信」觀念的演變及其社會原因》，《歷史研究》1981年第6期。筆者認為「信」觀念既是「禮」產生的觀念基礎也是它的派生物，盟誓活動的前提及其有效性皆與早期信義觀念有關。

〔註123〕（漢）許慎撰，（宋）徐鉉校定：《說文解字》，中華書局1963年版，第142頁。

〔註124〕向光忠：《釋古文字「盟」與古文化「盟」》，《河池師專學報》（社會科學版）1998年第3期。

〔註125〕（漢）毛亨傳、鄭玄箋，（唐）孔穎達等疏：《毛詩正義》，見（清）阮元校刻：《十三經注疏》（清嘉慶刊本），中華書局2009年版，第929～930頁。

「謹，敕也。……集將士而戒之曰誓。」〔註125〕《說文解字》：「誓，約束也，從言，折聲。」段玉裁釋之「凡自表不食言之辭，皆曰誓。」〔註127〕《禮記·曲禮下》：「約信曰誓」，孔穎達疏曰：「用言辭共相約束，以為信也。」〔註128〕字源上看，「誓」表達的是一種對自我和他人的強烈的約束性，包含著自我詛咒的因素。《禮記·曲禮下》：「涖牲曰盟」孔穎達疏云：「盟之為法，先鑿地為方坎，殺牲於坎上，割牲左耳，盛以珠盤，又取血，盛以玉敦，用血為盟，書成，乃歃血而讀書。」〔註129〕「盟」和「誓」二字聯用表達的是在特定宗教祭祀場所為了達到一定的目的而進行的宣誓締約。《周禮·司盟》：「及其禮儀，北面詔明神，既盟則貳之。……凡盟詛，各以其地域之眾庶，共其牲而致焉。既盟，則為司盟共祈酒脯。」〔註130〕盟誓活動中滲透著借神靈之名表現王權的意志，往往把攻伐對象視為受上帝懲罰「有罪」〔註131〕之人，或運用神靈權威扮演「受命」〔註132〕者角色，以獲取聯盟部族的信任。清華簡《四告》反映了盟誓儀式也具有濃重的祖先崇拜意味，把現實目的投射到信仰領域，從而使部族過往歷史與當下的政治訴求融為一體，再現「當時的人物及其業績」〔註133〕的同時找到謀求當下行動合法性的根據。

在盟誓儀式上，盟主和從盟者要以犧牲、舞蹈等取悅神靈，它們共同構成盟誓的儀式和軌程。《牧誓》中的「四伐、五伐、六伐、七伐」實為祭祀舞蹈

〔註126〕（晉）郭璞注，（宋）邢昺疏：《爾雅注疏》，見（清）阮元校刻：《十三經注疏》（清嘉慶刊本），中華書局 2009 年版，第 5616 頁。

〔註127〕（漢）許慎撰，（清）段玉裁注：《說文解字注》，上海古籍出版社 1981 年版，第 92 頁。

〔註128〕（漢）鄭玄注，（唐）孔穎達等正義：《禮記正義》，見（清）阮元校刻：《十三經注疏》（清嘉慶刊本），中華書局 2009 年版，第 2741 頁。

〔註129〕（漢）鄭玄注，（唐）孔穎達等正義：《禮記正義》，見（清）阮元校刻：《十三經注疏》（清嘉慶刊本），中華書局 2009 年版，第 2741 頁。

〔註130〕（漢）鄭玄注，（唐）賈公彥疏：《周禮注疏》，見（清）阮元校刻：《十三經注疏》（清嘉慶刊本），中華書局 2009 年版，第 1904～1905 頁。

〔註131〕《尚書·商書·湯誓》，（漢）孔安國傳，（唐）孔穎達等正義：《尚書正義》，見（清）阮元校刻：《十三經注疏》（清嘉慶刊本），中華書局 2009 年版，第 338 頁。

〔註132〕《詩經·大雅·文王有聲》，（漢）毛公傳、鄭玄箋，（唐）孔穎達疏：《毛詩正義》，見（清）阮元校刻：《十三經注疏》（清嘉慶刊本），中華書局 2009 年版，第 1133 頁。

〔註133〕〔法〕克洛德·列維·斯特勞斯著，李幼蒸譯：《野性的思維》，商務印書館 1987 年版，第 270 頁。

的步伐〔註134〕，武王砍下商紂的頭顱表明控制首領首級以摧毀敵方士氣的戰爭巫術〔註135〕和為文王復仇的盟誓活動也緊密結合在一起，這都說明盟誓的核心要素在於表現權威、復仇等政治內涵的儀式，扮演著將王權統治的目標真實化或具體化的角色，滲透其中的宗教力量憑藉著對神靈的信仰和人們取悅神靈的企圖，從而使神靈們按照現實世界的利益準則改變事物發展的趨向〔註136〕。從盟者以自我詛咒的形式向神靈發誓是盟誓活動的重要環節，《左傳・襄公十一年》，諸侯會盟於亳，「載書曰：『凡我同盟，毋薀年，毋雍利，毋保奸，毋留慝，救災患，恤禍亂，同好惡，獎王室。或間茲命，司慎、司盟，名山、名川，群神、群祀，先王、先公，七姓、十二國之祖，明神殛之，俾失其民，隊命亡氏，踣其國家。』」〔註137〕這些自我詛咒的語言和盟主的致辭一起「加書於上而埋之，謂之載書。」〔註138〕這說明，不僅是西周前期王權政治，夏和商前期的王權政治也植根於對神靈的信仰和崇拜，正因為相信神靈的福佑或懲罰對當時人們的行為構成有效的激勵或約束作用，盟誓活動才能有效地發揮建構、運作王權的重要作用。因此，無論是形式上還是內涵上，盟誓的形成機理脫胎於人類早期思維，即基於神靈信仰把儀式內化為包含有團結、自律、忠誠、信任等的思想觀念，在此基礎上建構出一系列的社會政治行為，藉此運作出強大的軍政力量，而滲透於王權政治方方面面的這些社會行為不能被視作某一制度所發揮的功能或進行施政的一個手段，而是王權政治本身。

（二）「原始性」的喪失與西周王權的衰微

西周前期諸王基於盟誓的權力運作在先秦史上並非孤例，事實上，夏、商早期王權政治中都滲透著濃烈的盟誓政治意味。《左傳・哀公七年》載，「禹合諸侯於塗山，執玉帛者萬國。」〔註139〕大禹通過盟誓實現了對同族、姻親、

〔註134〕顧頡剛、劉起釪：《尚書校釋譯論》，中華書局 2005 年版，第 1108、1114 頁。

〔註135〕孫作雲：《中國古代圖騰研究》，《孫作雲文集・中國古代神話傳說研究》（上），河南大學出版社 2003 年版，第 93 頁。

〔註136〕〔英〕詹姆斯・喬治・弗雷澤著，徐育新、汪培基、張澤石譯，汪培基校：《金枝》，大眾文藝出版社 1998 年版，第 78～79 頁。

〔註137〕（晉）杜預注，（唐）孔穎達等正義：《春秋左傳正義》，見（清）阮元校刻：《十三經注疏》（清嘉慶刊本），中華書局 2009 年版，第 4233～4234 頁。

〔註138〕《周禮・秋官司寇・司盟》，（漢）鄭玄注，（唐）賈公彥疏：《周禮注疏》，見（清）阮元校刻：《十三經注疏》（清嘉慶刊本），中華書局 2009 年版，第 1904 頁。

〔註139〕（晉）杜預注，（唐）孔穎達等正義：《春秋左傳正義》，見（清）阮元校刻：《十三經注疏》（清嘉慶刊本），中華書局 2009 年版，第 4697 頁。

被征服部落等小政治實體的控制和組合，並在此基礎上建起一個超強政治實體〔註140〕。《左傳·昭公四年》記載，「商湯有景亳之命」〔註141〕，為滅夏，湯在有莘氏之地（今山東曹縣境）與東夷諸部會盟，共擊夏桀。從《清華簡·尹至》所載「湯盟誓及尹」〔註142〕看，他還與輔臣伊尹舉行過盟誓。滅夏前，商湯稱「有夏多罪」，發誓「爾不從誓言，予則孥戮汝，罔有攸赦。」〔註142〕這一誓辭是商王朝史上重要的「寶典」，視為祖訓，世代相傳〔註144〕，既是商族祖先記憶的重要組成部分，也是商王以盟誓進行權力運作的成功範例。總之，大禹整合部族力量、建立夏國，商湯組建反夏聯盟、攻滅夏朝，商王建構內外服統治體系的政治構造和權力運作皆以盟誓活動為核心。

夏、商、西周前期，盟誓是當時人們經常組織、參與的一種社會活動，並在一定歷史條件下成為規範人類行為的禮俗。因此，它雖然具有制度內涵，但為達到目的不斷進行盟誓的行為本身是反制度的。三代中期以來，盟誓的制度內涵逐步顯現出來，體現於國家管理與社會控制的諸多方面，從甲骨卜辭所見「盟宮」「盟室」「盟子」「盟冊」等看，商代中期以來具有體系較為完備的盟誓制度〔註145〕，商代族氏內外部關係通過聯合與聯盟維持，從而構成殷商社會之有機結構〔註146〕。因此，盟誓並非因王權的強大而沒能推廣開來〔註147〕，而是進行國家管理和社會控制的制度手段。

西周中期以來，盟誓的形制逾加完善，《左傳·昭公十三年》引叔向語，周人「再會而盟以顯昭明」，杜預注云：「十二年而一盟，所以昭信義也」〔註148〕，

〔註140〕 杜勇：《論夏朝國家形式及其統一的意義》及《續》，《天津師範大學學報》（社會科學版）2007 年第 1、2 期。

〔註141〕 （晉）杜預注，（唐）孔穎達等正義：《春秋左傳正義》，見（清）阮元校刻：《十三經注疏》（清嘉慶刊本），中華書局 2009 年版，第 4418 頁。

〔註142〕 李學勤主編：《清華大學藏戰國竹簡》（壹），中西書局 2010 年版，第 128 頁。

〔註143〕 《尚書·商書·湯誓》，（漢）孔安國傳，（唐）孔穎達等正義：《尚書正義》，見（清）阮元校刻：《十三經注疏》（清嘉慶刊本），中華書局 2009 年版，第 338 頁。

〔註144〕 顧頡剛、劉起釪：《尚書校釋譯論》，中華書局 2005 年版，第 888～889 頁。

〔註145〕 李雪山：《商代分封制度研究》，中國社會科學出版社 2004 年版，第 282～285 頁。

〔註146〕 雒有倉：《甲骨文所見商代族氏聯合與聯盟關係研究》，《殷都學刊》2010 年第 2 期。

〔註147〕 張國碩：《試論商代的會盟誓詛制度》，《殷都學刊》1998 年第 4 期。

〔註148〕 （晉）杜預注，（唐）孔穎達等正義：《春秋左傳正義》，見（清）阮元校刻：《十三經注疏》（清嘉慶刊本），中華書局 2009 年版，第 4498 頁。

《說文解字》云：「盟，《周禮》曰：『國有疑則盟。』諸侯再相與會，十二歲一盟，北面詔天之司慎、司命。」〔註149〕從山西翼城大河口西周霸國墓地出土鳥形盉銘文「氣（乞）誓曰：『余某弗再（稱）公命。余自無則，金（鞭）身、第（茀）傳出。』報氒（厥）誓曰：『余既曰余再（稱）公命，毁（倘）余亦改朕辭，出棄』」看，西周卿大夫須以盟誓活動宣誓效忠諸侯，該銘文記載的兩次誓詞都由誓約句、違約句和懲罰句構成，這是先秦各類誓詞的通用結構。〔註150〕從《𤔲攸從鼎》《曶鼎》《㝬匜》銘文看，西周還有立約盟誓和法律訴訟盟誓。〔註151〕從王權政治角度看，儘管盟誓在社會控制領域逐步下沉，且作用廣泛，但是，夏、商、周中期以來它在王權運作的有效性在下降甚至失效。

「夏桀為仍之會，有緡叛之；商紂為黎之蒐，東夷叛之；周幽為大室之盟，戎狄叛之」〔註152〕。有學者認為，基於盟誓的王權運作成功與否取決於軍政實力，夏啟、商湯、周武王時，王朝勢力強大，各諸侯不敢不恭謹赴會，接受王的盟誓，聽從王的約束和驅役；當王朝勢力出現衰敗的徵象，諸侯們就不會俯首帖耳，乃至抗拒王朝。〔註153〕三代中期以來，王權政治的「原始性」逐步喪失，結合冊命、分封等禮儀的盟誓制度也因「原始性」喪失而異化，盟誓從開疆立國的首要地位淪為形式化的儀軌，其在國家管理和社會控制領域的作用也因此下降。夏中期以來，仲康羲和湎淫，廢時亂日；孔甲亂德，諸侯多叛。商中後期，武乙「為偶人，謂之天神。與之博，令人為行。天神不勝，乃僇辱之。為革囊，盛血，卬而射之，命曰『射天』。」〔註154〕據說紂之惡行多達七十條，「不留心祭祀」〔註155〕即是一例。「小邦周」〔註156〕戰勝「大（天）

〔註149〕（漢）許慎撰，（宋）徐鉉校定：《說文解字》，中華書局 1963 年版，第 142 頁。

〔註150〕胡寧：《從大河口鳥形盉銘文看先秦誓命規程》，《中國史研究》2016 年第 1 期。

〔註151〕王玉哲：《中華遠古史》，上海人民出版社 2000 年版，第 638～640 頁。

〔註152〕《左傳·昭公四年》，（晉）杜預注，（唐）孔穎達等正義：《春秋左傳正義》，見（清）阮元校刻：《十三經注疏》（清嘉慶刊本），中華書局 2009 年版，第 4419 頁。

〔註153〕韋慶遠、柏樺：《中國政治制度史》（第二版），中國人民大學出版社 2005 年版，第 97 頁。

〔註154〕《史記》卷 3《殷本紀》，中華書局 2013 年版，第 134 頁。

〔註155〕顧頡剛：《紂惡七十事的發生次第》，《語絲》1924 年第 2 期（11 月 24 日）。

〔註156〕《尚書·周書·大誥》，（漢）孔安國傳，（唐）孔穎達等正義：《尚書正義》，見（清）阮元校刻：《十三經注疏》（清嘉慶刊本），中華書局 2009 年版，第 422 頁。

邑商」(《合集釋文》36535)，實際上是一個從地方到中央、從邊緣到中心的軍事、政治及文化突變過程，商代中期以來盟誓制度被異化的現象在這一過程中自然而然地嫁接到周人的政治文化傳統之中。在這樣的時代背景下，盟誓整合軍政力量作用的下降顯然與神權政治的演變軌跡有著深刻的內在聯繫，並非因為王權力量的衰敗導致盟誓失效，而是因為神權政治宗教基礎的瓦解使基於盟誓的王權運作失效。西周中期以來，王權政治的「原始性」逐步喪失，制度領域文明程度的提升也使盟誓的作用下降，夏和商中期以來也經歷了類似的歷史過程。這說明盟誓制度並非經歷肇興（夏商及其以前）、形成（西周）、成熟（春秋）到衰落（戰國）的線性歷史演變過程〔註157〕，而是興盛於三代前期，從中期開始衰落，後期基本儀式化〔註158〕，淪為一種外交領域的權謀之術〔註159〕，而把西周乃至夏、商前期體現統治關係的盟誓都視為是政治工具或手段的觀點，實際上是把春秋時期的盟誓及其在諸國外交關係中的作用反溯至三代前期了。

徐中舒認為下堂見諸侯、允許衛國獨立為諸侯，都是周夷王的失禮行為，側面反映出當時王室的衰弱。〔註160〕顧頡剛認為西周因外族入侵而滅國，東遷之後，周室不興、異族內侵，致使霸主代替周天子號令諸侯。〔註161〕李峰認為西周中後期由於土地、民人等資源有限，周天子「恩惠換忠誠」的施政實際上是在執行自殺式的權力運作，它導致周天子財力匱竭，並使西周王朝處於深刻的財政危機之中，這是西周王權衰落的主因。〔註162〕晁福林認為「共和行政」之後，貴族集團更加重視本族內部的宗法關係，尊奉周天子的宗法觀念逐步衰落。〔註163〕伊藤道治則認為西周後期有權勢的貴族把王臣變成私臣，王權與貴族集團的關係因此發生諸多變化。〔註164〕西周中期以來，周天子以

〔註157〕李模：《試論先秦盟誓制度的歷史功用》，《天府新論》2001年第1期。

〔註158〕陳夢家：《東周盟誓與出土載書》，《考古》1966年第5期。

〔註159〕徐難於：《試論春秋時期的信觀念》，《中國史研究》1995年第4期。

〔註160〕徐中舒：《先秦史論稿》，巴蜀書社1992年版，第171～172頁。

〔註161〕顧頡剛：《「周公制禮」的傳說和〈周官〉一書的出現》，《文史》第6輯，中華書局1979年版。

〔註162〕〔美〕李峰著，徐峰譯，湯惠生校：《西周的滅亡：中國早期國家的地理和政治危機》，上海古籍出版社2007年版，第162～163頁。

〔註163〕晁福林：《「共和行政」與西周後期社會觀念的變遷》，《北京師範大學學報》1992年第3期。

〔註164〕〔日〕伊藤道治著，江藍生譯：《中國古代王朝的形成──以出土資料為主的殷周史研究》，中華書局2002年版，第126頁。

冊命之制試圖加強對內外服貴族的控制與約束機制〔註165〕，如若重新冊命諸侯以確保貢納體制正常運轉的話，周天子加強統治的政治願景仍可落實，但這一政治運作模式一旦失去神靈信仰的支撐，諸侯與王室離心離德，王權與各級貴族之間基於信仰和信義構建起的統治關係也隨之瓦解。儘管周天子試圖突破周禮對王權的束縛，建構新的統治模式〔註166〕，但真正意義上的體制突破至戰國後期才得以實現，加之沒有現成的體制參照，無法像後世入主中原的後進民族政權那樣能夠迅速完成體制轉型，王權衰敗不可避免。因此，西周中後期王權衰微的主因是基於盟誓的統治體系瓦解的結果，說明西周王權的穩定與否並不完全取決於軍政實力，而取決於基於神靈信仰和早期思維的盟誓活動的有效與否。換言之，盟誓政治背後的社會文化機制變動是王權衰落的核心要素。

「殷人尊神，率民以事神，先鬼而後禮」，而「周人尊禮尚施，事鬼敬神而遠之」〔註167〕。一般都認為商人文化中有著濃厚的鬼神信仰，統治者「殘民以事神」〔註168〕，而周人文化中理性意識占主導地位。實際上，這些看法反映的是當時文化建構的結果，並不反映西周前期歷史的實際情況。結合盟誓看西周王權政治的歷史演變過程，可見前期因具有基於宗教神權的「原始性」而強大，中後期以來因「原始性」的喪失而衰退，其發展歷程不是一個基於宗教革命形成人文理性〔註169〕，從而使文明程度提升的過程，也不是神權、王權因素淡出後誠信因素應運而生〔註170〕的過程，而是一個文明程度提升但神權意志和王權統治力量退化的歷史過程，也是借助神力約束各方所取得的信義觀念〔註171〕逐步淡化的過程。這一過程中，盟誓活動不僅僅是作為儀式的

〔註165〕劉源：《從韓伯豐鼎銘文看西周貴族政體運作機制》，《史學集刊》2018年第3期。

〔註166〕李健勝：《流動的權力：先秦、秦漢國家統治思想研究》，中國社會科學出版社2018年版，第40頁。

〔註167〕《禮記·表記》，（漢）鄭玄注，（唐）孔穎達等正義：《禮記正義》，見（清）阮元校刻：《十三經注疏》（清嘉慶刊本），中華書局2009年版，第3563～3564頁。

〔註168〕郭寶鈞：《中國青銅器時代》，生活·讀書·新知三聯書店1963年版，第229頁。

〔註169〕趙法生：《殷周之際的宗教革命與人文精神》，《文史哲》2020年第3期。

〔註170〕吳柱：《先秦盟誓的信任機制及其演變》，《史學月刊》2016年第11期。

〔註171〕田兆元：《盟誓史》，廣西民族出版社、上海文藝出版社2000年版，第62頁。

存在物，更多的是延展為具有國家管理與社會控制功能的制度，持續有效地形成社會影響，而這一制度附著的宗教文化因素決定著它的有效性。西周前期王權的強大是其本身的「原始性」決定的，西周中後期，王權的衰落是「原始性」喪失導致的結果，這種現象同樣出現在夏和商的王權政治發展歷程中。擴而言之，三代的王權政治並非是一個「損益」〔註172〕基礎上的線性發展進步歷程，而是一個從強盛到衰落的循環和重複的歷史過程。它既屬於人類思想觀念演變的歷史範疇，也屬於制度韌性下降現象在政治實踐中的表現，而分析「原始性」喪失的緣由有助於深入瞭解西周前期王權的性質。

　　綜上，從清華簡《四告一》「肆袽血盟」的儀式及內涵看，盟誓在西周前期王權實現跨族統治、構建內外服過程中發揮了重要作用，基於盟誓的權力運作表現出很大的靈活性和有效性。可能是由墨家選編的「書」類文獻《四告一》弱化了儒家「書」類文獻中以統治者的賢能、愛民表述政權合法性的書寫方式，而以實態化和寫實化的文本書寫保留了以盟誓進行權力運作的真實狀態。從周公禱告皋繇之辭看，西周前期王權政治具有濃鬱的「原始性」，這種「原始性」具有一定的功利性、實用性特徵。從西周政治史發展過程看，「原始性」逐步喪失顯然是導致西周中後期王權衰微的主要原因。

第三節　清華簡所見周公「天命」觀的貴族政治屬性

　　政治思想史研究是思考人類政治活動的敘事方式之一。經過百年探索，我國政治思想史研究逐步脫離單質化的概念解析和非歷史的價值敘事，日益正視中國人身份政治和認同政治的特殊性〔註173〕，結合政治活動的實踐性質和經世特質，逐步形成獨具特色的研究方法和知識取向，尤其是以認識權力運作過程及特點為目的的政治思想史研究方法日益受到重視。清華簡「書」類文獻陸續公布後，有關周公的材料變得豐富起來，也使得周公「天命」觀成為可以深入理解和把握的歷史信息。本節中，筆者擬分析周公「天命」觀形成和發揮作用的具體情形，藉此解析周公「天命」觀蘊含著的統治思想。

〔註172〕　《論語・為政》，（魏）何晏注，（宋）邢昺疏：《論語注疏》，見（清）阮元校刻：《十三經注疏》（清嘉慶刊本），中華書局 2009 年版，第 5349 頁。

〔註173〕　余豔紅：《百年中國政治思想史研究的三重困境與反思》，《中國社會科學院研究生院學報》2020 年第 5 期。

一、「革命」與反「革命」：周公「天命」觀的政治思想內涵

如前所述，商末周初，周族上層統治者的軍政活動與權力運作緊緊圍繞「革命」與反「革命」展開，新近出土的「書」類文獻所見周公「天命」觀，與之息息相關。清華簡《四告一》記述了周公兩次禱告奄人祖先皋繇之事，聲稱「有殷競蠢不若，竭失天命，昏擾天下，離殘商民，暴虐百姓，抵荒其先王天乙之猷力，顛覆厥典，咸替百成」，商紂愚蠢作惡、殘害臣子、暴虐百姓、數典忘祖，致使「天命」淪喪，武王「弗敢忘天威命明罰，至戎於殷，咸戡厥敵。」〔註174〕清華簡《四告一》所見周人建構「革命」合法性邏輯與傳世文獻多相類同，《尚書‧多士》載周公之語：「非我小國敢弋殷命，惟天不畀允罔固亂，弼我，我其敢求位？」〔註175〕滅商大業完成後，周人「革命」者形象已然擁有堅實的軍政基礎，而把軍政活動的結果歸之於「天命」，成了周公為「革命」提供合法性解釋的慣用術語。

周人極力把各種罪惡按到商紂身上，當有一定事實依據，不過，誠如子貢所言，「紂之不善，不如是之甚也」〔註176〕，他致力於對付東夷，忽視西部防禦，最終落得個「紂克東夷而殞其身」〔註177〕的下場。此外，商代後期，商王的禮制改革將上甲之前的先公遠祖排除在祭祀對象之外〔註178〕，嚴重削弱了王權的包容性及王族在整個商人氏族中的血緣核心地位，以至於商人在「小邦周」伐「大邑商」之際似乎均作壁上觀，更在周代商之後為周所用。〔註179〕可見，商紂試圖通過一系列軍政活動抑制周邊部族的「革命」，自身的昏聵腐朽、戰略戰術上的失當、氏族制度的鬆動等綜合因素導致反「革命」以失敗告終。

從權力運作角度看，周公東征，是「革命」和反「革命」的複合體。管叔、蔡叔聯合武庚起兵，臣服於殷商的奄人從亂，周公東征，既是繼續武王的「革

〔註174〕黃德寬主編：《清華大學藏戰國竹簡（拾）》，中西書局 2020 年版，第 110 頁。
〔註175〕（漢）孔安國傳，（唐）孔穎達等正義：《尚書正義》，見（清）阮元校刻：《十三經注疏》，中華書局 2009 年，第 466 頁。
〔註176〕《論語‧子張》，（魏）何晏注，（宋）邢昺疏：《論語注疏》，見（清）阮元校刻：《十三經注疏》（清嘉慶刊本），中華書局 2009 年，第 5503 頁。
〔註177〕《左傳‧昭公十一年》，（晉）杜預注，（唐）孔穎達等正義：《春秋左傳正義》，見（清）阮元校刻：《十三經注疏》（清嘉慶刊本），中華書局 2009 年，第 4473 頁。
〔註178〕董作賓：《甲骨學六十年》，參見劉夢溪主編：《中國現代學術經典‧董作賓卷》，河北教育出版社 1996 年版，第 243～258 頁。
〔註179〕許倬雲：《西周史》，生活‧讀書‧新知三聯書店 2012 年版，第 124 頁。

命」事業，也是借機消滅反周勢力，東方奄國等叛服無常的小國也被重新征服。站在商遺立場，他們的反叛既有反周人「革命」的意義，也有借周族上層矛盾，革周人之命的性質。有鑑於此，周公東征時，致力於收攝、整合被征服異姓貴族勢力，試圖將原先的異己力量納入新的統治體系中。他在禱告皋繇時，讓「邦君、諸侯、大正、小子、師氏、御事」參與其中，頌揚皋繇「忻素成德，秉有三俊，惠汝度天心，茲德天德用歆，名四方，氏尹九州，夏用配天」，祈求他「毋忍斁哉，駿保王身，廣啟厥心，示之明猷」，要求奄遺「百尹庶師」，「俾助相我邦國，和我庶獄庶慎，阱用中型，以光周民，懋我王國」〔註180〕。

對商人而言，反「革命」的敗局不是聲稱「天命」在已就可以挽回的；對周人來說，申說「天命」的關鍵看「革命」是否成功。清華簡《四告一》反映出，周公「天命」觀的核心價值在於其反「革命」的高瞻遠矚，他禱告異族祖先皋繇固然有巫鬼時代的神靈信仰因素〔註181〕，但可以看出，周公權力運作的重點在於通過禱告、盟誓把被征服族群納入周人統治體系，藉此規範姬周與被征服部族之間的統屬關係，這也說明周公「天命」觀的德性表述是基於協調各級各類貴族關係的政治行為〔註182〕，並以獲取他們的支持為國家治理的基礎性條件，而非後世極力頌揚的重民、修德之功。

在這種軍政活動與權力運作背景下，「書」類文獻所載周公「天命」觀不應當從單質的「天命」進化論角度理解，也不能把「天命」觀視為指導現實政治行動的先在性觀念。

首先，敬畏「天命」是華夏本有的文化傳統，不是周人的發明，「天命」觀體現了三代社會文化原始性中的實用、功利因素，同時也是三代王權論證政治行為合法性的一個借鏡。清華簡《厚父》載：「在夏之哲王，廼嚴禋畏皇天上帝之命，朝夕肆祀，不盤於康，以庶民惟政之恭，天則弗斁，永保夏邦。」〔註183〕簡文與《尚書·無逸》「昔在殷王中宗，嚴恭寅畏天命」，「文王不敢盤於遊田，以庶邦惟正之供」〔註184〕等句式或內容相近，說的是啟以後的夏王

〔註180〕黃德寬主編：《清華大學藏戰國竹簡（拾）》，中西書局 2020 年版，第 110～1112 頁。

〔註181〕程浩：《清華簡〈四告〉的性質與結構》，《出土文獻》2020 年第 3 期。

〔註182〕巴新生：《試論先秦「德」的起源與流變》，《中國史研究》1997 年第 3 期。

〔註183〕李學勤主編：《清華大學藏戰國竹簡（伍）》，中西書局 2015 年版，第 110 頁。

〔註184〕（漢）孔安國傳，（唐）孔穎達等正義：《尚書正義》，見（清）阮元校刻：《十三經注疏》，中華書局 2009 年，第 470、472 頁。

因能敬畏天命而保有夏邦之事，只是像太康失國這樣的夏史內容，可能因不符合「監前文人恭明德」的需要，而未被述及。〔註185〕儘管《厚父》係後人追述夏代史事，從中亦可看出以恰當的權力運作維護王權，並以「天命」為借鏡表達權力運作的具體內容和實際效用。《厚父》所表達的「天命」觀和統治思想與周初有較大區別，王暉認為它應當是「商書」，反映的是商王朝的「天命」觀和政治觀念〔註186〕，而這恰好說明「天命」觀的建構和宣傳並非周人專利。朱鳳瀚認為，「帝」是商人在思索與追溯統一世界的根本力量過程中所創造的神，上帝雖有高於其他類神靈的地位，並已在天上建立了一套以己為核心的、有秩序的天神系統，然而其直接行使使命權的範圍也就大致限於這一系統內，上帝並不能號令商人的祖先神與商人所樹立的自然神，諸神靈與上帝間的從屬關係並不明確。〔註187〕正唯如此，現實世界的權力運作才是維護王權的根本，「西伯戡黎，祖尹恐。奔告於王……王曰：『嗚呼！我生不有命在天』」〔註188〕，與其說這是商紂盲信「天命」，還不如說是商紂以「天命」為借鏡，盲目執行舉全國之力攻擊東夷的軍政戰略。

傅斯年認為，周人固保天命的方案，皆在人事之中，天命無常，必須重視人事，而「殷周之際大變化，未必在宗法制度也。既不在物質文明，又不在宗法制度，其轉變之特徵究何在？曰：在人道主義之黎明。」〔註189〕在「蒙昧—理性」二元對立的商周「天命」觀研究範式中，商人的「天命」觀巫鬼色彩濃重，而周人「天命」觀被賦予較鮮明的理性色彩。然而，新近的研究表明，周人「天命」觀中也參雜著較多的鬼神觀念，絕非沿理性的軌道做直線式發展。〔註190〕周人革了商人之「命」，軍政領域存在著一個如何迅速地從西部地方造反者向王國國家統治者過渡的問題，還得面對「小邦周」代替「大邑商」引起的震動和統治核心圈的內鬥問題，在這種情形下，申說「天命」顯然是為了解決「革命」合法性問題，也是為反「革命」做理論鋪墊。《詩·大雅·文王之什》

〔註185〕張利軍：《歷史書寫與史學功能——以清華簡〈厚父〉所述夏史為例》，《史學理論研究》2021年第3期。

〔註186〕王暉：《清華簡〈厚父〉屬性及時代背景新認識——從「之匿王乃渴失其命」的斷句釋讀說起》，《史學集刊》2019年第4期。

〔註187〕朱鳳瀚：《商周時期的天神崇拜》，《中國社會科學》1993年第4期。

〔註188〕《尚書·西伯戡黎》，（漢）孔安國傳，（唐）孔穎達等正義：《尚書正義》，見（清）阮元校刻：《十三經注疏》，中華書局2009年，第374～375頁。

〔註189〕傅斯年：《性命古訓辨正》，上海三聯書店2018年版，第125頁。

〔註190〕羅新慧：《周代天命觀念的發展與嬗變》，《歷史研究》2012年第5期。

所見「侯服于周，天命靡常」〔註191〕，《君奭》所見「天不可信」〔註192〕等言論，反映的是周公論證革商人之「命」合法性的「天命」觀，《大誥》所見「不敢替上帝命」「天命不易」〔註193〕，以及上述清華簡《四告一》中有關「天命」的言論，係周公東征時論證反「革命」的「天命」論。在不同權力運作背景下，周公「天命」觀的具體內涵前後大不相同，這說明「天命」的內涵並非先在地具有恆定性，而在於如何以恰當的權力運作方式賦予它具體的思想內涵。

其次，周公一方面力倡殷鑒，認為「天命靡常」，另一方面力證「天命」在周，其「天命」觀的內在張力，反映出他既是文、武「革命」事業的繼承者，也是反「革命」思想的倡導者，從政治思想史角度看，這極大地豐富了他的政治形象，也為周代道德政治的內在困境埋下伏筆。

周人強調商紂惡行，為「革命」提供口實，這等同於承認「革命」行為本身的合法性。侯外廬認為二元宗教神派生出的道德律，使周代社會不像過去那樣完全聽命於祖先神，統治者在意識上注重能動性的道德規範〔註194〕，這在很大程度上可以防止「革命」，確保周人「天命」永續。且不說「書」類文獻所見周人重民、修德觀念是層累而來的歷史書寫產物，僅就「能動性的道德規範」本身來說，也是權力運作的一種形式，夏王未必代代皆為「哲王」，商如此，周亦如此，在這種情況下，將反「革命」的思想意志和「天命」論相結合，以周人宗教信仰中的某些「原始性」因素為基點依託「天命」，便成為周公權力運作的基點，《尚書·大誥》等反映出的周公巫祝身份〔註195〕，說明他善於利用三代文化傳統中的「原始性」因素進行權力運作，至於歷代周王是否都能做到重民、修德，不是周公「天命」觀本身能夠規導的。

據清華簡《耆夜》，武王伐黎成功後，在文王廟舉行的慶功宴上，周公祝誦「明明上帝，臨下之光，丕顯來格，歆厥禋盟。……月有盈缺，歲有歇行，作茲祝誦，萬壽無疆。」〔註196〕在「革命」過程中，「上帝」伴隨左右，與

〔註191〕（漢）毛公傳、鄭玄箋，（唐）孔穎達等疏：《毛詩正義》，見（清）阮元校刻：《十三經注疏》（清嘉慶刊本），中華書局 2009 年版，第 1086 頁。

〔註192〕（漢）孔安國傳，（唐）孔穎達等正義：《尚書正義》，見（清）阮元校刻：《十三經注疏》，中華書局 2009 年，第 475 頁。

〔註193〕（漢）孔安國傳，（唐）孔穎達等正義：《尚書正義》，見（清）阮元校刻：《十三經注疏》，中華書局 2009 年，第 422、424 頁。

〔註194〕侯外廬等著：《中國思想通史（第一卷）》，人民出版社 2011 年版，第 84 頁。

〔註195〕郝鐵川：《周公本為巫祝考》，《人文雜誌》1987 年第 5 期。

〔註196〕李學勤主編：《清華大學藏戰國竹簡（壹）》，中西書局 2010 年版，第 150 頁。

之息息相關的「天命」觀念已然深植於周人心中。據清華簡《金縢》，武王生病後，周公「乃為三壇同墠」，禱告：「爾毋乃有備子之責在上，惟爾元孫發也，不若旦也，是佞若巧能，多才多藝，能事鬼神。命於帝廷，溥有四方，以定爾子孫於下地。爾之許我，我則晉璧與珪。爾不我許，我乃以璧與珪歸。」〔註197〕周公以上帝之神攻祈祖先之神，「爾毋乃有備子之責在上」，說明「上帝」凌駕於祖先神之上，是秩序的終極依據，側面反映出周公極力推崇周人「天命」之恒在。清華簡《皇門》中，周公勸慰成王：「王用有監，多憲政命，用克和有成，王用能承天之魯命。」〔註198〕說明「革命」業已成功的周人，已然把秉承「天命」視為當然。

綜上，周公的確是從「如何論證周人統治的合法性」與「如何保證周人長有天下」兩大問題出發，構建周人的「天命」觀的。不過，周公僅將「天命」作為一種事實加以陳述，對道德價值與至上神的關係尚未加以深入、明晰的闡述。〔註199〕進而言之，「革命」成功後，基於反「革命」的「天命」論，一般都會先在地強調「天命」在己，這與夏、商統治者的觀念幾無差異。周公的「革命」觀念也是基於權力運作形成的，受其影響，先秦儒家並不主張普遍意義上的「革命」，其「革命」思想僅是對暴君、暴政進行糾偏的產物。〔註200〕也正唯如此，周公的「天命」觀不能完全看作是有別於夏、商的「人文理性的覺醒」〔註201〕，相反，從縱向的政權競爭關係看，商、周二代「革命」和反「革命」的權力運作手段多相趨同，在類似的政治背景下，「天命」觀的內涵也多有相類似之處。

二、攝政稱王：周公「天命」觀的權力屬性

傳世「書」類文獻基本可以揭示武王去世後，周公不僅攝政，還曾稱王，清華簡的出土，進一步證明了這一點。童書業認為，「春秋時人所以罕言周公攝政而但稱『相王室』者，則宗法禮制思想作祟。至戰國末年，古『宗法』制

〔註197〕李學勤主編：《清華大學藏戰國竹簡（壹）》，中西書局 2010 年版，第 158 頁。

〔註198〕李學勤主編：《清華大學藏戰國竹簡（壹）》，中西書局 2010 年版，第 164 頁。

〔註199〕王福海：《殷周之際「天命」思想變遷內在理路的哲學省察——以周武王的天命思想為中心》，《周易研究》2021 年第 2 期。

〔註200〕萬光軍：《儒學革命觀的邏輯解讀》，《中華文化論壇》2007 年第 1 期。

〔註201〕徐復觀：《中國人性論史》，華東師範大學出版社 2005 年版，第 20 頁。

已經解體，《荀子》等書即明言周公攝政踐阼矣。」〔註202〕兩漢以來，古史儒化背景下的歷史敘事，往往以成王年幼不能親政為由，替周公攝政辯護，不認同周公稱王之說，現當代學人利用《尚書》材料讚美周公，有學者認為周公忠臣形象有一種別樣的悲慨之美〔註203〕，視之為聖人者也不乏其人。然而，「管、蔡服教，不達聖權，卒遇大變，不能自通。忠於乃心，思在王室。遂乃抗言率眾，欲除國患」〔註204〕，「管、蔡為忠臣」〔註205〕，管、蔡起兵是「反篡位鬥爭」〔註206〕等言論世代相續。徐中舒也認為周公攝政稱王反映了周初國家體制未定時的內部權鬥〔註207〕，細究之，這顯然是由周公引起的有可能致使周人喪失「天命」的蕭牆之禍。

作為商的附屬，周人熟知商王權更迭所引起的各種禍亂，父死子繼還是兄終弟及，不僅僅關乎族群文化傳統，更與王族內部的權力鬥爭息息相關。對周公來說，成王雖不至於後世儒家所說的那樣尚在襁褓，但的確沒有太多從政經歷，因而沒有足可指謫的施政之誤，他想族內「革命」的理由並不充分，攝政稱王的藉口只能是自己的軍政功勞。武王去世後，周公從輔政之臣自我升格，發動宮廷政變，篡奪成王之位。但是，周公謀求王位的峻急心態與既有政治結構之間存在根本性矛盾，他在王庭沒有獲得召公、畢公支持，在地方上引起管、蔡不滿，遂釀成禍亂。

劉光勝認為清華簡《皇門》的內容與《逸周書·作雒》所載「內弭父兄」〔註208〕等契合，撰寫時間為西周初年，三監之亂爆發後周公發布《皇門》，目的就是為了彌合同姓宗族之間的矛盾，告誡群臣要與王庭保持一致，共同面對危局，其中可窺見周初的政治情態、周公為周王朝長治久安而施行的特殊政治

〔註202〕童書業：《春秋左傳研究》，上海人民出版社1980年版，第34頁。

〔註203〕袁濟喜、程景牧：《從〈尚書·金縢〉看周公形象的悲慨之美》，《暨南學報》（哲學社會科學版）2018年第9期。

〔註204〕《嵇康·管蔡論》，（三國魏）嵇康著，戴明揚校注：《嵇康集校注》，中華書局2014年版，第421頁。

〔註205〕《祝子罪知》條，（清）永瑢等撰：《四庫全書總目》卷一百二十四《子部·雜家類存目一》，中華書局1965年版，第1068頁。

〔註206〕李裕民：《周公篡位考——從「桐葉封弟」的疑案說起》，《晉陽學刊》1984年第4期。

〔註207〕徐中舒：《西周史論述（上）》，《四川大學學報》（哲學社會科學版）1979年第3期。

〔註208〕黃懷信、張懋鎔、田旭東：《逸周書彙校集注（修訂本）》，上海古籍出版社2007年版，516頁。

戰略。〔註209〕從「朕遺父兄從朕蓋臣，夫明爾德，以助余一人憂，毋惟爾身之懷，皆恤爾邦，假余憲。既告汝元德之行，譬如主舟，輔余於險，臨余於濟。毋作祖考羞哉」〔註210〕的言辭看，清華簡《皇門》的確是周公攝政稱王後，為「內弭父兄」、外懲三監之亂而發布的。那麼，為了「內弭父兄」，周公做出了什麼讓步呢？筆者認為在極力維護成王的召公、畢公的干預及管、蔡聯合武庚起兵的情勢下，周公一度陷入被動，在姬周內部的權力競爭中迅速敗下陣來，但他並沒有固執於暫時獲得的政治地位，選擇了主動放棄攝政稱王，並以輔臣身份率王師東征。周公做此讓步，才有可能團結同姓宗族一致對外，發布《皇門》、東征等一系列軍政行為也才師出有名。清華簡《皇門》的作者在知曉這一結局的前提下，從美化周公角度改作《皇門》，淡化了周公攝政稱王導致的周王廷蕭殺氣氛，把周公承認攝政稱王失敗的告示改作為號召眾親「輔余於險，臨余於濟」〔註211〕的宣言。不過，細讀《皇門》就會發現，「是人斯廼讒賊，以不利厥闢厥邦」，「媚夫有逃無遠，乃弇蓋善夫，善夫莫達在王所」等言辭中，對進獻讒言、混淆視聽的指責似乎有所實指，說明周公對召公等人阻撓其攝政稱王一事耿耿於懷。有學者認為《皇門》是在周公懇請宗子群體畏翼周王的訓誥，強調以先祖為型範拱衛王畿，譴責僅顧全家室行為背景下形成的，它反映出周王與宗子處於利益共生的牽制關係，是宗法系統對內的籠絡話語，並非集權形態下君民關係或君主內在道德的議題。〔註212〕這一看法有利於還原《皇門》書寫的政治背景和時代特徵，但未能觸及周初姬姓王族內部利益共生前提下權力鬥爭的複雜性及其在場觀感。

《史記・燕召公世家》載：「成王既幼，周公攝政，當國踐阼，召公疑之，作《君奭》。《君奭》不說周公。周公乃稱『湯時有伊尹，假於皇天；在太戊時，則有若伊陟、臣扈，假於上帝，巫咸治王家；在祖乙時，則有若巫賢；在武丁時，則有若甘般：率維茲有陳，保乂有殷』。於是召公乃說。」〔註213〕周公以商湯和伊尹等前朝君臣關係自喻，說明他被迫放棄攝政稱王，將身份還原為輔

〔註209〕劉光勝：《三監之亂與周公治國謀略的展開——以清華簡〈皇門〉為中心的考察》，《古代文明》2020 年第 3 期。

〔註210〕李學勤主編：《清華大學藏戰國竹簡（壹）》，中西書局 2010 年版，第 164～165 頁。

〔註211〕李學勤主編：《清華大學藏戰國竹簡（壹）》，中西書局 2010 年版，第 165 頁。

〔註212〕王晨光：《藩屏王家清華簡〈皇門〉〈四告〉的權力互動及政治倫理》，《史學月刊》2023 年第 6 期。

〔註213〕《史記》卷 34《燕召公世家》，中華書局 2013 年版，第 1875～1876 頁。

政之臣。清華簡《耆夜》可側面印證周公和畢公之間的微妙關係。畢公是「戡黎」主將，但《耆夜》沒有記述武王獎賞、冊封畢公，亦未描述周人的飲至禮。周公勸畢公「明日勿稻」，不要為明日心憂，盡興飲酒，周公見蟋蟀登堂，感歎歲月飛逝，賦詩《蟋蟀》：「毋已太樂，則終以康，康樂而毋荒，是惟良士之方。」〔註214〕表達出享樂但不能過度，酒美但不能縱飲的酒政思想。〔註215〕清華簡《耆夜》是戰國時期楚地士人虛擬的一篇詩教之文，一些內容當有所本，整體上呈現出美化周公的敘事策略。還原《耆夜》可能出現的宴飲場景，武王在世時，畢公立了軍功，痛快暢飲，周公先是勸畢公暢飲，後又以「康樂而毋荒」勸誡畢公，二人性格、酒德之不同躍然紙上。結合畢公輔佐成、康二世的史事，可進一步證實畢公是極力擁護成王的召公派系〔註216〕的成員之一。《耆夜》的最初文本當是記述畢公獲文王獎賞，君臣、父子宴飲之事，經過《耆夜》作者的改作，文本主題換作了歌頌周公之德。這樣的改作表面上反映了戰國中後期聖化周公的政治思潮，意圖把他打造成德政典範，但從改作心理角度看，清華簡《耆夜》的作者應當瞭解最初文本的寫作目的，也瞭解周公和畢公政治立場上的分歧和矛盾，文中周公以賦詩《蟋蟀》勸導畢公的場景，既有彌合兄弟嫌隙的意圖，也有替周公遮掩的用意。

　　清華簡《金縢》記述周成王即位後聽信流言猜疑周公，「周公乃遺王詩曰《雕鴞》，王亦未逆公」，天象因之大變，「是歲也，秋大熟，未獲。天疾風以雷，禾斯偃，大木斯拔」，成王開啟金縢，獲知真相，迎回周公，「是夕，天反風，禾斯起，凡大木之所拔，二公命邦人盡復築之。歲大有年，秋則大獲。」〔註217〕和《耆夜》一樣，清華簡《金縢》可能也是流行於楚地用於貴族「書」教的教材〔註218〕，也有著濃重的美化周公之德並將其軍政行為神聖化的敘事傾向，說明戰國時期楚地已然流行著為周公攝政稱王遮掩、辯護的「書」類文獻。清華簡《金縢》中，周公擁有和祖先神溝通的能力，昭示著他有承續姬周天命的合法性，其中有關「代王」的記述，更是挑明了攝政稱王之意圖。《金

〔註214〕李學勤主編：《清華大學藏戰國竹簡（壹）》，中西書局 2010 年版，第 150 頁。
〔註215〕劉光勝、李亞光：《清華簡〈耆夜〉與周公酒政的思想意蘊》，《社會科學戰線》2011 年第 12 期。
〔註216〕〔美〕夏含夷：《周公居東新說——兼論〈召公〉〈君奭〉著作背景和意旨》，《古史異觀》，上海古籍出版社 2005 年版，第 133～147 頁。
〔註217〕李學勤主編：《清華大學藏戰國竹簡（壹）》，中西書局 2010 年版，第 158 頁。
〔註218〕程浩：《清華簡〈金縢〉性質與成篇辯證》，《上海交通大學學報》（哲學社會科學版）2013 年第 4 期。

《縢》的背景應當是成王少年時即知周公有意取他而代之，二人的嫌隙是實存的，儘管周公東征有功，但對他的防備之心並沒有因此解除。周公居東有年，攝政稱王導致的軍政風波及其影響力漸消，才有可能回宗周覆命，而清華簡《金縢》後半部分的作者也是在知曉這樣的史實背景下，把成王猜忌周公和天災聯繫起來，成王開啟「金縢之匱」後方知真相，幡然醒悟，迎周公回朝而天災消退，其寫作目的仍是為了掩蓋周公引起的禍亂，美化乃至聖化周公。

儘管清華簡《皇門》《耆夜》《金縢》已為人改作，但程度不及儒家《尚書》，儒家化色彩尚不十分明顯，因此保留了周初姬周貴族上層政治活動的原初信息，撥開彌漫其中的歷史謎霧，近觀周初史實，不難發現，周公具有強烈的權力欲望，也做出了為實現政治抱負不惜冒險的行為，儘管可以從當時的政治文化氛圍等因素解釋他為何要攝政稱王，但是，作為接近權力頂端的姬周王族核心成員，權力欲望促使他在兄長去世後欲奪侄子之位，為此不惜與諸兄弟為敵。透過這些掩埋地下二千多年之久的材料，那個在權力欲促使下冒險攝政稱王，面對危局旋而放棄的周公形象躍然紙上，他最終以個我權力合法性的重塑行動挽救了自己的政治生命，也使周人「天命」得以存留。這也說明，周人的「天命」並非僅僅是取商代之的觀念產物，也非後世德治思想的裝飾物，滲透其中的權力屬性才是這一「天命」觀得以存續的核心要素。

儘管清華簡《皇門》《耆夜》《金縢》沒有正面表述周公「天命」觀，但在攝政稱王後，面對自己引起的內亂可能導致周人喪失「天命」的被動局面，他還是以周人「天命」為重，繼續革商人之命，《禽簋》銘文「王伐蓋侯，周公謀」﹝註219﹞可證，周公在東征過程中的確是以謀臣身份繼續「革命」，也是撲滅商遺革周人之命的主導者，挽救個人政治生命的同時，以恰當的權力運作維護了姬周貴族集團的整體利益，進一步夯實了周人的「天命」。周公的軍政行為表明，在權力欲驅使之下，多數統治者可能為了達到目的會不惜進行各種投機，為此有可能搭上國運，但也有人會審時度勢，適時調政軍政策略，通過與己有衝突關係的勢力進行妥協，化解相應的軍政危機，從而使個人的統治意志服從精英政治群體的統治思想。在這樣的背景下，周公秉持的「天命」觀總體上與周初姬周貴族集團的「天命」觀是一致的，注解權力合法性的主要方式也是以消滅商人「革命」意志為本位的，而後世美化周公固然是古史儒化的產物，

﹝註219﹞中國社會科學院考古研究所編：《殷周金文集成（修訂增補本）》，中華書局2007年版，2216頁。

但清華簡反映出的一些史實說明，周公善於在具體的權力運作過程中恰當地劃分敵友，具有自我克制和自我約束的高超政治素養，這是後世美化他的史實宿地。

三、制禮作樂：周公「天命」觀中的二元思維

周代禮樂的制度化、體系化經歷了一個較長的歷史過程，即便是周初即嚴格施行的宗法制，也是隨著周族人口增長和領土擴張而逐漸走向成熟的〔註220〕，周公制禮作樂顯然是一個較為籠統的說法。不過，從清華簡相關材料看，周代禮樂制度的生成背景與周公「天命」觀有著密切聯繫，其中可窺見周公「天命」觀中的二元思維。

清華簡《耆夜》開篇描述了武王、畢公、召公、周公、呂尚父共飲場景，武王酬畢公，作歌《樂樂旨酒》：「樂樂旨酒，宴以二公；恁仁兄弟，庶民和同。方臧方武，穆穆克邦；嘉爵速飲，後爵乃從。」〔註221〕讚美同胞兄弟值得信賴，肩負國家重任，戰功赫赫。兄弟、姻親共同慶賀戰功的場景，武王為「共主」，諸兄弟、姻親等組成輔政貴族集團，共同構成國家統治核心力量，這是商周貴族集體政治的基本特徵。清華簡《皇門》所述「大門宗子邇臣……勤恤王邦王家」，「自釐臣至於有分私子，苟克有諒，無不懍達，獻言在王所」〔註222〕等，也能反映出貴族集體政治的基本面貌。此外，清華簡《四告一》所見「箴告孺子誦，弗敢縱覓」〔註223〕也反映出周公為代表的貴族集團對理想型「共主」的企盼或要求。清華簡《皇門》中，周公的系列言論實際上是把君臣等序制度化〔註224〕，這一君臣等序是在維護「大門宗子邇臣」的利益上建構起來的，他們是輔助君王治國理政的核心，其實也是地方諸侯國軍政權力的實際擁有者。由此，王權與貴族集團彼此合作、相互制衡，從而形成「王權—貴族」權力體系，周公試圖讓周人永葆「天命」的想法通過這種權力設計得以落實，其「天命」觀中的二元思維也在其中表露無遺。總之，從維護周人統治角度看，周公「天命」觀將權力合法性來源二分為王權和貴族兩個權力體系，王權與貴

〔註220〕杜正勝：《古代社會與國家》，臺灣允晨文化實業股份有限公司 1992 年版，第396～412 頁。

〔註221〕李學勤主編：《清華大學藏戰國竹簡（壹）》，中西書局 2010 年版，第 150 頁。

〔註222〕李學勤主編：《清華大學藏戰國竹簡（壹）》，中西書局 2010 年版，第 164 頁。

〔註223〕黃德寬主編：《清華大學藏戰國竹簡（拾）》，中西書局 2020 年版，第 110 頁。

〔註224〕李均明：《清華簡〈皇門〉之君臣觀》，《中國史研究》2011 年第 1 期。

族的通力合作是確保周人「天命」不墜的政治基礎，從中既有維護王權權威的考量，也有以恰當的權力運作維護、整合貴族利益的因素。

「王權─貴族」權力體系的構建基於悠久的貴族政治傳統，並非是周公的發明，但周初的分封、宗法之制皆是在此權力體系基礎上得以實施和運行的。周初王權已然有較強的專制性，但通過分封實施的地方分治政策，使國家軍政資源被各級貴族所分割，這導致王權的專制性相對有限；內外服貴族雖擁有相對獨立的地方軍政權利，但王權在軍事、財政等方面的優勢，以及基於血緣、姻親的等級關係，都在很大程度上束縛著貴族勢力。周公的制禮作樂實際上就是把國家權力的兩端以禮樂形式固定下來，使各個層級的權力合法性得以生成和延續，藉此維護周人「天命」。

從王權一端看，儘管西周前期專制和有限王權因素兼而有之，但以分封制為主核的禮樂制度很大程度上限制了王權專制因素的擴展，這既是制度設計的結果，也是制度設計的目標。周天子居於分封體制的頂端，對內外服諸侯邦君擁有統治權，但逐級分封的制度設定使得他無法直接控制分封貴族勢力範圍的土地、民人，從而使其權力外延力量受到約束；這樣的約束反過來可以看作是禮樂制度想要達成的一個目標，因為西周禮樂制度的設計者周公本身就是貴族成員的代言者，他和他的家族權勢的延續仰賴的就是這樣的制度設計。

從貴族一端看，周公的制禮作樂首先確保了封地內統治的自主性，使其軍政行為擁有基於制度建設的合法性，儘管貴族各項權利的獲得仰賴血統、姻親及軍功等因素，但一旦獲得，其合法性來源就不再單純地依賴於王權給予的恩惠，而是有了制度保障。這一制度保障使得諸侯封君成為遵守禮樂制度的主體，也成為尊崇王權的核心力量。

站在周公個人利益角度看，制定、實施分封制為核心的禮樂制度或可能保障他個人及家族利益的考量，但從更為廣闊的歷史視野和縱深的史學研究角度看，原本以為周人發明的分封制實則在殷商時代早已施行，周代前期的制禮作樂也是基於社會現實的制度建設，不是一家一姓之私產，更不可能是個人的發明。因之，制禮作樂所見周公「天命」觀中的二元思維是一種歷史理性，它既確保了西周前期王權的穩固，也保障了貴族利益，使「王權─貴族」權力體系與「王國」國家統治形態有機結合起來，在周初起到坐實「天命」的制度功效。

基於這樣的考量，筆者認為從制禮作樂角度看，周公的貢獻不在於他制定

了何種禮樂制度，或者說事實上制定了多少種禮樂，而在於既定政治規則基礎上創制出制禮作樂的基本精神，使得「王權—貴族」權力體系的兩端都能在禮樂制度中找到注解權力合法性的資源，也能在現實的權力操作中保障自身權益。

　　當然，周公制禮作樂是在周初軍政活動背景下展開的，也是以其「天命」觀為思想指引的，因此既受軍政時局影響，也受「天命」觀制約。就前者來說，商周易代之初姬姓統治集團內部權力爭鬥、妥協的最終結果以禮樂制度的形式得以固化，而如何用禮樂制度保障貴族利益始終是最為關鍵的問題；就後者而言，既然姬周政權合法性很大程度上來自貴族支持，周公「天命」觀具有鮮明的貴族政治屬性，那麼，如何更好地保障貴族利益是禮樂制度的天然使命。因此，「王權—貴族」權力體系的制度設計和實際運作很大程度上是以保障貴族利益為基本前提的，貴族集團制衡王權的權力模式不僅是具體軍政時局背景下的產物，更是周公形塑「天命」觀的權力基礎，偏重考量貴族利益是周公「天命」觀二元思維的觀念底色。

　　周公基於「王權—貴族」權力體系的禮樂制度設計是否能夠真的永葆周人「天命」呢？歷史事實告訴我們，答案是否定的。這一設計的前提是周天子專制權的有限性，而權力運作本身具有濃厚的主體性和時代性特徵。隨著社會經濟的發展和政治觀念的演進，西周中期以來，周天子試圖掙脫「王權—貴族」權力體系的約束，想在軍政領域獲取更多專制權利。然而，周天子想要把控更多軍政大權，只能通過封授土地、民人的形式獲得一些貴族支持，缺乏越過貴族直接控制土地、民人的制度基礎。因此，從禮樂制度的生成和發展層面看，周天子權勢的衰微不是因為土地、民人的有限，也不是持續分封致使王室出現財政危機，而是在禮樂制度體系之外沒有開拓出保障其權力合法性的新的制度體系，最終的結果是在王權與貴族間的權力較量中，往往以王權被進一步削弱而收場，儘管禮樂制度在形式上愈加完善，周王國家的統治秩序自上到下逐步發生紊亂，而非有學者認為的那樣於恭懿之際完成禮制規範，使整個國家從上到下文化面貌趨同，周文化的統治秩序正式確立，整個社會文化和禮法制度發生轉型，周禮的政統地位得以確立〔註225〕。「共和行政」之後，貴族更加重視本族內部的宗法關係，尊奉周天子的觀念逐步衰落，貴族借助既有的禮樂制

〔註225〕曹斌：《多學科視野下的西周國家禮制變革和社會轉型研究》，《中國史研究動態》2023 年第 1 期。

度，把原本屬於王權權力體系的臣屬變成私臣，侵佔了王權的諸多利益，使得王權與貴族之間基於禮樂制度的權力關係失衡。針對這一情形，周人試圖通過「天命」觀的道德化解決權力合法性喪失的問題，儒家《尚書》所見周公的神聖化是這一動向的最好證明，這不僅使「書」類文獻所見周公「天命」觀道德化，也使得周代前期的權力運作蒙上厚厚的德治外衣。但是，這樣的改作無法逆轉時代的潮流，因為無論是西周中後期的王權，還是以諸侯封君為主體的貴族，其權力運作的目標都在於破除禮樂制度中的二元權力結構。

平王東遷後，天子欲圖擴展權勢的依憑基本瓦解，諸侯封君的權勢逐步擴大，周代前期「天命」觀中的二元思維也被摒棄，周公苦心經營的權力運作之術也因此瓦解。究其緣由，如果說諸侯崛起和四夷內侵是西周衰亡的外部原因，那麼西周中期以來周天子權力運作的失當是其喪失「天命」的主要內因。這樣的歷史事實說明，周公「天命」觀中的二元思維有一定的時代局限性，後世以德治包裝其「天命」觀，藉此建構周人永葆「天命」的制度基礎，但無法以此彌補「王權—貴族」權力體系失衡後導致的制度缺失，因而既無法復原之前的制度體系，亦無法生成新的權力結構。

綜上，從政治思想史角度看，清華簡所見周公「天命」觀與周初「革命」與反「革命」的權力運作有著密切關聯，周公攝政稱王、制禮作樂的具體過程及體制背景，也能鮮明地表徵其「天命」觀的權力屬性。周公「天命」觀是其軍政活動、權力欲望和思想言說在周初國家權力合法性問題上相互交織的產物，從中可以看出，以恰當的權力運作維護、整合貴族集團利益是周公「天命」觀形成的關鍵要素。周公「天命」觀在注解權力合法性問題上並不具備通約性，隨著時代演進，周天子欲圖掙脫禮樂制度束縛的一系列行動，致使「王權—貴族」權力體系失衡，包含其中的二元思維無法有效應對時代變局，周公「天命」觀在被道德化的同時，也逐步喪失了注解周人權力合法性的作用和意義。

第二章　清華簡所見春秋戰國國家統治思想

本章分四節解析清華簡所見春秋戰國國家統治思想，討論相關問題的同時，也分析國家統治思想本身具有的特點。清華簡《子犯子餘》《子產》《越公其事》等篇較為典型地反映了春秋戰國時期的國家統治思想。和反映周初統治思想的清華簡「書」類文獻不同，這些文獻所涉內容雖有一定史料依據，但經過作者的編排、改易，總體上是表達政治觀念的語類文獻，而非史實記錄，其中一些是典型的政論性語類文獻。利用這些本身反映春秋戰國國家統治思想的材料去解析國家統治思想，可幫助我們更直觀地瞭解最高統治者的統治意志、精英政治群體的統治思想、精英思想家的統治觀念之間的聯繫與區別，從而有助於深化對統治思想本身的認知。

第一節　從清華簡文「使眾若使一人」看秦以軍紀治民思想的源起與轉進

「使眾若使一人」見於清華簡語類文獻《子犯子餘》。秦穆公聽聞往聖前哲行施「使眾若使一人」的為政之道，問蹇叔「其道奚如」，蹇叔拿商湯「以德和民」而「臨正九州」，商紂「殺三無辜，為炮為烙，殺胚之女，為桎梏三百」而「邦乃遂亡」做比較，勸諭秦穆公施德政，反覆強調「凡君之所問莫可聞」〔註1〕。「使眾若使一人」原初涵義是什麼？是《子犯子餘》的作者貫於秦

─────────────────────

〔註 1〕 李學勤主編：《清華大學藏戰國竹簡（柒）》，中西書局 2017 年版，第 92～93 頁。

穆公之身還是另有源淵？與《商君書》相關思想主張的關係是什麼？它是如何作用於秦的政治體制和社會結構的？解答這些問題有助於釐清「使眾若使一人」的源起、內涵及作用等。

一、秦以軍紀治民思想的源起

（一）「使眾若使一人」源於兵家思想且與西戎軍紀多相一致

《孫子兵法・九地》中有「善用兵者，攜手若使一人」〔註2〕，文意與「使眾若使一人」相近。何謂「攜手若使一人」？曹操注曰：「齊一貌也」，杜牧注曰：「言使三軍之士，如牽一夫之手，不得已，皆須從我之命，喻易也。」賈林注曰：「攜手，翻迭之貌，便於回運，以前為後，以後為前，以左為右，以右為左，故百萬之眾如一人也。」梅堯臣注曰：「用三軍如攜手使一人者，勢不得已，自然皆從我所揮也。」張預注曰：「三軍雖眾，如提一人之手而使之，言齊一也。」〔註3〕所謂「齊一貌」「百萬之眾如一人」「用三軍如攜手使一人」皆指講求整齊劃一的嚴格軍紀。孫子主張士卒完全聽命於將帥是作戰取勝的關鍵，而要做到「攜手若使一人」，就要「能愚士卒之耳目，使其無知；易其事，革其謀，使人無識；易其居，迂其途，使人不得慮」，只有如此，將帥統兵「若驅群羊，驅而往，驅而來，莫知所之。」〔註4〕此外，上博簡《曹沫之陣》中有「一出言三軍皆懼，一出言三軍皆往」〔註5〕之語，與兵法亦有關係。可見，「攜手若使一人」及《曹沫之陣》相關言論意為士卒必須服從軍紀，與之語意相近的「使眾若使一人」的原初涵義當與軍紀有關。

當然，和「使眾若使一人」類似的觀念表述未必都與軍紀有關。比如，荀子主張君上任用賢能君子治國理政，君子一旦被委以重任，須做到「位尊而志恭」，在禮制規範的約束和前賢往聖的啟發下，參透古今人性、治道的通約性，明白「千萬人之情，一人之情是也；天地始者，今日是也；百王之道，後王是也」的道理，在此基礎上「治海內之眾，若使一人，故操彌約而事彌大。五寸

〔註2〕（春秋）孫武撰，（三國）曹操等注，楊丙安校理：《十一家注孫子校理》，中華書局2012年版，第316頁。

〔註3〕（春秋）孫武撰，（三國）曹操等注，楊丙安校理：《十一家注孫子校理》，中華書局2012年版，第316頁。

〔註4〕（春秋）孫武撰，（三國）曹操等注，楊丙安校理：《十一家注孫子校理》，中華書局2012年版，第316～318頁。

〔註5〕馬承源主編：《上海博物館藏戰國楚竹書（四）》，上海古籍出版社2004年版，第282頁。

之矩，盡天下之方也。」〔註6〕可見，荀子主張的「治海內之眾若使一人」是掌握總攬天下之道的簡易控御之法，是「天下厭然猶一」〔註7〕的智識和賢人理政的高超方略，其根柢在於王道政治和禮制原則。

　　從秦穆公把「使眾若使一人」視為行施政令、刑罰的為政之道看，這一統治思想與荀子思想無涉，而當契合於兵家思想，且已滲入秦人的國家管理和社會控制。那麼，秦人行施「使眾若使一人」來自兵家嗎？從語類文獻的生成角度看，這是有可能的。《子犯子餘》是戰國中後期流行於楚地的語類文獻，作者意在借蹇叔之口宣揚德治思想，但所依託材料未必全然嚮壁虛造。蹇叔曾輔佐秦穆公，授上大夫，遷右庶長，《子犯子餘》的作者在儒法對立的話語場中，以蹇叔之口讚揚商湯的以德治民，貶斥商紂的暴虐無道，從而否定「使眾若使一人」。作為構成話語場立論基礎的一方「不在場」，但蹇叔的批評對象顯然是持這一觀念的法家，而「不在場」的法家或許引入了兵家的觀念，使「使眾若使一人」與法家追求的整齊劃一的統治效果產生連接。不過，《子犯子餘》所記秦穆公和蹇叔的對談應當是根據「秦史記錄中所見高層政治人物的對話」〔註8〕編寫而成的，秦穆公的言談透露出「使眾若使一人」是秦人曾經實施了的軍紀和為政之道，因此它不僅僅是兵家的理論發明，與秦國的軍政實踐也有著密切關聯，它反映的應當是最高統治者的統治思想，同時也代表了大多數精英政治群體的統治意志，蹇叔的疑慮則反映出統治集團內部這一統治思想的不同看法。

　　如若這樣的統治思想與秦人的社會實際相關，那麼它應當與秦人軍紀的形成、特點及其對社會結構的作用與影響等有關。秦人「在西戎，保西垂」〔註9〕，長期與西戎相處，戰和不斷，「好馬及畜」〔註10〕，與西戎同俗。所謂「西戎」是指三代以來生活在西北一帶的非周非秦人群，他們是起源於新石器時代晚期，因氣候變化而逐漸畜牧化、武裝化，具有移動習性的羌系人群，其文化具有農牧交錯的特色，與「華夏」的起源和成長關係密切。〔註11〕在漢代中原史家眼裏，

〔註6〕《荀子·不苟》，（清）王先謙撰，沈嘯寰、王星賢點校：《荀子集解》，中華書局 2013 年版，第 56～57 頁。

〔註7〕《荀子·儒效》，（清）王先謙撰，沈嘯寰、王星賢點校：《荀子集解》，中華書局 2013 年版，第 137 頁。

〔註8〕王子今：《政論與史論：秦政治人物關於「史」的對話》，《史學史研究》2020 年第 4 期。

〔註9〕《史記》卷 5《秦本紀》，中華書局 2013 年版，第 225 頁。

〔註10〕《史記》卷 5《秦本紀》，中華書局 2013 年版，第 227 頁。

〔註11〕史黨社：《秦與北方民族歷史文化論集》，科學出版社 2018 年版，第 54～97 頁。

處於亞洲內陸、「華夏」西部緣邊地帶的西戎文化必定是落後、粗鄙的，然而，其社會組織結構和社會文化發展程度並非處於「多無君」〔註12〕「毋君長」〔註13〕「氏族無定」〔註14〕「恥病死」〔註15〕的蠻荒狀態，西戎「以力為雄」，「性堅剛勇猛」〔註16〕，以軍紀嚴明、能征善戰著稱，曾在西周初期及末年深度參與到中原地區的政治進程當中。西戎還是中原地區和中亞、西亞乃至歐洲地區文明交往的中介。據段清波研究，秦文化中所見兵馬俑、銅車馬、陵墓封土內高臺建築、條形磚、青銅水禽製作工藝、槽型板瓦、繭形壺、鐵器、黃金、屈肢葬及石雕石刻等文化因素，不是從中國固有文化中發展演變而來，而是和遙遠的地中海沿岸、波斯帝國之間存在高度的一致性，據此可以合理地推斷，自春秋以來，東西方文明之間就存在著頻繁和深入的交流活動〔註17〕，雖不能排除這些外來文化從西南絲路傳入中國的可能，但從《漢書·五行志》「史記秦始皇帝二十六年，有大人長五丈，足履六尺，皆夷狄服，凡十二人見於臨洮」〔註18〕的記載看，中亞、西亞乃至歐洲地區的文明成果經西北絲路進入中原的可能性更大，生息於河西、隴右一帶的西戎在東西文明交流中的作用更為突出。

在西戎軍紀對秦人產生影響的問題上，筆者無意強調「內陸亞洲—中原」二元互競為主軸的邊疆研究模式，西戎並不是秦國歷史發展的主導者，但他們的確是不可忽視的力量。和其他游牧民族一樣，西戎崇尚軍事冒險，利用高超的騎射技術和整齊劃一的嚴明軍紀，善於在草原之外劫掠、榨取資源以支撐部落組織運轉〔註19〕；西戎也和其他游牧民族類似，游牧經濟的移動性和固定性都是內在的，他們的生產生活方式並不粗陋、野蠻，相反，具有精細的組織結構和高度的組織能力，且深諳戰爭能夠帶來更多、更大利益。〔註20〕特殊的地

〔註12〕 《呂氏春秋·恃君覽》，許維遹撰、梁運華整理：《呂氏春秋集釋》，中華書局2009年版，第546頁。

〔註13〕 《史記》卷116《西南夷列傳》，中華書局2013年版，第3625頁。

〔註14〕 《後漢書》卷87《西羌傳》，中華書局1965年版，第2869頁。

〔註15〕 《後漢書》卷116《鄧訓傳》，中華書局1965年版，第610頁。

〔註16〕 《後漢書》卷87《西羌傳》，中華書局1965年版，第2869頁。

〔註17〕 段清波：《從秦始皇陵考古看東西文化交流（一）（二）》，《西北大學學報》（哲學社會科學版）2015年第1、2期。

〔註18〕 《漢書》卷27下《五行志下》，中華書局1962年版，第1472頁。

〔註19〕 〔美〕巴菲爾德著，袁劍譯：《危險的邊疆：游牧帝國與中國》，江蘇人民出版社2011年版，第2～40頁。

〔註20〕 〔美〕拉鐵摩爾著，唐曉峰譯：《中國的亞洲內陸邊疆》，江蘇人民出版社2008年版，第54、520頁。

理位置使西戎能夠接觸到來自不同區域的文明成果，他們雖是半農半牧的族群，但也有鮮明的「內亞」色彩，擁有先進的騎射技術，善於侵略擴張、以戰養戰，養成嚴格的軍事紀律，部落化的社會結構也最大限度地發揮出遊動、尚武的族群習性。據學者研究，先於趙武靈王的「胡服騎射」，春秋時期秦人已經吸收了西戎的騎射技術〔註21〕，西戎嚴明的軍紀也於春秋時期對秦人產生影響。

「使眾若使一人」所體現出的國家統治思想需要一個恰當的入口進入秦人社會，而西戎與秦人長久的社會接觸為這一統治思想進入秦人社會提供了一個入口，因而看似相分離的兵家思想與西戎社會風尚之間產生了連接，使秦從諸子思想傳播和異族文化浸染兩個方面具備了接受以軍紀治民統治思想的社會基礎。從統治思想角度看，精英思想家的主張與社會接受之間需要某種連接，統治者青睞他們的主張固然可以為實施相應主張提供動力支持，但社會層面的接受需要基於社會實情而非觀念共鳴。從這個層面看，「使眾若使一人」的兵家思想在各國都有傳播的可能，也都可能會引起統治者的注意，而它在秦國產生影響的主因是這個國家深受西戎文化影響，以軍紀治民本身就是它的傳統，因此「使眾若使一人」在秦國具有深厚的社會基礎。

總之，「使眾若使一人」這一兵家思想之所以能在秦國產生影響，並非是精英思想家鼓吹之功，也非個別統治者青睞的結果，而是基於西戎軍紀傳播與固化的社會基礎為先導。這種現象說明，國家統治思想往往仰賴於具體的社會情勢，是對各種統治思想因素的彙集，也是基於社會現實的觀念表達。

（二）「使眾若使一人」滲入秦人的文化傳統和社會結構

秦在降服西戎的過程中，以嚴格的軍紀管理士卒、百姓的治國理政思想逐步滲透到秦的文化傳統和社會結構當中。秦武公時，「初縣」〔註22〕邽、冀、杜、鄭，控制了天水至寶雞一帶，穆公東征失利，「遂霸西戎」〔註23〕，「孝公雄強，威服羌戎」〔註24〕，昭王立，「義渠王朝秦」，與宣太后私通，生二子，後「宣太后誘殺義渠王於甘泉宮」〔註25〕，起兵滅義渠羌國，置隴西、北地、上郡。驅逐、兼併、融合西戎是秦人興起和強大的基礎，在這一

〔註21〕王博：《先秦騎兵起源新研》，《學術探索》2020 年第 3 期。
〔註22〕《史記》卷 5《秦本紀》，中華書局 2013 年版，第 233 頁。
〔註23〕《史記》卷 5《秦本紀》，中華書局 2013 年版，第 247 頁。
〔註24〕《後漢書》卷 87《西羌傳》，中華書局 1965 年版，第 2876 頁。
〔註25〕《後漢書》卷 87《西羌傳》，中華書局 1965 年版，第 2874 頁。

過程中，秦穆公稱霸西戎而吸納西戎軍紀和商鞅變法以「農戰」涵化西戎軍紀是兩個關鍵階段。

　　據《史記·秦本紀》，秦穆公曾經和戎王使臣由余討論「中國」和「戎夷」文化的優劣，由余追述「上聖黃帝」，又言「及其後世」，揭示「中國」從「小治」到「交爭怨而相篡弒，至於滅宗」的政治敗壞緣由，而西戎「上含淳德」「下懷忠信」，這是行施「一國之政猶一身之治」的結果，他的言論讓秦穆公心悅誠服，稱讚「由余賢」〔註26〕。春秋時期，華夏諸國君權不振，卿大夫以下犯上，國政動盪不安，與之相較，說西戎「上含淳德」「下懷忠信」固然是溢美之詞，但其游牧文化傳統和以軍紀治民的統治手段，的確能夠有效確保部落首領的權威。秦穆公設計得到賢臣由余，「用由余謀」攻滅戎王，「益國十二，開地千里」〔註27〕。馬非百認為由余係「戎人」，很可能是「縗諸國之人」，《史記》雖記有「其先晉人也」之語，當是入秦後妄自攀附之詞。〔註28〕如若此說成立，「戎人」由余熟悉「中國」之事，自然令秦穆公驚異，可能是在由余有關西戎傳統言論及所獻計謀的影響下，秦穆公詳細瞭解到西戎以軍紀治民的為政之道並力推之，故而才有他和蹇叔的上述對話。總之，在游牧文化和農耕文明碰撞的歷史過程中，源源不斷的西戎族群融入秦人，他們服從軍紀管制、能征善戰的族群習性也浸染著秦人。秦穆公時期大量西戎之地納入秦人統治範圍，這是「使眾若使一人」這樣的兵家思想能夠迅速在秦國軍政層面落實的社會基礎，關東之人往往稱秦為「虎狼之國」「虎狼之秦」，這與秦人接受西戎文化浸染有關〔註29〕，更與秦人涵化西戎以軍紀治民之法相關。

　　清華簡文「使眾若使一人」所表達出的國家統治和權力運作思想與法家的權力控御主張頗相接近。商鞅在秦國變法時，將軍事管理移至民政，不僅什伍組織來自軍事系統，「不告姦者」「腰斬」，「告姦者」「匿奸者」與「斬敵首」「降敵」賞罰相當，都彰顯著以軍法控御社會。〔註30〕不過，秦人以軍紀治民的思想並非由商鞅開啟，也並非是秦孝公時代變法的產物。《淮南子·要略》

〔註26〕《史記》卷5《秦本紀》，中華書局2013年版，第245頁。
〔註27〕《史記》卷5《秦本紀》，中華書局2013年版，第247頁。
〔註28〕馬非百：《秦集史》，中華書局1982年版，第267～270頁。
〔註29〕何晉：《秦稱「虎狼」考》，《文博》1999年第5期。
〔註30〕孫聞博：《商鞅「農戰」政策推行與帝國興衰——以「君—官—民」政治結構變動為中心》，《中國史研究》2020年第1期。

云：「秦國之俗，貪狼強力，寡義而趨利，可威以刑，而不可化以善，可勸以賞，而不可厲以名，被險而帶河，四塞以為固，地利形便，畜積殷富，孝公欲以虎狼之勢而吞諸侯，故商鞅之法生焉。」〔註31〕顯然，秦人素有以軍法控御社會的傳統，「使眾若使一人」的嚴明軍紀造就了秦的「虎狼之勢」，秦人文化中本來就有以軍紀體現霸道的思想因素，而這是商鞅在秦國推行變法的社會基礎。商鞅致力於把游牧文化中的軍紀移植到農業社會，強調「農戰」，《商君書·農戰》云：「國之所以興者，農戰也」，「國好力者以難攻，以難攻者必興」〔註32〕。統治者通過「立法化俗」使百姓「朝夕從事於農」，結合秦人好戰傳統，進一步養成「喜農樂戰」的族群習性，以便強力推行「富國強兵」〔註33〕之道。可以說，從國家統治思想的實踐層面看，商鞅變法是兵家思想、西戎和秦人習俗風尚與法家思想結合的產物。

商鞅變法在秦的展開得益於秦擁有「使眾若使一人」這一國家統治思想的社會基礎，如若沒有較為深厚的以軍紀治民的社會基礎，商鞅既無進行變法的社會土壤，也無實現變法的具體目標。其中，最為關鍵的因素便是秦因受西戎風俗影響，本身就有以軍紀治民的社會基礎，這一社會基礎是商鞅變法具體措施得以在各個層面落實的前提。

總之，「使眾若使一人」的軍紀治民思想起源於兵家思想，與西戎游牧社會講求絕對服從、整齊劃一的軍事紀律多相一致。秦人在降服西戎過程中，把這一軍紀涵化為治國理政的重要手段，商鞅變法吸收、承納了這一手段，通過推行「農戰」把它進一步融入秦人社會組織當中，其特點在於把軍紀化為組織和整合社會力量的根本手段，務求整齊劃一的統治效果。簡牘材料反映出，圍繞「使眾若使一人」的政治實踐秦統治集團內部產生不同看法，這是後來秦朝內部統治思想形成分歧的一個伏筆。

二、秦以軍紀治民思想的轉進

（一）秦以軍紀治民思想的深化

在國家統治思想層面，以軍紀治民集中體現於一個「壹」字。首先，秦的

〔註31〕劉文典撰，馮逸、喬華點校：《淮南鴻烈集解》，中華書局 1989 年版，第 711 頁。

〔註32〕蔣禮鴻撰：《商君書錐指》，中華書局 1986 年版，第 20、23 頁。

〔註33〕《商君書·壹言》，蔣禮鴻撰：《商君書錐指》，中華書局 1986 年版，第 60 頁。

統治者樹立了尚「壹」的統治意志。秦的統治者在踐行「使眾若使一人」這一為政之道過程中，樹立了天下一統的統治願景，他們力圖使天下「歸心於壹」〔註34〕，如此，「官不敢為邪」〔註35〕，「民怯於邑鬥而勇於寇戰」〔註36〕。為政之道務必「一其俗」，使百姓「一室無二事，力田稽積，習戰陣之事。」〔註37〕其次，利用整齊劃一的軍紀讓秦人的生產生活方式高度一致化。秦的統治者力推「農戰」策略，其目的在於「使民無得擅徙」、「無所於食，而必農」，在此基礎上以軍紀治民，使「愚心躁欲之民壹意」〔註38〕。當「農戰」之士成為社會中堅力量，他們自覺從事「壹務」，並以「其家必富而身顯於國」〔註39〕為人生目標；當「農戰」之士成為既得利益者，他們便會「聞戰而相賀也，起居飲食所歌謠者戰也。」〔註40〕最後，秦的賞罰歸於「壹」。「所謂壹賞者，利祿官爵摶出於兵，無有異施也」〔註41〕，秦的統治者嚴格按軍功事勞獎賞，而秦人想要獲得獎賞，必須立有軍功、取得軍功事勞而別無他途；「所謂壹刑者，刑無等級，自卿相、將軍以至大夫、庶人，有不從王令，犯國禁，亂上制者，罪死不赦」〔註42〕，統治者樹立「一斷於法」的法治意識，而犯法者必須明白刑罰面前沒有等級差別。

以軍紀治民的統治思想，使秦在治國方略上「徹底拋棄了封建制度中由身份而來的統治結構，代之以耕戰為中心的統治結構」〔註43〕。秦統一六國後，所採取的統一文字、貨幣、度量衡等一系列措施，固然是時代發展的必然結果，但講求整齊劃一統治效果的族性，以軍紀治民為核心的尚「壹」思想，顯然是秦在一體化統治因素增長基礎上採取上述措施的內在動因。在統治者的大力推行下，「使眾若使一人」的為政之道進一步涵化為族群習性，受其影響，秦

〔註34〕《商君書・壹言》，蔣禮鴻撰：《商君書錐指》，中華書局1986年版，第63頁。
〔註35〕《商君書・墾令》，蔣禮鴻撰：《商君書錐指》，中華書局1986年版，第7頁。
〔註36〕《商君書・戰法》，蔣禮鴻撰：《商君書錐指》，中華書局1986年版，第68頁。
〔註37〕《史記》卷79《蔡澤傳》，中華書局2013年版，第2938頁。
〔註38〕《商君書・墾令》，蔣禮鴻撰：《商君書錐指》，中華書局1986年版，第13～14頁。
〔註39〕《商君書・壹言》，蔣禮鴻撰：《商君書錐指》，中華書局1986年版，第60頁。
〔註40〕《商君書・賞刑》，蔣禮鴻撰：《商君書錐指》，中華書局1986年版，第106頁。
〔註41〕《商君書・賞刑》，蔣禮鴻撰：《商君書錐指》，中華書局1986年版，第97頁。
〔註42〕《商君書・賞刑》，蔣禮鴻撰：《商君書錐指》，中華書局1986年版，第101頁。
〔註43〕徐復觀：《兩漢思想史（第一卷）》，華東師範大學出版社2001年版，第73頁。

人熱衷閱讀、收藏兵書，尚武風氣濃厚，軍事將領的政治地位突出，秦人維護國家統治的決心也很強大。〔註44〕

　　當「使眾若使一人」的統治思想滲入國家統治和社會控制的方方面面，對百姓施以軍事化管理，就成為以軍紀治民思想的具體實踐及其表現形式。軍事化管理首先講求整齊劃一，無論是原先的秦人，還是新征服的六國之民，都受國家法律制定或認可的社會規則約束，即使是在器物層面，也要以整齊劃一的外在形式體現一體化管理的統治意志。秦《工律》規定，「為器同物者，其小大、短長、廣亦必等。」〔註45〕如果說統一文字、度量衡的確是天下歸「壹」統治意志的重要表現形式的話，器物的規制往往服從於使用的便利和約定俗成的習慣，並不一定要整齊劃一，秦律的上述規定顯然是國家管理軍事化的產物，整齊劃一不是客觀需要，而是強加於社會生活的國家統治意志。

　　追求整齊劃一統治效果的軍事化管理與百姓生活的多樣性和複雜性之間天然地形成矛盾、衝突，尤其是六國之民沿襲已久的各種生活習俗對秦的軍紀治民思想形成很大挑戰。對此，秦的統治認為「不便於民，害於邦」的各類民間習俗皆為「惡俗」，想要有效管理和控制百姓，就要用秦律「矯端民心，去其邪僻，除其惡俗。」〔註46〕軍事化管理的意志和手段不足以短時間內消除複雜、多樣的民間習俗時，暫時容忍基層社會習俗便成為權宜之計，睡虎地秦簡能夠反映出秦初存在兩種相矛盾的統治意志，「一種是通過《日書》證實的容忍基層社會習俗的傾向；一種是像《語書》那樣，將其習俗看作『惡俗』而加以批評，將秦律貫徹到社會，使社會走向一元化統治體制的傾向。」〔註47〕在特定歷史轉換時期，秦尚能採取權變之策，統一六國後，消滅「惡俗」就成了國家統治的核心任務。〔註48〕

　　此外，以軍紀治民的軍事化管理手段還表現在管理和控制的細密上。從睡虎地秦簡看，秦對百姓生活的管理可謂事無鉅細，秦《田律》規定，「百姓居

〔註44〕 王子今：《秦世民間兵書的流傳》，《中國文化》2013 年第 2 期。

〔註45〕 睡虎地秦墓竹簡整理小組編：《睡虎地秦墓竹簡》，文物出版社 1990 年版，第 43 頁。

〔註46〕 《睡虎地秦墓竹簡·語書》，睡虎地秦墓竹簡整理小組編：《睡虎地秦墓竹簡》，文物出版社 1990 年版，第 13 頁。

〔註47〕 〔日〕工藤元男著，〔日〕廣瀨薰雄、曹峰譯：《睡虎地秦簡所見秦代國家與社會》，上海古籍出版社 2018 年版，第 342 頁。

〔註48〕 〔日〕工藤元男著，〔日〕廣瀨薰雄、曹峰譯：《睡虎地秦簡所見秦代國家與社會》，上海古籍出版社 2010 年版，第 366 頁。

田舍者毋敢酤酒，田嗇夫、部佐謹禁禦之，有不從令者有罪。」〔註49〕百姓的飲食生活必須接受管制，「居田舍」者不能「酤酒」，這與軍營士卒不得私自飲酒無二。《田律》還規定「百姓犬入禁苑中而不追獸及捕獸者，勿敢殺；其追獸及捕獸者，殺之。河（呵）禁所殺犬，皆完入公；其他禁苑殺者，食其肉而入皮。」〔註50〕《倉律》規定，「用犬者，畜犬期足。豬、雞之息子不用者，賈（賣）之，別計其錢。」〔註51〕如此細密的規定，十分典型地體現出以軍紀治民的統治意志。

「使眾若使一人」的國家統治思想與以秦始皇為核心的秦朝統治者的統治思想相對合一，當權者的意志以國家名義試圖滲入社會各個層面之時，首先遇到的問題便是區域、族群之間的文化差異對貫徹國家統治意志客觀上形成阻礙作用，從兩漢以來國家解決此類問題的情況看，容受文化差異基礎上的施政措施往往有利於地方治理的有效性和可持續性，但是，秦的最高統治者和精英政治群體的統治思想卻把這種差異性視為國家有效統治的對立面，所要做的不是容受這種差異，而是要消滅導致差異的各種因素，以軍紀治民就是要把消滅差異的統治意志貫徹到實際的統治措施和施政行為之中，從而達到相應的統治目標。這樣的統治意志必然是以一體化法律制度的頒布和實施為具體手段，也必然以消滅不同的社會習俗和隱藏其中的反抗意志為目標，這是以軍紀治民思想得以深化的途徑，也是這一思想發揮作用的主要方式。

（二）秦以軍紀治民思想的轉折

「使眾若使一人」的為政之道追求官吏、百姓從身體和精神雙重層面徹底服從國家管制的統治願景，官吏如國家統治機器上整齊劃一的零部件，毫無個體意志卻富有服從意識，百姓則如行尸走肉易於驅使奴役。然而，這樣的國家統治願景與秦的社會階層構造及其文化傳統之間存在一定張力，「使眾若使一人」的統治思想在貫徹和實施過程中必然會發生變形，統治效果也因此受到抑制。秦的社會階層構造並非是單一地承接商鞅變法以來的社會資源再分配，立國之初承襲周邦之制的封建制度對它產生持久性影響，秦人的文化傳統也是

〔註49〕睡虎地秦墓竹簡整理小組：《睡虎地秦墓竹簡》，文物出版社 1990 年版，第 22 頁。
〔註50〕睡虎地秦墓竹簡整理小組：《睡虎地秦墓竹簡》，文物出版社 1990 年版，第 20 頁。
〔註51〕睡虎地秦墓竹簡整理小組：《睡虎地秦墓竹簡》，文物出版社 1990 年版，第 35 頁。

一個複合體，除受西戎影響下形成的普遍遵從軍紀治民之法外，封建制度孕育出的承納社會差異觀念也在一定程度上是多元社會觀念的一個重要指標，加之統一六國後，各地民風習俗及社會發展程度不同所導致的社會差異等因素，都在不同程度上抑制著「使眾若使一人」的統治效應。

具體來說，嬴氏統治集團擁有悠久的封建淵源，其所創立的二十等軍功爵制兼有辨貴賤和褒功勳的功能，且在「爵重於官」這一點上顯示了封建貴族身份制的傳統影響〔註52〕。封建傳統是秦作為「華夏」一員的文化表徵，是和「使眾若使一人」的西戎傳統相對峙的中原化的政治文化傳統。商鞅在秦變法之初，「法不行，太子犯禁」，因而認為「法之不行，自於貴戚」，便以「欲行法，先於太子」的強力手段使「法大用，秦人治」，「宗室多怨鞅」，他最終落得個「卒車裂以徇秦國」〔註53〕的下場。即使「並一海內，以為郡縣」〔註54〕的秦始皇時代，李斯、趙高等人封地廣袤、富可敵國的事實也足以證明分封舊制的根深蒂固。從文化傳統角度看，商鞅變法之所以導致「宗室多怨鞅」，是因為封建傳統所賦予的貴族們在身體及精神意志上的獨立性被「使眾若使一人」的一元化統治削奪了；從制度層面看，軍功爵制的推行使得擁有軍功、事勞之人的社會身份向世襲貴族過渡，這使看似革新的時代因素最終落入舊制度的框架之中，從而使當時的國家權力運作仍然遵循「王權—貴族」二元化權力結構的制度設計。〔註55〕

秦統一六國之初，丞相綰等人上奏：「諸侯初破，燕、齊、荊地遠，不為置王，毋以填之。請立諸子，唯上幸許。」〔註56〕公子扶蘇勸諫其父：「天下初定，遠方黔首未集，諸生皆誦法孔子，今上皆重法繩之，臣恐天下不安。唯上察之。」〔註57〕儘管主張恢復分封舊制的聲音微弱，但也說明在採取何種統治方略的問題上秦的統治集團內部存在分歧。針對封建舊制有可能起死回生的苗頭，秦始皇和秦二世進一步採用「使眾若使一人」之法，以焚書、坑儒的極端手段試圖消滅儒生集團的獨立意志；呂不韋「自度稍侵，恐誅，乃飲酖而

〔註52〕 閻步克：《品位與職位：秦漢魏晉南北朝官階制度研究》，中華書局 2009 年版，第 98 頁。
〔註53〕 《史記》卷 5《秦本紀》，中華書局 2013 年版，第 259 頁。
〔註54〕 《史記》卷 6《秦始皇本紀》，中華書局 2013 年版，第 316 頁。
〔註55〕 李健勝：《流動的權力：先秦、秦漢國家統治思想研究》，中國社會科學出版社 2018 年版，第 86 頁。
〔註56〕 《史記》卷 6《秦始皇本紀》，中華書局 2013 年版，第 307 頁。
〔註57〕 《史記》卷 6《秦始皇本紀》，中華書局 2013 年版，第 329 頁。

死」〔註58〕，李斯「論腰斬咸陽市……而夷三族」〔註59〕；新近出土文獻證實，秦統一後，朝廷軍政文化精英製造的一系列反郡縣言論，這使秦始皇主動選擇了胡亥嗣位。〔註60〕然而，這些手段並沒有真正消滅封建傳統，天下士人不滿一體化統治生態，當集權統治一旦鬆動，使出現「持孔氏之禮器往歸陳王」〔註61〕；趙高等人趁皇權打壓其他權貴之機崛起，進而架空皇權，封建舊制「製造」制衡皇權社會勢力的機制仍在運轉；百姓不堪殘暴統治，「皆刑其長吏，殺之以應陳涉。」〔註62〕這些現象都說明，以軍紀治民思想是以打壓、取消人類獨立意志，干預人類正常社會生活為前提或目標，與秦舊有的封建傳統和人類基本社會生活規則相衝突。

「使眾若使一人」的統治理念也與秦朝統治上層的政治理念之間存在較大張力。韓非子認為完善的法令制度具有高超的自為性，高明的君主當「遠仁義，去智慧，服之以法」〔註63〕，以「有其賢」「任其罪」之道有效控御臣下，令其「自將雕琢」，「盡其武」，「盡其慮」〔註64〕，如此，君上便以「無為可以規之」〔註65〕。儘管韓非子的這一理論設想與君主專權思想之間有著難以解決的理論衝突〔註66〕，但他的虛君主張在秦代短暫的國家統治史上也被實踐過。李斯為自保上書秦二世行「督責之術」〔註67〕，以申不害、韓非子言論為己張目，趙高也聲稱「陛下深拱禁中，與臣及侍中習法者待事，事來有以揆之。如此則大臣不敢奏疑事，天下稱聖主矣。」〔註68〕「天下之事無小大皆決於上」〔註69〕的秦始皇，顯然不想做個國家統治的旁觀者，他推行以軍紀治民的目的

〔註58〕《史記》卷85《呂不韋傳》，中華書局2013年版，第3049頁。

〔註59〕《史記》卷87《李斯傳》，中華書局2013年版，第3107頁。

〔註60〕熊永：《封建郡縣之爭與秦始皇嗣君選擇》，《歷史研究》2020年第1期。

〔註61〕《史記》卷121《儒林傳》，中華書局2013年版，第3786~3787頁。

〔註62〕《史記》卷48《陳涉世家》，中華書局2013年版，第2370頁。

〔註63〕《韓非子·說疑》，（清）王先慎撰，鍾哲點校：《韓非子集解》，中華書局2013年版，第437頁。

〔註64〕《韓非子·主道》，（清）王先慎撰，鍾哲點校：《韓非子集解》，中華書局2013年版，第28~29頁。

〔註65〕《韓非子·外儲說右上》，（清）王先慎撰，鍾哲點校：《韓非子集解》，中華書局2013年版，第344頁。

〔註66〕〔以〕尤銳著，孫英剛譯：《展望永恆帝國——戰國時代的中國政治思想》，上海古籍出版社2018年版，第131頁。

〔註67〕《史記》卷87《李斯傳》，中華書局2013年版，第3099頁。

〔註68〕《史記》卷87《李斯傳》，中華書局2013年版，第3103頁。

〔註69〕《史記》卷6《秦始皇本紀》，中華書局2013年版，第329頁。

在於實現「法令出一」〔註70〕的統治效果，而臣下只不過是實現這一統治效果的工具。秦二世行「督責之術」，對權貴階層而言實為封建傳統的復興，是對「使眾若使一人」的悖反，而秦二世本人則滿足於「刑者相半於道，而死人日成積於市，殺人眾者為忠臣」〔註71〕的威權統治景象，其統治手段與預期效果實則愈加分離。

要之，秦國祚短促，實施「使眾若使一人」的社會政治條件與國家統治願景之間有較明顯的差距，事實上，即便是有足夠的社會政治條件去實施這樣的統治法則，也應當看到，國家統治思想與社會容受程度之間始終是有一定差距的，統治階層內部也未必在這樣的統治法則上始終達成一致，社會的容受程度及其組成要素本身的複雜性也會消解國家統治意志的貫徹力度。秦「帝國」脫胎於「王國」國家形態，悠久的封建傳統與軍紀治民的國家意志之間所構成的衝突和張力，是上述社會政治條件、統治者內部不同聲音及社會容忍程度等因素的來源，也是這些因素表達政治立場的條件。

綜上，清華簡文「使眾若使一人」所見軍紀治民思想起源於兵家，與西戎游牧社會講求絕對服從、整齊劃一的軍事紀律多相一致。秦人把這一軍紀涵化為治國理政的重要手段，商鞅通過推行「農戰」把它進一步融入秦人社會組織當中。以軍紀治民思想在秦的一元化統治和法紀律令中留下了不可抹滅的歷史印記，也與華夏封建傳統和秦的政治實踐之間形成一定張力，反映出戰國秦及秦「帝國」複雜、多元的歷史面相。

第二節　清華簡《子產》所見國野分治與鄭國統治思想

《清華大學藏戰國竹簡（陸）》收入《子產》篇，簡長約 45 釐米，寬約 0.6 釐米，共 29 枚簡，保存較好。王沛認為《左傳》中子產「鑄刑書」側重叔向的反對言論，而清華簡《子產》篇則是讚揚子產安邦定國、順天應民的政策，敘述重點不同，是春秋戰國之際兩種思潮碰撞的表現。〔註72〕劉光勝認為子產的執政思路是出禮入刑，以刑促禮，通過制定刑書，公之於眾，求治於刑，實現社會秩序的重建，走的是禮、刑結合的路子，而以刑維護禮制是早期法家出

〔註70〕《史記》卷 6《秦始皇本紀》，中華書局 2013 年版，第 325 頁。

〔註71〕《史記》卷 87《李斯傳》，中華書局 2013 年版，第 3103 頁。

〔註72〕王沛：《子產鑄刑書新考：以清華簡〈子產〉為中心的研究》，《政法論壇》2018年第 2 期。

禮入刑治國方式轉變的重要標誌。〔註73〕馬騰認為子產「天經地義」的禮論與救世強國的變法，蘊含著一種不悖禮義而開啟變法的實用精神和「禮法結合」的思維模式。〔註74〕清華簡《子產》所見子產以「禮」治國的形象和子產的早期法家形象之間存在差異，在原先的認識中，推行法治的子產應當不會固守舊有的國野分治，但是，依照新的材料和傳世史料中有關子產崇禮的內容，子產遵循舊制也可得到合理解釋，而上述研究成果多有彌合分歧之嫌，既沒有分析清華簡《子產》等材料的性質，也沒有區別子產本人的思想和作為鄭國執政所推行的施政策略與鄭國國家統治思想之間的關係等問題。因此，無論是把子產「鑄刑書」看作出禮入刑，還是禮法結合，抑或是兩種治國理念碰撞的產物，都沒能觸及問題的實質。

一、國野分治與「令」「刑」分途

　　《左傳》《史記》所載子產崇「禮」及孔子對子產的評價，都是在子產為鄭國執政背景下形成的，《史記》更是將子產崇「禮」置於邏輯化的敘事中。鄭簡公誅殺子孔後，「以子產為卿」，吳國使臣延陵季子到鄭國，「見子產如舊交」，勸告子產：「子為政，必以禮」，「子產厚遇季子」，執政期間，子產秉持「為政必以德」，以「為人仁愛人，事君忠厚」〔註75〕的形象示人。從統治思想的三重組成結構看，鄭國國家統治思想是傳統政治慣習和統治精英治國理念的綜合體，鄭國政治脫胎於西周禮樂制度，是姬周政治傳統在中原地區延續的一個典型，在新舊交織的時代背景下，鄭國在夾於晉、楚之間求生存的過程中，主要仰賴的治國基礎仍是西周以來的禮樂舊制；作為執政，子產的治國思想代表著鄭國的國家統治意志，即使他有執行法治的偏好或者有崇禮的美德，具體施政理念仍須服從鄭國整體的統治需要，而無法像在野的思想家那樣自由地表達他們的治國理念。因此，子產的重刑、崇禮不僅是他個人治國理政的思想偏好，而且是鄭國國家統治思想貫於具體執政者身上的結果。從這個角度看，清華簡《子產》的敘事重點與傳世文獻並不衝突，這是一種事實而非史學解釋的結果。

〔註73〕劉光勝：《德刑分途：春秋時期破解禮崩樂壞困局的不同路徑——以清華簡〈子產〉為中心的考察》，《孔子研究》2019 年第 1 期。

〔註74〕馬騰：《子產禮義與變法新詮——〈左傳〉與清華簡〈子產〉互證》，《四川大學學報》（哲學社會科學版）2021 年第 2 期。

〔註75〕《史記》卷 42《鄭世家》，中華書局 2013 年版，第 2137～2140 頁。

從清華簡《子產》文獻性質看，這是一篇歌頌子產之功德的史家文獻，儘管作者本著美化子產施政的寫作目的，但和編造對話、虛構情節的語類文獻相比，《子產》的作者基本遵循史實記錄，對子產施政的具體方式做了較充分的闡釋，藉此表達鄭國試圖恢復禮儀型等級社會秩序的統治思想。文末，作者歎言子產「可用而不遇大國」[註76]，對其沒有機會在大國施展施政抱負感到遺憾，崇拜之情溢於言表。

清華簡《子產》作者讚揚子產重民、崇禮、節儉、任賢等治國思想，重點闡述子產恢復、鞏固國野分治的施政策略。其文云：「乃肄三邦之令，以為鄭令、野令，導之以教」；「肄三邦之刑，以為鄭刑、野刑，行以尊令裕儀，以釋亡教不辜。」[註77]「三邦」即夏、商、周，子產承襲三代「令」「刑」，頒布「鄭令」「野令」和「鄭刑」「野刑」，以「令」「刑」為依據治國理政。儘管作者沒有述及「令」「刑」的具體內容，但既然它們分為「鄭令」「野令」和「鄭刑」「野刑」，那麼子產的施政顯然是對「國」「野」採取分而治之的辦法，實施不同層面的「令」「刑」就是重拾「三邦」時代施行的國野制度。

上述簡文與《左傳·襄公三十年》所見「子產使都鄙有章，上下有服」[註78]的記述相合，說明恢復國野制度是子產執政的重要內容。國野制度源於早期「國」與「野」的分治和「國人」與「野人」的統治關係。起初，作為文明中心的「國」逐步控制了發展程度滯後的「野」，「國人」因此統治著「野人」，他們的統治關係構成早期國家權力關係的基本面。當然，「國人」與「野人」的居住空間並非完全隔絕，一些「野人」也是居於「國」之中的，「野人」也並非完全聽命於「國人」而毫無政治地位，他們對國政也能產生不小影響。隨著歷史發展，「國」對「野」的控制日益加強，原先的「野」逐步劃入「國」的直轄區之內，二者的關係愈加複雜化。[註79]總之，國野制度是我國早期國家階段的一種統治手段，它與盟誓、內外服等制度有著密切關聯。首先，在早期超血緣、跨地域的統治關係中，征服者與被征服者通過舉行盟誓確定統治和被統治關係，盟誓的主要目的是確定居於「國」的盟主對處於「野」的部族的

[註76] 李學勤主編：《清華大學藏戰國竹簡（陸）》，中西書局 2016 年版，第 138 頁。
[註77] 李學勤主編：《清華大學藏戰國竹簡（陸）》，中西書局 2016 年版，第 138 頁。
[註78] （晉）杜預注，（唐）孔穎達等正義：《春秋左傳正義》，見（清）阮元校刻：《十三經注疏》（清嘉慶刊本），中華書局 2009 年版，第 4372 頁。
[註79] 趙世超：《周代國野制度研究（修訂本）》，人民出版社 2020 年版，第 18～27 頁。

統治權。換言之，通過盟誓來確認「國」與「野」的統治關係是實施國野制度的根本目的。其次，「內服」與「外服」之分是中國早期國家政治構造的最主要特徵，它以血緣、地域關係中的親疏、內外、上下為準則，構成等級服役制度。一般來說，王畿之地是最高統治者的直轄區，屬於「內服」，地理空間、政治地位、社會發展程度上屬於「國」的範疇，而諸侯統治區域是「外服」，屬於「野」。當然，「國」與「野」是相對的關係，王畿之地內有「野」，諸侯國內也有「國」，內外服制實際上是通過國野分治的方式得以實現的。此外，分封制的實施進一步將國野制度與血緣、地緣乃至業緣關係結合起來，成為禮樂制度的重要組成部分。

春秋時期國野制度鬆動，居於「國」的征服者和居於「野」的被征服者政治、經濟地位發生變化，有些「野人」地位提高而有些「國人」則權勢旁落，國都與鄙野之間的界限漸趨消失。國野制度鬆動衝擊著貴族社會的統治根基，而子產推行恢復、鞏固國野制度的措施，目的在於讓鄭國重新回到貴賤、尊卑、親疏、上下、內外等級分明的禮樂秩序軌道上。

子產為實現國野分治，分別頒布「鄭令」「野令」和「鄭刑」「野刑」，說明「國」與「野」有不同的「令」和「刑」，「令」和「刑」的含義也是不同的。《說文‧卩部》釋「令」為「發號也，從亼、卩」〔註80〕。《左傳‧襄公二十八年》載，鄭伯使子大叔如楚，受到楚國指責時辯解：「宋之盟，君命將利小國，而亦使安定其社稷，鎮撫其民人，以禮承天之休，此君之憲令而小國之望也。寡君是故使吉奉其皮幣，以歲之不易聘於下執事。今執事有命曰：『汝何與政令之……』」〔註81〕所謂「憲令」「政令」指統治者的行政命令。《詩‧大雅‧思齊》：「刑于寡妻，至于兄弟，以御于家邦」，《毛傳》釋「刑」為「法也」〔註82〕，《爾雅‧釋詁》：「典彝、法則、刑範、矩庸、恒律、戛職秩，常也」〔註83〕，「刑」即規範、準則之義。《漢書‧杜周傳》：「前主所是著為律，後主所是疏為令」〔註84〕，王

〔註80〕（漢）許慎撰，（清）段玉裁注：《說文解字注》，上海古籍出版社1981年版，第430頁。

〔註81〕（晉）杜預注，（唐）孔穎達等正義：《春秋左傳正義》，見（清）阮元校刻：《十三經注疏》（清嘉慶刊本），中華書局2009年版，第4340頁。

〔註82〕（漢）毛公傳、鄭玄箋，（唐）孔穎達等疏：《毛詩正義》，見（清）阮元校刻：《十三經注疏》（清嘉慶刊本），中華書局2009年版，第1111頁。

〔註83〕（晉）郭璞注，（宋）邢昺疏：《爾雅注疏》，見（清）阮元校刻：《十三經注疏》（清嘉慶刊本），中華書局2009年版，第5585頁。

〔註84〕《漢書》卷60《杜周傳》，中華書局1962年版，第2659頁。

沛據此認為它揭示了漢代「律」是先帝制定、傳續後代、穩定性較強的法律形式，而「令」是由當世統治者頒布的穩定性較弱的法律形式，這種區別為理解清華簡《子產》篇的「令」「刑」關係提供了很好的啟示，《子產》篇的「令」「刑」內容亦當如是，《子產》篇中的「鄭刑」「野刑」是指型效先王、垂範後世的法律形式，而「鄭令」「野令」指因具體事項而頒行的命令、法令。〔註85〕

　　總的來看，「鄭令」「野令」之「令」當指行政命令，這一點學界沒有爭議。但是，「鄭刑」「野刑」之「刑」是否指法律條文，值得商榷。《子產》：「張美棄惡。為民刑程，上下維輯。野三分，粟三分，兵三分，是謂處固，以助政德之固。固以自守，不用民於兵甲戰鬥，曰武愛，以成政德之愛。」〔註86〕「三分」，即三分之一，子產《刑書》當有野、粟、兵三部分，其「為民刑程」的目的在於「以成政德之愛」。從中可以看出，子產頒布的「刑」是實現國、野分治的準則、規範，當屬於「禮」的範疇，並不是法律條文。梁啟超曾說：「我國古代，禮與法視同一物。禮者，即規律本族之法也。故凡禮制之著於竹帛者，皆可認為一種之成文法……若禮而可認為成文法，則周代所謂『經禮三百』、『曲禮三千』者，其可謂最古而最繁博之法典焉矣。」〔註87〕清華簡《子產》所言「鄭刑」「野刑」，實為周代舊「禮」，從鄭國國家統治思想層面看，利用這些舊「禮」可以「有以達天，能通於神，有以徠民，有以得賢，有以御害傷」，這是「先聖君所以達成邦國」〔註88〕的制度基礎。子產實施國野分治之法，是「因前遂故」〔註89〕的治國之道，以國野分治之法治理鄭國，就是以舊「禮」規範、約束國人、野人行為，走的是復古路線，目的是想要實現「田有封洫，盧井有伍，大人之忠儉者，從而與之，泰侈者因而斃之」〔註90〕的國野有別、上下有序、賞善罰惡的禮儀型等級社會。

　　進而言之，「令」之所以分「鄭令」「野令」，是因為鄭國下達的「令」所

〔註85〕王沛：《子產鑄刑書新考：以清華簡〈子產〉為中心的研究》，《政法論壇》2018年第 2 期。

〔註86〕李學勤主編：《清華大學藏戰國竹簡（陸）》，中西書局 2016 年版，第 138 頁。

〔註87〕梁啟超：《論中國成文法編制之沿革得失》，見《梁啟超法學文集》，中國政法大學出版社 2000 年版，第 125 頁。

〔註88〕李學勤主編：《清華大學藏戰國竹簡（陸）》，中西書局 2016 年版，第 137 頁。

〔註89〕李學勤主編：《清華大學藏戰國竹簡（陸）》，中西書局 2016 年版，第 137 頁。

〔註90〕《左傳·襄公三十年》，（晉）杜預注，（唐）孔穎達等正義：《春秋左傳正義》，見（清）阮元校刻：《十三經注疏》（清嘉慶刊本），中華書局 2009 年版，第 4372 頁。

指涉的對象——「國人」和「野人」的社會地位有所差異，因此，即使針對同一類型的事務所下達的「令」，也會因管轄、實施對象不同，「令」的具體內容、實施方式也就會有所不同。與之相應的是，「鄭刑」和「野刑」有所區別的原因也在於實施對象社會地位的不同。這說明，「令」「刑」是用於維持等級差序的手段，子產在「國」和「野」頒布、實施「令」「刑」的目的就在於用它們維持貴族社會的等級差序。換言之，用來建構等級秩序的「令」「刑」是基於貴族社會整體利益和維持貴族社會各種等級關係而發布、實施的命令、措施，它們本質上屬於「禮」，並不是基於以法治國思想制定的法律條文，更不是建構重令型國家的觀念起源〔註91〕，重視「令」「刑」是周代禮制時代的法律特徵，而戰國以降的國家形態中，司法制度很大程度上取代了「令」「刑」調節社會關係的功能。子產以國野分治之法用「令」「刑」治理鄭國，反映的不是出禮入刑、禮刑結合或禮法結合思維模式或治國思想，而是以恢復周禮為依託，意圖重構等級秩序為社會基本框架的禮儀型社會。

由此可知，清華簡《子產》所見鄭國國家統治思想的主要方面是試圖重構禮儀型等級社會秩序，作為鄭國執政，子產頒布「鄭令」「野令」和「鄭刑」「野刑」，就是要在國野分治的基礎上實現社會秩序的重構。從統治思想史角度看，在利用國野分治之法治國理政方面，鄭國國家統治思想和作為統治精英代表人物的子產的施政思想兩相重合，這與子產通過「鑄刑書」且以法治國的歷史形象多有不同。

二、禮儀型等級社會框架對「令」「刑」的收攝

禮儀型等級社會以風俗、儀式、法令等維護社會等級秩序，國家治理的基本目標在於建立一個貴賤、尊卑、親疏、長幼、上下有序的等級差序社會。在這樣的社會環境中，實施「禮」的根本目的在於建構並維護等級秩序，由此形成的社會基本框架也是等級差序型的，講求等級差序也是商周以來中國古代政治文化的基本特徵。子產以國野分治形式頒布、實施「令」「刑」，本身就是為了維護等級差序。近代法學家王振先曾說：「上下吾國歷史數千年間，其足以稱大政治家者，未有不具法治之精神也……古來崇法治者，於春秋得二人焉：曰、齊管仲，曰、鄭子產……之數子者，皆身當危局，排眾議，

〔註91〕王晨光：《重令型國家的觀念建構——與朱騰教授商榷清華簡〈子產〉的定位》，《南大法學》2021 年第 4 期。

出明斷，持之以剛健之精神，納民於公正之軌物，卒能易弱為強，易貧為富，措一國於泰山之安，果操何道以致此乎？曰惟真知法治故。」〔註92〕清華簡《子產》證明，作為鄭國執政，子產的治國精神在於「禮治」而非「法治」，近現代以來形成的子產治國理念重在「法治」的判斷值得商榷。清華簡《子產》所見「以和和民，和民有道」，「為民刑程，上下維輯」〔註93〕等頌揚子產治國之道的文字無不透露著禮儀型等級社會框架下以「令」「刑」維持貴族社會和諧、穩定社會秩序的思想內涵，子產以國野分治形式頒布「令」「刑」的目標是想重建一個貴賤、尊卑、親疏、長幼、上下有序的社會，而以國野制度為代表的「禮」顯然收攝了表面具有法令內涵的「令」「刑」，使之成為「禮」的組成部分。

雖然清華簡《子產》沒有透露子產頒布的「鄭令」「野令」及「鄭刑」「野刑」的具體內容，但是，所謂「三邦之令」「三邦之刑」顯然是指繼承而來的三代舊「禮」；從叔向批評子產「鑄刑書」看，子產有可能頒布、實施過一些新的「令」「刑」。就後者而言，西周封建舊制仍在春秋延續的時代大背景下，子產頒布的新「令」「刑」，屬於因時制「禮」的範疇，而叔向批評子產的原因，倒不是制定並實施了新的禮法，而是「鑄刑書」的政治行動本身有違於從俗而治的傳統，使大夫階層的政治霸權全然外露，有失禮教的優雅傳統，約束各級貴族的「令」「刑」一旦公之以眾，意味著「令」「刑」對包括大夫階層在內所有貴族的約束作用被廣泛宣傳，這反而有可能威脅到大夫階層的利益。

子產繼承而來的和新制作的「令」「刑」不能看作是刑律的主因在於，刑律雖也有以具體律令體現等級差異的內容，但頒布律令的目的在於實現國家的一體化治理，而在國野分治的背景下，除傳統的禮俗治國思想外，將「令」「刑」與「國」「野」相結合，以禮俗治國本身含有的差異性原則進一步放大，從而使整個社會的秩序原則處於等級社會框架之中，無法實施統一的律令之制。換言之，既然《子產》明言子產以國野分治的方式治理鄭國，那麼這樣的統治形式本身是無法實現以法治國的。

禮儀型等級社會框架收攝「令」「刑」的現象直接體現於子產「重禮」、

〔註92〕王振先：《中國古代法理學》，商務印書館1925年版，第39頁。
〔註93〕李學勤主編：《清華大學藏戰國竹簡（陸）》，中西書局2016年版，第137～138頁。

「知禮」〔註94〕的個體思想和行為上。《左傳・襄公二十六年》記載，鄭簡公賞賜攻入陳國有功者，賜給子展先路、三命車服和八個城邑。賜給子產次路、再命車服和六個城邑，子產辭去城邑，說：「自上以下，降殺以兩，禮也。臣之位在四，且子展之功也，臣不敢及賞禮，請辭邑。」鄭簡公堅決要給他，子產接受了三個城邑，公孫揮評價道：「子產其將知政矣。讓不失禮。」〔註95〕《左傳・昭公四年》，子產作「丘賦」，國人謗之，子產引《詩》「禮義不愆，何恤於人言」辯護，認為「民不可逞，度不可改」〔註96〕，所取之義在於「禮」對各階層社會行為的規範、制約。《左傳・昭公六年》所記子產「鑄刑書」一事，叔向批評子產將刑律鑄於鼎，違背了聖王教化之道，細究原文，叔向所言子產「制參辟」，當為清華簡《子產》所說的「野三分，粟三分，兵三分」，即以國野分治形式制定、頒布相應的「令」「刑」，仍屬於禮儀型等級社會框架下的治國理政之具體行動，只是鑄於鼎的一部分「令」「刑」屬於新「禮」，為維護舊「禮」的叔向所不容，子產「鑄刑書」的目的是為了「救世」，即解決鄭國當下面臨的政治危機，創制新「禮」當在情理之中。

作於戰國時期的清華簡《子產》，有著鮮明的政治思想偏向，但作者對子產基於禮儀型等級社會框架制定和實施「令」「刑」的目的有著客觀、真實的評述，用「從節行禮，行禮踐政」「和民有道」「為民刑程，上下維輯」〔註97〕等話語，讚頌他以「禮」治國、以「禮」和民、以「禮」修身的循「禮」、制「禮」、行「禮」之舉。從這些評價看，子產以「體國經野」之制實施「令」「刑」，屬於禮儀等級框架下的施政行為。子產試圖把新舊國野「令」「刑」收攝於禮儀型社會框架之中，通過鑄於銅鼎、公布於眾，使社會各階層都能通曉「令」「刑」，為維持貴賤、尊卑、親疏、長幼、上下等級秩序提供依據。從中亦可看出，子產依循禮儀型等級社會的基本原則收攝「令」「刑」，並使之成為「禮」的組成部分。

〔註94〕《左傳・昭公十二年》，（晉）杜預注，（唐）孔穎達等正義：《春秋左傳正義》，見（清）阮元校刻：《十三經注疏》（清嘉慶刊本），中華書局 2009 年版，第 4477 頁。

〔註95〕（晉）杜預注，（唐）孔穎達等正義：《春秋左傳正義》，見（清）阮元校刻：《十三經注疏》（清嘉慶刊本），中華書局 2009 年版，第 4319～4320 頁。

〔註96〕（晉）杜預注，（唐）孔穎達等正義：《春秋左傳正義》，見（清）阮元校刻：《十三經注疏》（清嘉慶刊本），中華書局 2009 年版，第 4420 頁。

〔註97〕李學勤主編：《清華大學藏戰國竹簡（陸）》，中西書局 2016 年版，第 137～138 頁。

子產是早期法家的代表人物，稱其所制「令」「刑」收攝於禮儀型等級社會框架，似乎與人們對法家思想基本面貌的認識相悖。瞿同祖曾說：「中國法律的主要特徵表現在家族主義和階級概念上。二者是儒家意識形態的核心，和中國社會的基礎，也是中國法律所著重維護的制度和社會秩序。」〔註98〕所謂「階級概念」指的就是禮儀等級，瞿先生認為這是「儒家意識形態的核心」，而「法家欲以同一的，單純的法律，約束全國人民，著重於『同』，故主張法治，反對因貴賤、尊卑、長幼、親疏而異其施的禮。」〔註99〕但是，從相關文獻看，法家不僅不反對「家族主義」和「階級概念」，相反，他們是這些意識形態的維護者。商鞅二次變法時，推行「令民父子兄弟同室內息者為禁」〔註100〕，專事於改變秦之西戎風氣，推行中原家庭倫理，李斯盛讚他「移風易俗，民以殷盛，國以富強，百姓樂用，諸侯親服」〔註101〕，《商君書·算地》云：「民之求利，失禮之法；求名，失性之常。奚以論其然也？今夫盜賊上犯君上之所禁，而下失臣子之禮，故名辱而身危，猶不止者，利也。」〔註102〕這都說明法家並不反對「家族主義」和「階級概念」，相反，他們致力於創制區別貴賤、尊卑、長幼、親疏的律令，來維護等級社會秩序，秦漢律令所蘊含的「家族主義」和等級觀從商鞅變法時已經存在，而非法律儒家化的結果，「禮」與「法」從來不是對立的關係，對立的只是儒法兩家的社會主張。〔註103〕

進而言之，瞿先生所說的「家族主義」和「階級概念」既不是法律儒家化的結果，也不是「禮」與「法」結合的產物，而是三代貴族社會的基本傳統，至於瞿先生認為法家著重於「同」的看法，應當是近現代以來西學東漸背景下對法家思想的一種誤讀，是近現代法律思想投射於我國古史的鏡像，中國古代從來不是以法理為社會基本框架的，公平、公正、同一等現代性意識濃厚的思想觀念也從來不是中國古代法律的基本價值觀，而維護貴賤、尊卑、親疏、長幼、上下等級秩序才是中國古代法律的核心理念。藉此反觀子產在禮儀型社會框架下的施政，他以國野制度為代表的「禮」收攝「令」「刑」實際上承續了

〔註98〕瞿同祖：《中國法律與中國社會·導論》，中華書局2003年版，第1頁。
〔註99〕瞿同祖：《中國法律與中國社會》，中華書局2003年版，第309頁。
〔註100〕《史記》卷68《商君列傳》，中華書局2013年版，第2712頁。
〔註101〕《史記》卷87《李斯列傳》，中華書局2013年版，第3086頁。
〔註102〕蔣禮鴻撰：《商君書錐指》，中華書局1986年版，第45頁。
〔註103〕楊振紅：《從出土秦漢律看中國古代的「禮」、「法」觀念及其法律體現——中國古代法律之儒家化說商兌》，《中國史研究》2010年第4期。

三代貴族社會的基本傳統，即以「禮」規範「令」「刑」，並使之轉化為新「禮」，他「鑄刑書」的舉動不是出禮入刑，也不是禮法結合，更不是引禮入法，而是禮儀型社會框架下以「禮」收攝「令」「刑」，繼承舊「禮」、頒布新「禮」的一種舉措。

從精英政治群體的統治思想看，鄭國並不存在「禮」與「法」並存的情況，「令」「刑」只是實踐「禮」的具體手段或方式，無論是承襲而來的還是新制作的「令」「刑」，皆為收攝於「禮」的治國之術，而子產「鑄刑書」，不過是把它們公之於眾，目的是做到施「禮」有據，並非放棄禮治而執行法治，或者法治與禮治並重，因為在當時的鄭國國家層面，占主導地位的統治思想是以新舊「令」「刑」重塑國野分治之策，進而重構西周前期政治為典範的禮儀型等級社會，而非以法治國。

三、禮儀型等級社會框架下的鄭國統治思想

春秋時期，禮儀型等級社會框架面臨崩解危機，其中，諸侯勢力的旁落是最為典型的政治問題。當時，諸侯權勢或被大夫架空，或被大夫取而代之，有的不得已逃往他國，悲歎「亡人不佞，失守社稷，越在草莽」〔註104〕，有的企求「政由甯氏，祭則寡人」〔註105〕的權力象徵地位。在這樣的時代背景下，一方面，「坐而論道，謂之王公；作而行之，謂之士大夫」〔註106〕的等級理念仍是維持貴族政治運行的基本法則，另一方面，大夫群體利用政治資本鍛造新的政治理念，在他們眼裏，諸侯權力的合法性取決於自身修養，大夫對待他們，可以「善則賞之，過則匡之，患則救之，失則革之」〔註107〕，清華簡《治邦之道》所見「君守器，卿大夫守政，士守教，……農守稼穡」〔註108〕一語，

〔註104〕《左傳·昭公二十年》，（晉）杜預注，（唐）孔穎達等正義：《春秋左傳正義》，見（清）阮元校刻《十三經注疏》（清嘉慶刊本），中華書局 2009 年版，第 4542 頁。

〔註105〕《左傳·襄公二十六年》，（晉）杜預注，（唐）孔穎達等正義：《春秋左傳正義》，見（清）阮元校刻《十三經注疏》（清嘉慶刊本），中華書局 2009 年版，第 4318 頁。

〔註106〕《周禮·考工記》，（漢）鄭玄注，（唐）賈公彥疏：《周禮注疏》，見（清）阮元校刻：《十三經注疏》（清嘉慶刊本），中華書局 2009 年版，第 1957 頁。

〔註107〕《左傳·襄公十四年》，（晉）杜預注，（唐）孔穎達等正義：《春秋左傳正義》，見（清）阮元校刻《十三經注疏》（清嘉慶刊本），中華書局 2009 年版，第 4250 頁。

〔註108〕李學勤主編：《清華大學藏戰國竹簡（捌）》，中西書局 2018 年版，第 137 頁。

把國公的權力限定在象徵意義上，這恰恰反映的是春秋大夫群體的政治理念。

　　儘管大夫群體握有政治實權，但其權力合法性並未真正體制化，依賴舊有禮制實現政治霸權是各國大夫群體的基本施政觀念，子產也不例外。子產之所以用國野分治之法實施「令」「刑」，除維護禮儀型等級社會框架的正常運行外，也有以「鄭令」「鄭刑」規範大夫群體政治行為的目的。對於執政的大夫群體來說，自我約束是享有權勢的第一要義，也是協調大夫群體利益的重要法則，作為國人群體的核心，他們須帶頭遵循「鄭令」「鄭刑」，如違背禮制，就應受到懲罰，只有如此，才能在權力未被體制化的背景下，維持大夫群體在社會各領域的霸權地位，這是子產最為核心的施政理念。

　　另一方面，子產之所以用國野分治之法實施「令」「刑」，與大夫群體致力於打壓「士」階層有很大關係。春秋時期，「士」階層游離於國家核心政治圈之外，但他們是大夫群體潛在的政治對手，也是試圖衝破禮儀型等級社會框架的主力軍，針對一些國君試圖任用「士」的舉動，大夫們不遺餘力地加以反對，齊國大夫晏嬰就曾諷刺齊景公「縣鄙之人，入從其政」〔註109〕，在他看來居於「縣鄙」之地的「士」是沒有資格參與國家政務的。子產「鑄刑書」，以「令」「刑」維護貴賤、尊卑、親疏、長幼、上下有序的社會等級秩序，將「士」階層框定在既有等級、職守之中，使之無法與大夫階層相抗衡，從中透露出子產通過「令」「刑」打壓「士」階層維護大夫利益的施政理念。

　　如何以恰當的禮儀制度把民眾約束在既有的社會等級框架之中，也是子產利用「令」「刑」組織、管理社會的一個重要方面，這主要體現的是子產「得民天殃不至」〔註110〕的重民思想。具體來說，「國」周邊的「野人」和原本居於「野」的民眾是支撐禮儀型等級社會的基礎力量，他們以擁有自由民身份的庶人為主，也包括「臣妾」「皁隸」等低賤群體，在「君子之不虐幼賤，畏於天也」〔註111〕的時代氛圍中，任意欺壓「野人」無異於棄絕大夫統治的合法性，「野人」既受禮樂制度保護，亦受這一制度體系的管理、教化，使之具備

〔註109〕《左傳·昭公二十年》，（晉）杜預注，（唐）孔穎達等正義：《春秋左傳正義》，見（清）阮元校刻《十三經注疏》（清嘉慶刊本），中華書局 2009 年版，第4546 頁。

〔註110〕李學勤主編：《清華大學藏戰國竹簡（陸）》，中西書局 2016 年版，第 137 頁。

〔註111〕《左傳·文公十五年》，（晉）杜預注，（唐）孔穎達等正義：《春秋左傳正義》，見（清）阮元校刻《十三經注疏》（清嘉慶刊本），中華書局 2009 年版，第4029 頁。

禮讓、謙恭之風氣。因此，子產管理「野人」時所使用的「野令」「野刑」也是禮樂制度的組成部分，對「野人」多施以禮樂教化，懲處犯法亂禁者時才會使用刑罰，這與《左傳・昭公二十年》所載子產「唯有德者能以寬服民，其次莫如猛」〔註112〕的治國理念是相合的。

從清華簡《子產》的相關記述看，鄭國國家統治思想總體上依循的是以禮樂制度規範、教化社會各階層的傳統貴族社會的統治思想，在利用「令」「刑」組織社會方面，既謀求貴賤、尊卑、親疏、長幼、上下等級秩序的穩定有序，也充分考量到如何維護大夫群體的政治霸權。子產的統治理念反映出春秋時代雖然禮樂呈現崩壞之勢，但其社會性質總體上仍屬於商周「王權—貴族」社會，國家統治的法則在於如何以關係邏輯維持等級社會的穩定，而非以法治思維推進社會結構的快速更新，子產的施政理念在於謀求禮樂制度的統一和延續，而非以「令」「刑」解構禮樂制度。從國家層面看，鄭國的這一統治思想典型地反映了春秋時期舊有社會制度和思想觀念因素主導社會發展進程的事實，認知春秋新舊交織的社會面相因而多了一個具體實例，從個人歷史形象看，清華簡《子產》相關信息告訴我們，子產的早期法家歷史形象是個被建構的結果，未必有切實的文獻依據，而《左傳》《史記》《論語》所見子產尊「禮」卻得到了實證，孔子稱他為「古之遺愛也」〔註113〕也確有實據。

總之，從清華簡《子產》所見鄭國統治思想看，當時的鄭國雖出現了「鑄刑書」的現象，但是總體上並沒有突破「議事以制，不以刑辟」〔註114〕的傳統，子產的施政理念及思維模式並不是出禮入刑、禮法結合或引禮入法，作為鄭國執政，他的統治理念和鄭國國家統治思想兩相重合，其統治思想的核心在於用國野分制背景下的「令」「刑」重塑禮儀型等級社會秩序，並以新舊之「禮」構成的禮樂制度組織、管理社會，結合大夫群體利益進行權力運作。這是鄭國統治思想的核心內容，也是子產的基本統治理念，而清華簡《子產》的出土為傳世文獻所見子產尊「禮」找到了堅實的佐證。

〔註112〕（晉）杜預注，（唐）孔穎達等正義：《春秋左傳正義》，見（清）阮元校刻《十三經注疏》（清嘉慶刊本），中華書局 2009 年版，第 4549 頁。

〔註113〕《左傳・昭公二十年》，（晉）杜預注，（唐）孔穎達等正義：《春秋左傳正義》，見（清）阮元校刻《十三注疏》（清嘉慶刊本），中華書局 2009 年版，第 4550 頁。

〔註114〕《左傳・昭公六年》，（晉）杜預注，（唐）孔穎達等正義：《春秋左傳正義》，見（清）阮元校刻《十三經注疏》（清嘉慶刊本），中華書局 2009 年版，第 4437 頁。

第三節　清華簡《越公其事》的文本性質及其所見戰國國家統治思想

　　清華簡《越公其事》一經公布，便受到學界廣泛關注。大學數學者認為《越公其事》所載越國史事是實際存在過的，句踐「五政」是春秋越國發展農業、推行縣制等具體施政措施，它的公布為探討春秋越國縣制、黃老思想等問題提供了契機〔註 115〕。在筆者看來，儘管《越公其事》在文字表述層面帶有一些春秋越國史影，但不應當把戰國時期語類文獻書寫者總結出的治國方略直接認定為春秋越國史事本身。也有學者注意到《越公其事》與《國語·越語》《吳語》的表述方式、故事細節及人物評價多有不同，帶有明顯的史論特點，突顯了吳王夫差、越王句踐自主決策、不受干擾的獨立形象〔註 116〕，但對這樣的敘事目的和內在原由未做進一步討論。有鑑於此，筆者擬從討論《越公其事》書寫目的和文本性質出發，剖析「五政」內容的特別之處，進而研探其中所見戰國時期的國家統治思想。

一、《越公其事》的文本性質

　　誠如熊賢品分析的那樣，《越公其事》中吳王夫差和越王句踐的言行不受大夫干擾，治國理政方面明顯具有獨立性。就句踐兵敗求成來說，《國語·越語上》記述為越國大夫種獻策厚賂吳國太宰嚭，嚭勸諫吳王：「嚭聞古之伐國者，服之而已。今已服矣，又何求焉！」〔註 117〕使夫差忽視伍員諫言，與吳行成。《國語·越語下》記述為句踐不聽范蠡勸諫，執意攻吳，兵敗後問計於范蠡，范蠡先是建議「玩好女樂，尊之以名。如此不已，又身與之市」，句踐派大夫種行成，不許，范蠡又獻言：「請委管籥，屬國家，以身隨之，君王制之」，吳國方才允許行成，句踐令范蠡「守於國」，范蠡推薦大夫種守國，與句踐「入宦於吳」〔註 118〕，三年得成。《國語·吳語》記述為句踐從大夫種

〔註 115〕　彭華、李菲：《清華簡〈越公其事〉研究述評》，《地方文化研究》2020 年第
　　　　　5 期。
〔註 116〕　熊賢品：《論清華簡七〈越公其事〉吳越爭霸故事》，《東吳學術》2018 年第
　　　　　1 期。
〔註 117〕　徐元誥撰，王樹民、沈長雲點校：《國語集解》（修訂本），中華書局 2002 年
　　　　　版，第 569 頁。
〔註 118〕　徐元誥撰，王樹民、沈長雲點校：《國語集解》（修訂本），中華書局 2002 年
　　　　　版，第 577 頁。

之謀，命諸稽郢行成於吳，夫差急於北伐，告於諸大夫：「孤將有大志於齊，吾將許越成，而無拂吾慮。若越既改，吾又何求？若其不改，反行，吾振旅焉。」〔註119〕他沒有聽從申胥的諫言，與越得成。清華簡《越公其事》則記述為句踐派大夫種求成，聲稱如吳不許，越國「有帶甲八千，有旬之糧」，誓與吳國死拼，吳王「聞越使之柔以剛也，思道路之修險，乃懼」，只好「許之成」〔註120〕，並說服申胥同意求成，暗示越國求成，並非完全迫不得已，如吳國不許，越國是有實力進行反抗的，如果死拼，吳國未必完勝，吳、越兩國國君雖未直接對話，但句踐的氣勢明顯壓過夫差。

出土新材料和傳世文獻相比可知，《國語・越語》《吳語》所見兵敗後的句踐，因未聽從大夫諫言，懊悔不已，行成之事，完全聽命於大夫種、范蠡，尤其是《越語下》把越國兵敗求成，厚賂夫差、入宦於吳、重振越國等計謀、功勞全部加於范蠡身上。三篇傳世語類文獻中，夫差要麼聽信於大夫之言，要麼貪於美色財貨，幾無獨立施政意志，或者執意北伐，全無顧及大局之能事。而《越公其事》中，夫差自己決定同意越國求成，被越國打敗後也是主動接受現實；句踐雖兵敗棲於會稽，但借大夫種之口傳達了他的求成和意志，得成後的施政與之後的滅吳行動的主導者也是句踐本人。

越國得成後，句踐實施三年休養生息之策，「王親自耕」，大小政務「必親見而聽之」，積極推行「五政」，使越國富兵強、刑法嚴明，大夫仲、范蠡皆聽命句踐執行「敕民、修令、審刑」〔註121〕之政。「五政」的實施使越國國力大增，句踐親率大軍攻吳，大敗吳師，拒絕吳王求成，最終滅吳。面對滅國敗局，夫差歎曰：「天加禍於吳邦，不在前後，當役孤身。焉遂失宗廟。凡吳土地民人，越公是盡既有之，孤於奚是面目以視於天下？」〔註122〕大有甘願承受天罰的氣概，這與《國語》《左傳》所見夫差剛愎自用的昏君形象大相徑庭。句踐則捎話給夫差：「天以吳土賜越，句踐不敢弗受，殿民生不仍，王其毋死」〔註123〕，全然一幅慈悲寬懷之形象。顯然，《越公其事》的作者有意識地拔高

〔註119〕徐元誥撰，王樹民、沈長雲點校：《國語集解》（修訂本），中華書局 2002 年版，第 539 頁。

〔註120〕李學勤主編：《清華大學藏戰國竹簡（柒）》，中西書局 2017 年版，第 114～119 頁。

〔註121〕李學勤主編：《清華大學藏戰國竹簡（柒）》，中西書局 2017 年版，第 130～141 頁。

〔註122〕李學勤主編：《清華大學藏戰國竹簡（柒）》，中西書局 2017 年版，第 150 頁。

〔註123〕李學勤主編：《清華大學藏戰國竹簡（柒）》，中西書局 2017 年版，第 150 頁。

了夫差和句踐的形象。

《越公其事》為何要突出句踐、夫差獨立的執政意志呢？筆者認為這與它的書寫目的直接相關。和《國語・越語》《吳語》對讀可知，儘管遵循了「開端—經過—結果」的語類文獻敘事通例，但《越公其事》敘事的重點是詳盡交待句踐實施的「五政」，因此，模糊化處理了兩國戰和的時間、地理背景及其過程，其敘事目的在於向閱讀者陳示富國強兵之道，以資借鑒。同為基於「句踐滅吳」為母題形成的語類文獻，《越公其事》彰顯了國君獨立的執政意志，其他文獻則突出了大夫的執政意念，這種區別與作者的歷史意識顯然息息相關。春秋時期君權不振，執政大夫擁有較高政治話語權，吳越兩國之間的戰和與大夫的具體執政行為及言論密切相關，《國語・越語》《吳語》作者的歷史意識基本遵循了這樣的時代氛圍，尤其是《國語・越語下》把越國戰敗、求和、滅吳的功勞都加諸於范蠡，而越王句踐則像是個牽線木偶，完全聽信於大夫之言，甚至自願至吳國服待夫差，極盡卑屈，這樣的書寫方式把春秋時期大夫在政治場域的主導地位突顯得淋漓盡致。《越公其事》作者的歷史意識則明顯受戰國時期社會政治氛圍影響，把各國通過變法實施君主集權制度，王權因而逐漸強大的社會現實融入到「句踐滅吳」故事敘述中，使得所呈現的文本內容及政治立場與其他文獻有了鮮明的區別。

作者以「句踐滅吳」這一既定史實為前提，結合自身的書寫目的和歷史意識，打造出具有集權性質的國君形象，兩國大夫言論的取捨都是為了樹立這樣的君王形象，至於句踐入宦於吳、臥薪嚐膽，夫差貪色好貨、偏聽偏信等不利於塑造專權國君形象的材料則一概摒棄，越國在何時何地以何種方式進軍吳國等的具體歷史信息更不是作者關注的重點。作者的目的在於遵循基本史實基礎上，把原先兩國國君與大夫對話中弱化君王意志的內容改作為以國君為主導的對話場域，將表現兩國國君施政能力的言論改作為越王句踐各方面高於夫差的論說模式，使這一語類文獻的論說內容服從越王句踐主動、有效地行成、行施強化君權之政，並最終滅吳。由此可見，與其說《越公其事》是一篇具有史論性質的語類文獻〔註124〕，還不如說它是具有鮮明國君立場和典型資政特色的政論性語類文獻。

近年出土的楚簡當中和《越公其事》文本性質類似的簡牘較多。上博簡《昭

〔註124〕李守奎：《〈越公其事〉與句踐滅吳的歷史事實及故事流傳》，《文物》2017 年第 6 期。

王毀室》《平王問鄭壽》《成王為城濮之行》《平王與王子木》《靈王遂申》《莊王既成》《申公臣靈王》等楚國故事類文獻，都是基於楚王立場書寫而成的，閱讀對象當為羋姓王族，其書寫動機在於為楚王軍政行為辯護，為未來的執政者積累從政經驗。其中，《成王為城濮之行》敘及楚成王令子文教子玉練兵，子文和蒍賈就子玉是否有資格領兵展開言辭較量。子文練兵「一日而職不逸一人」，子玉練兵「三日而職斬三人」〔註125〕之語，重複出現了三次，一次是作者的白描，一次出自子文之口，一次出自蒍賈之口，作者通過文學化的敘事手法，極力突出子玉練兵失當，藉此把城濮之敗歸罪於子玉，告誡楚國王族要以此事為戒鑒，以恰當的權力控御之道維護王權。顯然，這是一篇基於楚王立場和資政目的而書寫的政論性語類文獻，與清華簡《越公其事》的文本性質幾乎相同，而瞭解清楚它的文本性質，就能明白作者為何要塑造獨立施政的國君形象，為何要重點突出句踐的「五政」。這篇文獻的寫作用途也可能和上博簡楚國故事類文獻有一致之處，那就是專門為有執政資格的王族而作，借這一耳熟能詳的春秋歷史故事向王族子弟傳達「使明其德，而知先王之務」〔註126〕的資政目的。

清華簡《越公其事》、上博簡《成王為城濮之行》等的出土，為認知語類文獻的種類與性質提供了新材料，通過上述對比可知，可能有共同史料來源的語類文獻，因其作者身份不同，歷史意識、政治立場相異，對同一事件的描述及價值立場判斷都會有差異。就《越公其事》和同類語類文獻相比，《越公其事》的作者寫作此篇的目的就是為了戒鑒時政，他的歷史意識是朝向當下的，並持維護、尊奉王權的政治立場；《國語·越語》《吳語》的作者可能是有復古意識的史家，政治立場上明顯偏向大夫，寫作目的為以古諷今，以助遊談。它們的共同特徵即是為了敘述的方便和立論的需要隨意改作史實。

總之，《越公其事》作者的歷史意識有別於其他同類文獻，為了展現集權政治背景下的君王形象，沒有擇取《國語·越語》《吳語》中有損這一形象的材料，敘述「句踐滅吳」時淡化了時間線索、地理背景和具體過程，意在弘揚句踐「五政」的政鑒意義，和上博簡楚國故事類文獻的寫作目的和文本性質多有相同之處，是一篇具有鮮明國君立場和典型資政特色的政論性語類文獻。

〔註125〕馬承源主編《上海博物館藏戰國楚竹書（九）》，上海古籍出版社2012年版，第146頁。

〔註126〕徐元誥撰，王樹民、沈長雲點校：《國語集解》（修訂本），中華書局2002年版，第485頁。

二、句踐「五政」的特別之處

《越公其事》第四至九章主要內容為句踐在越國實施的「五政」。所謂「五政」，一曰「好農」，二曰「好信」，三曰「征人」，四曰「好兵」，五曰「飭民」，基本內容與《國語·吳語》所載老其老，幼其幼，修政令，寬刑罰，富者安之，貧者與之，交好楚、齊，《越語上》所見養民、愛民、善待四方之士等大體相同。不過，細讀之，有諸多別於《國語·越語》《吳語》的記載。

首先，在「好農」方面，句踐重視農事，親自耕田，勸勉農夫，飲食老弱等內容與其他語類文獻所見親民、愛民、養民的記述別無二致，但簡文「王親自耕，有私畦」，「凡王左右大臣，乃莫不耕，人有私畦。舉越庶民，乃夫婦皆耕，至於邊縣小大遠邇，亦夫婦皆……」〔註127〕上述材料隱含有計戶授田的信息，且計戶授田不限於越國統治核心區，已然推行到了「邊縣」。劉成群從「私畦」推及「公畦」，進而討論了越國實施井田制的可能性，認為這種計戶授田與公田、私田之分背景下的籍田制有關〔註128〕。簡文所見「城市」與「邊縣」相對應，表面上吻合春秋的縣往往設於邊鄙之地的實情，但是，如若此「邊縣」為春秋時期的縣，那麼當為安置貴族親信的新封地，王權層面的計戶授田不會推行到貴族自治之地，但簡文明確指出「私畦」的推行「至於邊縣大小遠邇」，可知這裡的「私畦」當與籍田之制無關，而是推行縣制背景下的授田制，只有這樣理解，才能吻合文中所言「私畦」已從「城市」推行至「邊縣」，句踐實施了統一的授田之制。通過推行國家主導下的授田之制，讓王公大臣、平民百姓及「游民」人人皆有「私畦」，這是授田於民的意思，《越公其事》所指的土地分配顯然是廢除血親家族土地所有制後的國家授田制。

其次，簡文第六章說句踐「好信」，並「修市政」，自上而下推行誠信「及於左右」，使得「舉越邦乃皆好信」。簡文論說誠信的重點是在商業貿易中推行誠信，使「交接、言語、貨資、市賈乃無敢反背欺詒」〔註129〕，且這樣的施政也推及「邊縣之民」。顯然，句踐「五政」之一的「好信」實為制定統一的市場運行規則，而所謂「信」當是統一度量衡基礎上的市場交易規則。在貴族分治的春秋時代，每個國家內部的度量衡都是不相統一的，商業貿易也因缺乏

〔註127〕 李學勤主編：《清華大學藏戰國竹簡（柒）》，中西書局 2017 年版，第 130 頁。
〔註128〕 劉成群：《清華簡〈越公其事〉與句踐時代的經濟制度》，《社會科學》2019 年第 4 期。
〔註129〕 李學勤主編：《清華大學藏戰國竹簡（柒）》，中西書局 2017 年版，第 133 頁。

統一的交易規則而互為壁壘，文中所言的「無敢反背欺詒」當指通過統一度量衡後商業貿易中可實現的誠信原則，而這也是在推行縣制背景下方可統一實施的政令。

復次，簡文第七章所見「征人」，有兩方面的施政信息：一是句踐派人「察省城市邊縣小大遠邇之勾、落，王則比視，唯勾、落是察省，問之於左右」，不分區域地統一進行人口統計，是國家實現一體化統治背景下的施政，《越公其事》所言顯然是推行縣制背景下的人口清查；二是徵四方之士，選拔人才，「王既比聽之，乃品野會。三品交於王府，三品佞讟撲毆，由賢由毀。有爨歲，有賞罰，善人則由，讟民則背。」〔註130〕句踐親自參與地方官政績評定，分出三個等級，交由官府再次評定，並予以賞罰。簡文所見選材征人制度和地方官考核也是縣制背景下才有可能推行的政策，與春秋時期仍占主導地位的貴族政治下的分層統治大相徑庭。

再次，「好兵」之政也有兩方面的信息：一是句踐親自過問「五兵之利」「金革之攻」，這是一般意義上的君王強兵之策；二是句踐親自派人瞭解「群大臣及邊縣城市之多兵、無兵者」〔註131〕，對「多兵」和「無兵」的情況予以問察。關於「君大臣」之「多兵、無兵者」，當指句踐瞭解臣下統領士兵多寡，而「邊縣城市」之「多兵、無兵者」，則指調查邊縣所轄地方兵的情況。顯然，簡文第八章所言「好兵」的特別之處在於句踐直接參與地方軍隊建設，並掌控了這些地方軍隊，這與春秋時期地方兵多為貴族族兵，國君無法直接掌控的情形無法同日而語。

最後，句踐的「征人」「飭民」之政涉及邊地少數民族編戶齊民問題。簡文第七章載，在句踐「好征人」之政的吸引下，「東夷、西夷、古蔑、句吳四方之民乃皆聞越地之多食，政薄而好信，乃波往歸之，越地乃大多人。」〔註132〕句踐在「邊縣」實施的人口清查當已涉及少數民族入籍問題，這則簡文重在渲染句踐之「好信」及越國之「多食」，側面記錄了越國四方邊地少數民族名稱及其內附的情況。簡文第九章所載「敕民」「修令」「審刑」之政也涉及「東夷、西夷」之地，嚴明的賞罰使「越邦庶民則皆震動，荒畏句踐，無敢不敬」〔註133〕。結

〔註130〕李學勤主編：《清華大學藏戰國竹簡（柒）》，中西書局 2017 年版，第 137 頁。

〔註131〕李學勤主編：《清華大學藏戰國竹簡（柒）》，中西書局 2017 年版，第 140 頁。

〔註132〕李學勤主編：《清華大學藏戰國竹簡（柒）》，中西書局 2017 年版，第 137 頁。

〔註133〕李學勤主編：《清華大學藏戰國竹簡（柒）》，中西書局 2017 年版，第 141 頁。

合新見荊州胡家草場 12 號漢墓出土的《蠻夷律》可知，秦漢以來政府對歸附少數民族編戶造籍，其所負擔義務、享有權利與一般編戶民有一定差距，但無本質差異〔註134〕，句踐「五政」所涉邊地少數民族治理問題，也是在推行縣制背景下把他們納入編戶齊民的統治之中。

總之，《越公其事》所見「五政」表面上與《國語‧越語》《吳語》所載句踐施政措施大體相同，經濟上重視農耕，政治上德刑並用、賞罰兼施，這是語類文獻描述君王施政措施的慣常手法。不過，細讀簡文可知，《越公其事》所見「五政」的特別之處是句踐實施的「好農」「好信」「征人」「好兵」等，是在戰國縣制背景下推行的國家授田、人口統計、官吏考核、地方兵建設、少數民族編戶化等施政方略。

三、句踐「五政」的真實內涵

清華簡《越公其事》所見句踐「五政」是在推行縣制背景下的富國強兵之策，這一方面說明該文獻首尾材料和有關「五政」的材料來源應該是不同的，與《國語‧越語》《吳語》所見句踐施政的材料來源要麼有所不同，要麼是作者對原始材料做了大的改動，只有循著作者擇取、改作文獻的意圖，才能探明句踐「五政」的真實內涵。

《越公其事》中有關縣制的內容已引起學界關注，王進鋒認為春秋時期越國的縣設在邊境地區，是越國管理地方的重要手段，句踐設「官師之人」「執事之人」〔註135〕管理事務，越王對這些縣擁有很強的控制力。〔註136〕按王進鋒的理解，《越公其事》所見縣制是春秋時期越國縣制的真實記述。的確，按縣制的起源和發展情況看，春秋時期晉、齊、楚、吳等國家皆設有縣，顧頡剛對此早有研究〔註137〕，當時的縣大體分為兩類：一類為諸侯在新闢之地設縣，用於安置貴族親信或設縣公治理，楚、秦之縣多為此類；一類為鄙野別稱，原本就是宗族聚居之地，齊、晉之縣多為此類。總的來說，春秋縣制起源於西周的「邦」，是「邦」的擴展，因此受到國野格局、世族世官制、分封制的影響，

〔註134〕 唐俊峰：《新見荊州胡家草場 12 號漢墓〈外樂律〉〈蠻夷律〉條文讀記與校釋》，《法律史譯評》（第 8 卷），2020 年。

〔註135〕 李學勤主編：《清華大學藏戰國竹簡（柒）》，中西書局 2017 年版，第 133 頁。

〔註136〕 王進鋒：《清華簡〈越公其事〉與春秋時期越國的縣制》，《歷史地理》2018 年第 2 期。

〔註137〕 顧頡剛：《春秋時代的縣》，《禹貢》第 7 卷，1937 年。

同時也在一定程度上衝破世襲之制，有一些新因素〔註 138〕，但總體上與戰國時期君王直轄、派流官治理的縣制有很大區別。從《越公其事》所見縣制具體內容看，其名稱為「邊縣」，似乎是說越國只在邊遠地區設縣，但結合「⋯⋯至於邊縣小大遠邇⋯⋯」的表述可知，句踐所施「五政」多從統治核心區擴展到「邊縣」，也就是說越國全境當已實行國君直接統轄的縣制。如前所述，春秋時期的縣為既有的鄙野之地或新拓後安置貴族親信之地，是分封制的一種延續，治理者當為大小貴族，不另設流官，但從《越公其事》簡文看，句踐專門設了「官師之人」「司事」「執事之人」管理當地事務，這與春秋時期縣之首領為各類貴族，還未設流官治理的事實相違背。正因為春秋時期的縣是地方貴族轄地，因此有較高的自治權利，久而久之，形成和國君直轄區不同的風俗禮制，齊國大夫晏嬰諷刺齊景公「縣鄙之人，入從其政」〔註 139〕，批評國君讓進入國都的鄙野之人遵從其政，違反從俗而治的舊制。從《越公其事》所見句踐在「邊縣」實施授田、統計人口、考核官吏，對少數民族進行編戶，甚至通過「正越律」形成統一的司法制度〔註 140〕看，他所實施的強力、有效、直接的地方治理，說明這種縣制和春秋時期的縣制不是一回事。筆者認為《越公其事》所見越國縣制不是春秋時期的縣制，而是作者把戰國時期的縣制貫於春秋時代，基於戰國縣制背景下陳述句踐「五政」。《越公其事》所見的授田之制、人口清查、官吏考核、統一商業貿易規則、編戶齊民等措施，都隱含著戰國縣制的施政內涵，這是作者利用既有文獻把戰國時代的縣制和句踐的施政進行混同式組合的結果，所見縣制也好，人口統計也罷，都不是春秋時期的史實，而是作者改作的結果。

如前所述，清華簡《越公其事》是一篇具有鮮明國君立場和典型資政特色的政論性語類文獻，其書作目的是為了陳述、傳達國家治理經驗，而非依循史實展現「句踐滅吳」的真實歷史面相，作者之所以秉持基於戰國時代闡釋這一歷史故事的寫作意識，將句踐為滅吳國採取的治國之術皆歸於戰國縣制之下，

〔註 138〕鄭殿華：《論春秋時期的楚縣與晉縣》，《清華大學學報》(哲學社會科學版) 2002 年第 4 期。

〔註 139〕《左傳》昭公二十年，(晉) 杜預注，(唐) 孔穎達等正義：《春秋左傳正義》，見 (清) 阮元校刻《十三經注疏》(清嘉慶刊本)，中華書局 2009 年版，第 4546 頁。

〔註 140〕黃愛梅：《〈越公其事〉的敘事立場及越國史事》，《社會科學戰線》2020 年第 8 期。

都是為了標榜通過推行縣制形成集權統治的國家統治思想。作者選擇「句踐滅吳」故事來陳示推行縣制的必要性和有效性，是因為句踐成功滅掉了敵對之國，不僅有很強的說服力，也符合集權君主的歷史形象。簡文所見句踐所施之政不僅只有「五政」，而作者把縣制背景下有關農業、手工業、商業、行政、司法、民族等問題的治理統歸於「五政」，一方面是為了敘述的方便，另一方面反映了戰國時期五行學說流行背景下以「五」為中數聚合某類事物或觀念的表述習慣，郭店簡《五行》所見子思之儒「仁、義、禮、智、聖」之「五行」、清華簡《五紀》所見「日、月、星、辰、歲」之「五紀」和「禮、義、愛、仁、忠」之「五德」皆說明當時的確流行這樣的表述習慣。這進一步說明《越公其事》所見句踐「五政」是作者基於政論需要的創作，而非史實。

　　《越公其事》第四章記述了句踐戰敗後，「使民暇自相，農功得時，邦乃暇安，民乃蕃滋。至於三年，越王句踐焉始作紀五政之律。」〔註141〕在實施「五政」的前三年，句踐在越國休養生息，使社會生產得以恢復，人口增加。這一記述讓人很容易聯想到黃老無為之治，加之范蠡思想與黃老及陰陽數術學說有著密切聯繫〔註142〕，學者依據「五政」所見「以農為本、修養生息、以法斷之」的思想特徵，認為《越公其事》為黃老之學起源於越地提供了新的文獻依據。〔註143〕筆者認為這篇文獻的確透露出黃老學說的基本主張，確有受以農為本、修養生息黃老思想影響的痕跡，但通觀全篇，其思想主旨顯然不是某一派別思想主張或某位思想家的政治思想，而是史官執筆的戰國國家統治思想。

　　張分田認為，統治思想有廣義、狹義之分，廣義上的統治思想是指占統治地位的思想，狹義的即為統治者的思想，統治思想的基本特徵是對現存秩序的基本模式和主要法則做出合理性解釋、規範性定義、操作性指導、理想性展示和永恆性論證。統治思想是一個包羅萬象的觀念體系，往往以最高統治者的政見、統治集團的思想、占統治地位的政治思潮、國家制度與政策的基本原理等為載體。〔註144〕具體到統治思想的生成與實踐層面，可分為最高統治者秉持

〔註141〕 李學勤主編：《清華大學藏戰國竹簡（柒）》，中西書局 2017 年版，第 127 頁。
〔註142〕 李學勤：《范蠡思想與帛書〈黃帝書〉》，《浙江學刊》1990 年第 1 期。
〔註143〕 劉成群：《清華簡〈越公其事〉與黃老之學的源起》，《華中國學》2018 年第 2 期。
〔註144〕 張分田：《深化中國古代統治思想研究的幾點思考》，《天津師範大學學報》（社會科學版）2007 年第 3 期。

和實施的統治思想、精英政治群體的統治思想和精英思想家的統治思想三大方面，三者既相互影響，又各有特點，統治者的統治思想往往根據社會情勢，吸納精英思想家的一些主張，形成契合統治需要的治國思想，從而使國家統治思想往往具有綜合各種理念的思想秉賦。精英思想家的統治思想則往往依循各自不同的學術思想和政治理念，未必契合社會情勢，且具有一定的單質性。以此觀之，《越公其事》所見統治思想不是句踐本人的統治理念，也不是某個學派的統治思想，第四章所見黃老無為之治符合國家戰敗後恢復社會生產的基本情勢，「五政」所見愛民、重農、刑法思想等也是基於推行縣制背景下的治國思想，含有儒、法等學派的思想內涵，不是單純意義上的黃老學說。總得來看，《越公其事》反映的是基於推行縣制背景下的戰國國家統治思想。

戰國中後期，推行縣制是加強君主集權的主要形式，基於縣制推行國家授田制，編戶齊民，將邊遠少數民族納入縣制，考核官吏政績，推行統一的律令等措施，要麼在秦、楚等國業已實施，要麼已成為統治者加強王權的基本共識。在這樣的時代背景下，史家以「句踐滅吳」故事為藍本，通過改作相關語類文獻，將推行縣制、加強王權的統治理念滲入其中，既可為教導王公子弟提供文獻材料，亦可輔以施政或資以遊談，使春秋吳越爭霸故事蒙上一層厚厚的王權直接控制國政的集權統治色彩，既改變了這些語類文獻的文本屬性，也改換了春秋貴族政治的基本面貌，傳達出借「句踐滅吳」故事推行縣制、強化王權的戰國國家統治思想。

綜上，清華簡《越公其事》的書寫目的是通過塑造集權政治背景下的君王形象，弘揚句踐「五政」的政鑒意義，是一篇具有有鮮明國君立場和典型資政特色的政論性語類文獻。和《國語·越語》《吳語》相較，《越公其事》所見句踐「五政」具體內容的特別之處在於反映出基於戰國縣制背景下的國家授田制、人口統計、官吏考核、地方兵建設、少數民族編戶化等，其主旨是借「句踐滅吳」故事表達推行縣制、強化王權的戰國國家統治思想。

第四節　清華簡所見春秋戰國國家人才觀

人才觀是國家統治思想的重要組成部分。統治者以何種方式選用什麼樣的人才輔政，既關涉具體的國家管理、社會資源分配與社會控制，也體現著特定時代國家在選人用人方面的制度規定和人才觀念。清華簡《傅說之命》《芮

良夫毖》《良臣》等反映了周代精英政治群體的人才觀，與明顯具有諸子文獻色彩的《治邦之道》《治政之道》等所見賢人觀念既有一定聯繫，也有顯著區別。精英政治群體的統治思想和精英思想家主張的統治思想之間自然有所區別，所載文獻性質不同也一定程度上使這一區別更加鮮明、具體。本節利用清華簡反映人才觀念的材料，分析春秋戰國國家層面的人才觀，並解析不同層面人才觀的異同。

一、春秋戰國國家人才觀的歷史背景

西周人才觀是春秋戰國國家人才觀的歷史背景。部分清華簡「書」類文獻較為直觀地反映了當時的人才觀，有些文獻還提示了周公等政治精英的人才觀，清華簡的整理者和研究者一般把反映西周人才觀材料與春秋戰國時期的「尚賢」觀念聯繫在一起，使具體的選人、用人觀念與如何更好地選人、用人觀念混雜在一起。實際上，就一般意義上的人才觀來說，主要涉及兩個問題：一是選什麼樣的人；二是以何種方式選人。就前者來說，選取人才輔政是國家軍政體系運行的重要人事保障，它的核心要義是從社會的哪些群體中選取人才，至於選取的是不是賢人，則是另外一個問題；就後者而言，選人的方式的確能夠體現國家重視哪一類人才，或者偏重於選取哪一類人才，這方面確實與「尚賢」觀念有關，但從清華簡中反映國家人才觀的篇目看，這些材料反映的是選取什麼樣的人輔政，而非具體的選人方式。從這個角度看，混淆了精英政治群體的統治思想和諸子統治思想後，相關研究既不能揭示新材料所見周代統治思想的具體內容，也無法解釋材料本身蘊含著的思想區格。

不過，有學者已經注意到了這個問題。寧鎮疆的《由清華簡〈芮良夫毖〉之「五相」論西周亦「尚賢」及「尚賢」古義》一文，從解析《芮良夫毖》所見「五相」的具體所指出發解析「尚賢」古義，認為「五相」其實就是清華簡《皇門》中的「大門、宗子、邇臣」與「元武、聖夫」這五類人，他們是商周兩代最為重要的輔政之臣。「五相」之中，「大門、宗子、邇臣」多係「世官」，而「元武、聖夫」則往往是出身異族或身份低賤的人，其實即「尚賢」，這一則說明西周「世官」制下同樣強調「尚賢」，「尚賢」之舉並不待春秋之時或墨子鼓吹而始有；另外也說明「尚賢」就其本義來說，其實是試圖於「世官」之外別闢一用人通道，而貴族仕途中那種正常的晉升其實並不

屬於「舉賢」範疇。〔註145〕寧鎮疆的分析對於釐清西周前期的人才觀具有很高的參考價值，他從「五相」具體所指看到西周時期兩種不同的人才選用渠道，也看到「舉賢」之說無法合理解釋「世官」及「元武、聖夫」正常晉升的事實。

就人才選用渠道來說，任用血親、姻親貴族成員是保障國家軍政體系運行的重要人事保障。清華簡《皇門》中的「大門、宗子、邇臣」和《四告一》中的「邦君、諸侯、大正、小子、師氏、御事」中的大多數人當為姬周宗親，任用他們輔政的傳統由來已久，被視為氏族社會殘餘之制的血族統治的人事基礎，實際上是中國國家起源的主導力量，他們不是制度的殘餘，而是形成早期國家政治制度的人事資源，「王權—貴族」社會的權力分層模式及其國家管理與社會控制形態也決定了血親貴族是治國理政的人事基礎。血親貴族是周代貴族集團的核心力量，他們中的一部分人任職於王朝，是輔佐天子的近臣，一部分則在地方封國軍政體系中居於主導地位，圍繞身邊的貴族成員大多與之有著血緣關係。由此，國家人事體系與貴族血統之間構成牢不可破的關係，一定程度上構成了類似於圈層流動的人才選用模式。不過，在具體的軍政事務和人事安排中，選取更優秀或更適當的貴族來輔政的「選賢」活動也是存在的，血親關係是國家人事體系的基礎，基於這一關係的擇優則是提升統治效率的方式之一。在這樣的政制背景下，西周國家人才觀的核心內容就是如何更恰當地利用宗親貴族中的佼佼者輔政。

西周係「王國」國家形態，絕非單純意義上的血族政體，超血緣、跨地域的統治形態決定了國家依賴的人事資源絕不可能單純地來自姬周貴族集團，「五相」中的「元武、聖夫」多為異族或卑賤之人。正如筆者在第一章中分析的那樣，通過盟誓活動把更多的異族納入統治體系是周人擴大統治基礎且最終能夠滅掉殷商且保持統治活力的關鍵因素，清華簡《尹至》《尹誥》《說命》等把商湯和伊尹、武丁與傅說的關係完全故事化了，但還原古史，便會發現早在商代，任用異族貴族或卑賤之人是選官制度的組成部分，其背後的人才觀以人之能力為選用原則，而非單純地以血統為標準。清華簡《四告一》中周公與奄遺盟誓的活動側面說明選用被征服部族成員是西周用人制度的組成，其所體現的人才觀念的確符合「尚賢」之古義。

〔註145〕寧鎮疆：《由清華簡〈芮良夫毖〉之「五相」論西周亦「尚賢」及「尚賢」古義》，《學術月刊》2018 年第 6 期。

由此可見，西周時期的人才觀是由當時的國家形態決定的，王國國家形態下的「王權—貴族」權力體系決定了西周總體上依賴血親關係構築其統治基礎，同時，它也不是單純的血族國家，需要容納更廣闊的地域和更多的人口，而要治理好這些地區，就得擴大軍政事務的人事基礎，異族貴族乃至卑賤之人就有機會進入國家軍政體系。無論何種用人方式，都存在官員的選拔、任用、晉升問題，自然也會有人才的優勝劣汰。因此，西周時期的世官制度中也有依據事功、任能等因素選取優秀人才的制度機制。從人才觀角度看，清華簡所見周公的神聖化雖然遮蔽了一些史實，但周公輔政本身就是西周前期人才機制發揮作用的一個典型事例。

周厲王執政時期，上述人才機制趨於僵化，厲王既不能較好地利用血親貴族人事資源夯實統治基礎，也不能很好地處理與諸戎關係並博得他們的有效支持。據《芮良夫毖》，厲王的用人之失，使得原先「政令德刑，各有常次，邦其康寧，不逢庶難」的局面變成了「其罰時償，其德刑宜利，如關楗不閉，而繩準失楬，五相不強，罔肯獻言。人訟扞違，民乃嗥囂，靡所屏依。日月星辰，用交亂進退，而莫得其次，歲乃不度，民用戾盡，咎何其如台哉！」〔註146〕暴政之下，周邦的刑罰不斷加重，道德型範偏以利行〔註147〕，芮良夫用這樣的憤激之辭，諷諫厲王用人之失，側面證明當姬周貴族集團和「元武、聖夫」中的人才不能以恰當的機制得以選拔、任用，而姦佞小人得到天子信用之時，周邦原先運行良好的選人、用人機制崩潰，致使政事混亂，國力不振。

周厲王時期，西周國家人才的來源仍是「大門、宗子、邇臣」和「元武、聖夫」為代表的兩種渠道，但是從厲王寵信榮夷公等人致使國政敗壞的現象看，僵化的並不是兩種渠道本身，而是借兩種渠道進行的任賢、任能標準失當。從這個角度看，寧鎮疆認為的貴族仕途中正常晉升並不屬於「舉賢」範疇，或當近於「尚賢」之古義，但不合當時具體的選人、用人之法，因為「舉賢」涉及實態化的用人行為，本身也是保障選人體制正常運行的關鍵。因此，「舉賢」在人事制度安排和具體選人過程中皆有通義，其重要性也是不言而喻的，一旦

〔註146〕李學勤主編：《清華大學藏戰國竹簡（三）》，中西書局 2012 年版，第 146 頁，根據鄔可晶等人釋讀有所改動。
〔註147〕鄔可晶：《說清華簡〈芮良夫毖〉「其罰時尚其德型宜利」》，《漢字漢語研究》2021 年第 4 期。

「舉賢」的標準或方式發生變化，正常晉升的機制也會隨之改變。由此引出一個問題，即在「王權─貴族」權力體系之下，從貴族集團中選拔人才的權力在周天子手中，在既定的選取什麼人來輔政的前提下，如何選的問題成為關鍵，或者說，周天子會以什麼樣的方式選取人才，很大程度上決定了政事的成敗。然而，在人才渠道既定的前提下，如何選人的制度設計沒有成為帝王們考量的重要問題，而握有判斷誰是賢能的權力本身才是他們考量的重點。在屬王眼中，榮夷公即是賢人，他以「尚賢」的名義提拔任用榮夷公，而在芮良夫看來，榮夷公不過是「好專利」之徒，任用他只會讓周邦敗亡。總之，統觀清華簡及傳世材料，儘管強調「尚賢」者代不乏人，但是如何「選賢」始終不是周人考量的重點，或許對他們而言用人渠道本身就是「選賢」方式，但同樣出身貴族的榮夷公也有被任用的合法性，說明渠道即體制的設計是當時人才觀念的核心要素，也是這一觀念的主要局限。

由此可見，西周時期的國家人才觀是在既定的「王國」國家形態下形成的，無論是在血親貴族內部的人才選用還是任用異族貴族或卑賤之人，廣義上講涵括了整個貴族集團，甚至外溢至平民乃至奴隸群體，這說明「王權─貴族」社會的用人範圍並不是完全封閉的。人才的選拔、使用和晉升過程中存在優勝劣汰的現象，一些人才因此脫穎而出，也有一些人因此被埋沒，而這基本取決於當權者本人的態度。從清華簡《芮良夫毖》所見西周前後政局變化的情勢看，儘管人才選用渠道本身並沒有僵化，但周天子在選人方面的失當，致使國家出現政治危機。這樣的變化也說明西周國家人才觀的核心要義還在是「選賢」方面，但總體上處於渠道即體制的粗放選人階段，礙於這一體制本身，賢人來自何處及誰來「尚賢」都是明確的，但誰為賢能則取決於聖意。這說明有時統治者的意志的確和國家統治思想是兩相重合的，一旦統治者為了滿足一己之私不惜用個人之見綁架國家利益，相對穩定、理性的國家統治思想只能讓位於統治者的恣意驕橫。

總之，從清華簡相關記述看，春秋戰國國家人才觀歷史背景的要義有三：一是西周時期，基於國家形態的選人渠道與用人體制是合一的，血親貴族是國家統治的人事基礎，他們中的一些人是標準的賢才，在「王國」國家形態仍在延續的春秋戰國時期，這樣的人才選用機制自然也會延續；二是任用異姓貴族乃至卑賤之人，是「尚賢」之古義，也是體現西周國家人才觀的一個方面，春秋戰國時期，這樣的「尚觀」觀念得以進一步延展和深化；三是如何「選賢」

是困擾西周國家人才選用的主要問題，當權者的任意而為是「選賢」成為問題的主因。

二、春秋國家人才觀

　　清華簡所見春秋時期精英政治群體的人才觀是以追述傅說事蹟，讚頌周公之德，美化子產施政等形式展現的，儘管所涉史實多為上古事蹟，相關材料也不直接展示這一時期的人才觀，但通過分析《說命》《皇門》《子產》等篇作者的寫作意圖，也能窺見其貌。

　　首先，這一時期，選用什麼樣的人才來輔政的觀念與西周時期幾無差異，即仍以宗親貴族或異姓賢能為軍政活動的人事基礎。

　　清華簡《良臣》載：「晉文公有子犯，有子餘，有咎犯，後有叔向。楚成王有令尹子文。楚昭王有令尹子西，有司馬子期，有葉公子高。齊桓公有夷吾，有賓須亡，有隰朋……」〔註148〕所羅列春秋諸君主之賢臣不是出自公族就是來自卿族，或為異族或卑賤之人，他們的社會地位與屬性與所列黃帝至武王的賢臣基本類似。這說明春秋時期的「舉賢」也基於「王國」國家形態，循著「王權—貴族」權力體系的既定規則選人，即主要從宗親貴族或異姓貴族中選取人才。具體來說，齊、楚、鄭、吳等國類似於一個小型的周邦，圍繞在晉文公、齊桓公、楚成王等國君身邊的人才多數與他們有血緣上的聯繫，有些人則來自外邦他國，個別人出身卑賤。所不同的是，春秋為亂世，有些君主身邊的賢臣之所以被重用，和君主患難與共的經歷有關，曾流亡他國的重耳歸國後任用追隨者成就霸業就是一例。不過，即使是這樣的情況也改變不了選人渠道的既有模式，或者說渠道本身決定了選人方式，這一點與西周並無差別。

　　其次，將往世先賢聖神化的歷史書寫方式反映出春秋人才觀的一些特點。

　　如前所述，一些未全然觀念化的清華簡「書」類文獻較直觀地反映了周公的軍政活動、權力欲望和思想言說，透過這些信息能夠探知周初姬周貴族集團內部的爭權奪利，真實地反映了當時的政治情勢。與此同時，也能看出這些文獻在極力為周公遮掩攝政稱王的事實，盡力美化周公的軍政行為，打造出一個政治上深謀遠慮，道德上幾無瑕疵的聖人形象。周公是賢臣的典範，他被神聖化的最終歷史書寫是由戰國至西漢時期的儒生完成的，儒家《尚書》是這一歷史書寫過程的文字證明，清華簡「書」類文獻中的周公形象可能不出自儒家，

―――――――――――

〔註148〕李學勤主編：《清華大學藏戰國竹簡（三）》，中西書局2012年版，第157頁。

很可能是墨家所為，但他們美化周公並將其神聖化的目的與儒家如出一轍，那就是以周公之德反觀當下，達成具有理想主義情結的現實批判之目的。儘管文本所體現的美化周公之德的現象發生於戰國中後期，但作為一種與人才觀念有關的思潮，春秋時期已然有了這樣的理想主義人才情結，《論語》所見孔子對周公的禮讚和崇敬即是一例。

清華簡「書」類文獻將周公神聖化的目的之一是借弘揚周公於武王去世後平定叛亂挽救周人初創天下之功德，呼喚春秋亂世也能出此人才，挽救禮樂崩壞、四夷內侵的頹勢，從中可以看出當時的「尚賢」在取上古之義的同時，針對社會政治現實，更偏重以賢能之人挽救國政的人才之義。從中亦可看出，在將周公之德神聖化的同時，春秋精英政治群體的人才觀體現出更渴望得到治國理政方面能力超強者。事實上，齊國之管仲、楚國之子文等雖能輔佐國君成就霸業，但不能完全紓解亂世之困，神聖化的周公顯然不僅僅是精英政治群體理想化的人才形象，這樣的形象本身具有批判性質，它代表著國家統治中堅力量批判當下的人才困境，呼喚此種賢才問世的同時將矛頭指向國家仰賴的人事資源，進而把亂世危局的由來及責任推給他們。

復次，春秋時期精英政治群體的人才觀反映出諸國在治國理政方面的保守性。

以清華簡《子產》為例，其內容重點敘述子產以國野分治的形式恢復被破壞的禮儀型等級社會秩序，所見國家統治思想折射出鄭國國家層面的保守思想，而在這樣的政治氣氛中，作為賢臣的子產似乎只能服從國家意志，與其「鑄刑書」的早期法家形象形成鮮明差別。鄭國政制脫胎於西周，既有禮樂制度是立國之本，無論鄭國國君還是諸公卿士族，無不渴望以禮樂制度固化既得利益，在他們看來，只有依循既有制度行事者才是賢才，真正的賢才也必定會依循舊制。在這樣的思維模式下，《子產》的作者把子產塑造成以「令」「刑」維護國野分治的形象就不足為怪了。

遵從君王意志也是保守型人才觀的體現。以楚國為例，令尹子文全名鬬穀於菟，是楚國先君熊儀若敖氏後裔，若敖氏分鬬氏、成氏兩支，和屈氏、蔿氏並為春秋前期楚國三大世族，曾「自毀其家，以紓楚國之難」〔註149〕。齊楚

〔註149〕《正義》莊公三十年，（晉）杜預注，（唐）孔穎達等正義：《春秋左傳正義》，見（清）阮元校刻《十三經注疏》（清嘉慶刊本），中華書局 2009 年版，第 3869 頁。

「召陵之盟」後，楚成王改變一味北伐與晉國對峙的戰略，轉而經略江淮，子文輔佐成王「滅弦」〔註150〕，「滅黃」〔註151〕，「伐徐」〔註152〕，開拓出大片領土。這些功績的取得和主動遵從成王對外擴張戰略的子文之功是分不開的。出身公族的子文是既有人才渠道與現實人才功用的完美結合，他功成名就的根本原因在於主動遵從楚王統治意志。事實上，統觀《良臣》所列賢臣，無一不是如子文般善於配合君主統治意志者。這說明儘管君權不振是春秋政治的主要方面，但試圖通過舉賢才的方式重振君主的觀念仍占主流地位，而要振興君權，就得把人才限定於輔佐政事的既定規則之下，也要把他們形塑為遵循舊制的賢德之人。

最後，清華簡《良臣》「魯哀公有季孫，有孔丘」〔註153〕的記述說明德治是春秋國家人才觀的重要一端。

筆者認為清華簡「書」類文獻所見周初的德治往往是觀念建構的產物，它是春秋戰國德治思想在歷史觀念層面的投射，至於《良臣》將孔子列為魯哀公之臣的寫作意圖，雖也有觀念投射的意涵，但和《論語》等文獻相參比可知，這樣的寫作說明德治不再是觀念層面的意識形態，它在春秋時期具有一定的切實意義。

孔子從政經歷頗為短促，政治上也甚不得意，孔子相魯定公夾谷之會雖也見諸史籍，但主張削三桓權勢的孔子不見用於魯國也是事實。孔子晚年歸魯，魯哀公尊禮孔子，垂詢祭祀周公之事，上博簡所記二人有關治國理政的言談或許出自孔門弟子的假託，但對於戰國人而言，魯哀公尊禮孔子是一個常識，將孔子列為魯哀公賢臣也當有理有據。此外，《良臣》還把「子產之師」列為賢臣，亦有取德治傳統自有之義，也反映出春秋精英政治群體人才觀重視德治的思想特徵。

〔註150〕《左傳》僖公五年，（晉）杜預注，（唐）孔穎達等正義：《春秋左傳正義》，見（清）阮元校刻《十三經注疏》（清嘉慶刊本），中華書局 2009 年版，第3896 頁。

〔註151〕《左傳》僖公十二年，（晉）杜預注，（唐）孔穎達等正義：《春秋左傳正義》，見（清）阮元校刻《十三經注疏》（清嘉慶刊本），中華書局 2009 年版，第3912 頁。

〔註152〕《左傳》僖公十五年，（晉）杜預注，（唐）孔穎達等正義：《春秋左傳正義》，見（清）阮元校刻《十三經注疏》（清嘉慶刊本），中華書局 2009 年版，第3918 頁。

〔註153〕李學勤主編：《清華大學藏戰國竹簡（三）》，中西書局 2012 年版，第 157 頁。

　　反觀周厲王任用榮夷公之失,主要是他看重榮夷公之能,而忽略了道德素養方面的不足。事實上,春秋國家人才觀重德的特徵反證了人才德性缺失是西周敗亡的主因之一,而把德行尚可標榜者列入《良臣》就是要表達重德的人才觀念。從這個角度看,在選人渠道既定的前提下,春秋時期重視人才之德的觀念有彌補僅憑血親關係選人之失的功效,儘管唯血統論的觀念本身是觀念建構的產物,血親關係為基礎的選人並不完全排斥對人才的道德考察,但是在渠道即體制的事實面前,人才的道德考察畢竟不是主要原則。《良臣》所見春秋時期的人才觀已然把人的道德問題作為選取人才的一個重要指標,說明當時精英政治群體的人才觀念亦具創新的一面。

　　總之,春秋時期的人才觀頗有復古之義,即無論是人才選用渠道還是評判人才標準,基本遵循西周舊制,精英政治群體的人才觀之所以將周公神聖化,既有渴望周公那樣的人才現世而拯救亂世的觀念,也有將禮樂崩壞的責任推給賢能的現實算計,這樣的人才觀體現了春秋國家政制方面的保守特質。春秋國家人才觀中也有一定德治因素,反映了時代創新的一面。總體上,春秋國家人才觀仍取「尚賢」之古義,反映的也是貴族階層固化現實背景下的人才觀念。

三、戰國國家人才觀

　　如果說清華簡所見春秋人才觀主要借「書」類文獻所見西周、春秋時期人物及其附載觀念陳現的,那麼,戰國人才觀則主要由諸子類文獻直接表達。如前所述,當為墨家文獻的作品表述了衝絕血統樊籬,以人之德性、能力評判其賢能與否的人才觀,表達了墨家想要參政議政的急迫心態,也反映出不同於往世的社會觀念。這樣的文獻雖不直接反映戰國國家人才觀,但也可以從一個側面探知精英政治群體的人才觀念。此外,一些政論性語類文獻中也透露出有關這一時期國家人才觀的一些信息,這方面最為典型的當為《越公其事》。

　　墨家激烈地反對唯血統是舉的人才觀,他們主張的「尚賢」觀念試圖破除血統論,主張以人的賢德、才能組織國家人事基礎,分配社會資源。這樣的人才觀從一個側面說明以血緣關係為準則的選人機制在戰國時期普遍流行且仍能發揮作用,這是墨家無法容忍的,但這是實實在在的社會現實。這樣的社會現實和西周、春秋社會的情況大體相同,血統本身決定著人之德能的優劣,選人渠道與用人之法基本合一。出於歷史慣性,戰國時期,控制各國人事資源的主要社會力量仍以血緣親疏為準則劃分各種社會資源,即使因

軍功、事功卓著而實現階層躍升者，國家給予他們的特權和他們延展權勢的方式仍是遵循分封舊制，即以封授土地、民人的方式確認其功勞，以血親繼承形式固化這些功勞。在此背景下，表面上劃分社會資源的宗法血親關係準則讓位於軍功、事功，但繼承方式不變的情況下，一些看似新的社會動向最終也落入舊窠之中。〔註154〕同時，出於穩定社會秩序的考量，確保原有人才晉升渠道的暢通有序，對於國家統治的穩固，統治階層內部的和諧等皆有切實意義，因此，任用宗親貴族或者從宗親貴族中選拔賢人執政，不僅僅是各國國君的執念，也是精英政治群體達成的一種共識。與此同時，隨著兼併戰爭的持續，越來越多的異國之人被納入統治，選拔其中的佼佼者進入國家體制，無疑也是鞏固統治的重要舉措。要之，形成於周初，隨時代演進漸趨固化的國家人才觀念在戰國時期仍然在流行，尤其是在齊、楚等這樣的國家佔據著主流地位。越是固守陳規的國家或地域，以墨家為代表的諸子之學越是投入極大的熱情鼓吹賢人政治，反映出兩種人才觀念的競爭和念層面上的新舊交織狀態。

戰國國家人才觀中有別於西周、春秋時代的因素莫過於推行縣制基礎上的人才選舉，清華簡《越公其事》中有關選拔人才的部分是這一人才觀已然出現的重要佐證。《越公其事》是政論性語類文獻，它的作者當是依循弘揚國家統治觀念的史官，和諸子思想不同，史官立意的目的不是為了批判現實，而是借往世舊事陳說官方立場，頗有為統治階層背書之意，所表達的觀念代表著國家立場。

其於縣制的人才選舉不再拘泥於選什麼樣的人才輔政，而是重點考量如何選人，或者說如何選人在縣制下成為可能。如前所述，《越公其事》記有官員考核的內容，作者借美化越公句踐施政表達了縣制背景下通過考核地方官員加強地方控制的統治思想，而類似於上計的考核自然可以做為人才選拔的依據，由此，原先以人才渠道替代人才選拔的情況得以改易，「尚賢」之古義也得以突破，選舉人才成為擴大統治基礎的重要手段。

周初以來漸趨固化的人才選用渠道既基於又突破血親原則，使「王國」國家形態在更廣闊的區域、更多的人群層面得以落實，基於血親原則的選人方式儘管有效，但也受到自身的限制，通過考核官員選拔人才的做法則突破了血親

〔註154〕李健勝：《流動的權力：先秦、秦漢國家統治思想研究》，中國社會科學出版社 2018 年版，第 60 頁。

原則，主要以官員的軍功、事功大小為標準選取人才，這種不問出身的做法使更多無法進入血親原則體系中的優秀人才得以選用，他們進入權力體系後，意味著和他有血親關係的人群也一道進入權力體系，如此延展開來，使得原先的血親原則得以擴展，儘管這意味著舊制仍無法突破，但從擴大統治基礎角度看，選舉之法顯然是時代的創新。

由此可見，戰國國家人才觀具有多面性，它既容留了原有選人方式，使血親原則和使用異族之人的人才觀念通達到社會的各個層面，從而有效收攏傳統社會勢力，使其在國家管理和社會控制層面一直發揮作用。同時，推行縣制基礎上的人才選舉也可擴大國家統治基礎，使更多的血親關係進入體制內部，從而增強國家與社會之間的合作與融通。這兩種選人方式既是新舊制度的結合，也是國家統治思想容受各種統治觀念的體現。戰國後期，各國國君推行變法，主要內容便是通過廢止舊貴族特權的形式破除舊有人才選用之法，立有軍功、事功者則得到重用，但新縣制背景下的流官體制使得他們的血親關係被排除在國家體制之外成為可能，這樣的人才觀雖與國家人才觀有重合之處，但也有著本質的不同，它直觀地展現出精英政治群體的人才觀和最高統治者的人才觀之間的區格，也典型地反映出統治者的統治思想在推進社會發展方面所起的作用。

這種多面性也展現出戰國國家在選人問題上的功利主義統治觀：既不失舊勢力支持，又容納新的社會勢力擴充統治基礎，集中反映了國家統治思想在人才觀念選取方面頗具靈活性的同時，也反映出國家統治思想中的惰性因素。多元人才觀的實施客觀上使整個戰國社會走向呈現兩種不同的態勢，有些國家的保守勢力不僅沒有因變法的推行而勢力衰微，反而借舊制稀釋新的社會因素，致使國家一直處於分封體制的舊窠之中，有些則因「尚賢」觀念因選舉制度的推行得以落實，新勢力借機壯大，國家實力也因此強大。然而，國家統治思想總體上代表著統治集團的意志，但這個集團不是牢固可破的利益共同體，「王權—貴族」權力結構本身決定了內部觀念分歧隨時會瓦解掉看似同一的統治觀念。對於國家統治集團而言，維持社會穩定是實現長久統治的前提，為了穩定既可容受舊制度帶來的各種不利因素，也可消解新制度導致的社會風險，統治國家的目的是為了保持權勢的穩定，而不是像諸子那樣達成某種理想或國君那樣實現統治野心。精英政治群體的功利主義統治觀並不意味著穩定必定能夠達成，除國家與社會之間複雜的互動關係會時時破壞統治集團

想要的穩定之外，諸子的統治思想和國君的統治欲求都有可能解構他們的目的，而後者是促成戰國社會總體轉型的主導性觀念。

　　綜上，清華簡所見春秋戰國國家人才觀是周代人才觀的組成部分，材料的特殊性使其集中呈現了精英政治群體的人才觀念，其中既有與君主人才觀和諸子人才觀相重合的部分，也有相異質的因素。總得來看，國家人才觀以維持統治的穩定性為導向，代表了居於社會主流地位的人才觀。西周前期，人才渠道與選人方式的重合，使人才選用基本依循血親關係，同時也容納異族乃至卑賤人才，這是「尚賢」的古義，也是周代持續時間最長、作用最大的人才觀念。西周中後期，貴族集團的階層固化致使選人方式僵化，唯血統論的觀念一定程度上排斥人才的德性取向，這是周邦統治出現危局的原因之一。春秋時期雖出現諸侯爭霸、大夫執政的局面，但在人才觀念上頗有復古之取向，戰國國家人才觀既依循舊制又容受新政，頗具功利色彩。就總體發展態勢來說，周代社會總體上重視賢才，「尚賢」觀念深入人心，意味著這樣的社會總體上依賴君主為核心的人治法則，何人為人才，以何種方式選取人才，皆取決於統治集團內部的人事運作和權力鬥爭，而非固定的人才選拔機制，儘管縣制背景下的官員考核帶有一些制度因素，但總體上仍要服膺於統治者的現實權力操控，且在人際關係的建構和重構過程中實現選取人才輔政的目的。

第三章　清華簡所見戰國諸子統治思想

清華簡「書」類文獻及「語」類文獻皆可見戰國諸子思想學說材料，它們或與傳世文獻互見，或反映原先未知的思想觀念，為分析戰國時期諸子統治思想觀念提供新材料。本章共分四節，分別解析墨家賢人觀的擴充機制，諸子反貪婪觀念，戰國儒家統治思想的源起和黃帝學說的統治觀念。

第一節　清華簡「書」類文獻的文本性質與墨家賢人觀的擴充機制

關於清華簡「書」類文獻的文本性質問題，學界已做過一定探討。裘錫圭認為，清華簡並未受儒家《詩》《書》選本影響，所搜集的《詩》《書》絕大部分不見於儒家選本，見於儒家選本的其篇名也不相同，其文本也明顯有異，因此今傳《尚書》《詩經》屬於儒家系統，清華簡的《詩》《書》則屬於非儒家的流傳系統。〔註1〕劉光勝從篇名、篇數、篇目、傳本、整理時間及整理者的不同，書序的有無，思想傾向與敘事風格的差異，共七個方面論證了清華簡「書」類文獻和儒家《尚書》及《逸周書》的不同，認為與《尚書》相比，清華簡《書》類文獻多巫鬼之事，其思想特徵是巫術色彩濃厚。〔註2〕程浩從墨家與清華簡

〔註1〕裘錫圭：《出土文獻與古典學重建》，《出土文獻》第 4 輯，中西書局 2013 年版，第 1～18 頁。
〔註2〕劉光勝：《同源異途：清華簡〈書〉類文獻與儒家〈尚書〉系統的學術分野》，《中國高校社會科學》2017 年第 2 期。

所在的楚地有較深淵源，清華簡「書」的「版本」對篇目選取較合墨家取向，清華簡「書」類文獻不諱言鬼神，《墨子》對「書」的引用近於清華簡等五個方面論述了清華簡「書」類文獻可能與墨家選編的「書」有關。〔註3〕清華簡所見墨家賢人觀問題，夏大兆〔註4〕、劉成群〔註5〕、馬騰〔註6〕、陳民鎮〔註7〕等也有較深入的研究。本節在上述研究基礎上，進一步申論清華簡「書」類文獻係墨家傳本說，並在論證這一觀點基礎上，研探清華簡所見墨家眼中的歷史人物範型及賢人觀的擴充機制。

一、清華簡「書」類文獻的文本性質

（一）所見鬼神觀可證清華簡「書」類文獻係墨家傳本

墨家認為鬼神實有，具備賞善罰惡的能力，主張「當若鬼神之能賞賢如罰暴也，蓋本施之國家，施之萬民，實所以治國家、利萬民之道也。」〔註8〕墨家之所以提倡「順天志」「明鬼神」，「此其藉鬼神之制載，以防止相惡相賊而增長相愛相利也。」〔註9〕在墨家的思想視域中，鬼神是實現「義政」的保障，統治者要尊天敬鬼，方能得到鬼神之福，建立良善的社會秩序。〔註10〕

墨家「順天志」「明鬼神」的思想主張蘊含於清華簡「書」類文獻當中。清華簡《程寤》記述文王因太姒寤夢而攻商人之神、祭祀祝禱周人之神，側面反映出傳此篇者相信鬼神實有。《程寤》見於《逸周書》，和《寤敬》《和寤解》《武寤解》同為「寤」體「書」類文獻。「寤」通常表現為因夢而寤，因寤而驚，因驚而悟，從而與現實活動相聯繫，具有特殊的政治含義，「書」類文獻

〔註3〕程浩：《有為言之——先秦「書」類文獻的源與流》，中華書局 2021 年版，第 301～304 頁。

〔註4〕夏大兆、黃德寬：《關於清華簡〈尹至〉〈尹誥〉的形成和性質——從伊尹傳說在先秦傳世和出土文獻中的流變考察》，《文史》2014 年第 3 輯。

〔註5〕劉成群：《清華簡與墨學管窺》，《清華大學學報》（哲學社會科學版）2017 年第 3 期。

〔註6〕馬騰：《論清華簡〈治邦之道〉的墨家思想》，《廈門大學學報》（哲學社會科學版）2019 年第 5 期。

〔註7〕陳民鎮：《清華簡〈治邦之道〉墨家佚書說獻疑》，《陝西師範大學學報》（哲學社會科學版）2019 年第 5 期。

〔註8〕《墨子》卷八《明鬼下》，（清）孫詒讓撰，孫啟治點校：《墨子閒詁》，中華書局 2001 年版，第 141 頁。

〔註9〕方授楚：《墨學源流》，商務印書館 2015 年版，第 111 頁。

〔註10〕蓋立濤：《墨家鬼神觀新論》，《世界宗教研究》2017 年第 3 期。

中的「寤」體篇章，與當時對夢境的神異認識和現實政治對神權支撐的需求有關。〔註11〕這些「寤」體「書」類文獻不符合儒家「敬鬼神而遠之」的觀念，因此皆未選入儒家《尚書》而保留在《逸周書》中。《寤敬》《和寤解》《武寤解》只記寤夢，文章短小，內容當接近祖本，而清華簡《程寤》由太姒寤夢、文王占卜、文王教戒太子發三部分組成，其文本形態上可能存在一個「層累」作成的過程，從《程寤》承納上古巫卜傳統、強調任用賢能等內容看，其文本上的「層累」當係墨家所為。

如果說清華簡《程寤》只能反映墨家所傳「書」類文獻的表層特徵，那麼，清華簡《說命》則更能直接、典型地反映出墨家的鬼神觀。清華簡《說命（上）》：「王乃訊說曰：『帝抑爾以畀余，抑非？』說乃曰：『惟帝以余畀爾，爾左執朕袂，爾右稽首。』王曰：『亶然。』」〔註12〕傅說夢見上帝賞賜他給武丁時，武丁左手拉著他的衣袖，右手行稽首之禮，武丁回答說他的夢境也是如此。《說命》以「原比厥夢」〔註13〕的怪誕故事，強調武丁和傅說同時夢見上帝賞賜傅說給武丁，極力渲染上帝神力，與墨家「順天志」思想完全相合。

清華簡《說命》以巫鬼之事渲染商滅豕韋，也反映了墨家崇信上帝，相信鬼神實有等的鬼神觀。《說命（中）》：「天乃命說伐失仲。失仲是生子，生二牡豕。失仲卜曰：『我其殺之，我其已，勿殺？』勿殺是吉。失仲違卜，乃殺一豕。說於圍伐失仲，一豕乃保以，乃逸，邑人皆從，一豕仲之自行，是為赤俘之戎。」〔註14〕曹定雲認為，整理者將「戊」釋讀為「牡」，認為「二戊（牡）豕」是「二頭公豬」，欠妥，「戊」是「日名」，「豕」是「圖騰崇拜」孑遺，「生二戊豕」就是生了兩個「日名」為「戊」的「雙胞胎」〔註15〕。占卜結果是「勿殺是吉」，但失仲違背占卜，殺了一頭。傅說圍攻失仲時，失仲和他的兒子逃亡，豕韋部落的百姓從之，化身為「赤俘之戎」。楊善群認為清華簡《說命》所記「離奇的神話故事」不可能是《尚書·說命》的原文，是戰國時人根據某

〔註11〕馬智全：《清華簡〈程寤〉與〈書〉類文獻「寤」體略探》，《魯東大學學報》（哲學社會科學版）2015 年第 1 期。

〔註12〕李學勤主編：《清華大學藏戰國竹簡（三）》，中西書局 2012 年版，第 122 頁。

〔註13〕李學勤主編：《清華大學藏戰國竹簡（三）》，中西書局 2012 年版，第 125 頁。

〔註14〕李學勤主編：《清華大學藏戰國竹簡（三）》，中西書局 2012 年，第 122 頁。

〔註15〕曹定雲：《清華簡〈說命上〉「二戊豕」解——兼論〈說命〉的真實性與傳抄時代》，《中原文化研究》2019 年第 2 期。

些傳說資料而編造的遊戲之作。〔註16〕上述文獻反映了以豬為圖騰的豕韋部落因實力增強威脅到商國，武丁遂派傅說攻滅之，失仲或帶族人逃亡，沒入戎人的史實。《商書》中當有傅說攻打豕韋部落一事的原貌，但經墨家轉述，人鬼混雜，荒誕不經，上帝、鬼神高尚、神聖的一面被消解，武丁和傅說的文治武功也被鬼神的政治功能所取代。

清華簡《赤鵠之集湯之屋》記有小臣伊尹偷喝商湯赤鵠之羹並逃往夏國，湯以巫術詛咒之，伊尹病倒後得靈烏解救，天巫附體，至夏國後解除夏桀疾患之事，整理者認為可能與《楚辭‧天問》中的「緣鵠飾玉，后帝是饗」有關，有著濃厚的巫術色彩。〔註17〕儘管內容荒誕不經，但所載伊尹並非誠心投靠夏桀的信息，與《尹至》所載伊尹自夏至商，商湯對伊尹說：「格，汝其有吉志」〔註18〕等內容構成完整的敘事鏈，「夏播民人於水曰戰，帝曰：『一勿遺。』」〔註19〕之語，則突出了上帝在滅夏過程中所起的實際功用，典型地反映了墨家的鬼神觀。

需要指出的是，清華簡「書」類文獻所見鬼神觀並非是獨有的文本屬性，儒家《尚書》中亦有言及鬼神、占卜等的「書」類文獻。偽《古文尚書‧周書‧泰誓中》記載，周武王在孟津誓師時，曾有過夢占之舉：「天其以予乂民，朕夢協朕卜，襲於休祥，戎商必克。」〔註20〕「朕夢」「朕卜」指武王夢兆和之後的占卜，它們都是吉兆，意味著伐商必勝。不過，偽《泰誓》未像清華簡《程寤》那樣詳記夢境，也沒有清華簡《說命》《赤鵠之集湯之屋》那樣神奇怪誕的內容。司馬遷曾云：「自古聖王將建國受命，興動事業，何嘗不寶卜筮以助善！……王者決定諸疑，參以卜筮，斷以蓍龜，不易之道也。」〔註21〕敬天畏神是商周固有文化傳統，諸子或多或少都承續了這一傳統，所不同的是，儒家看重的是上帝鬼神信仰的超越性、神聖性，以及與之密切相關的秩序、規範意涵，而墨家偏重鬼神的政治功能，為論證鬼神實有且能發揮切實的現實政治功

〔註16〕 楊善群：《清華簡〈說命〉性質探討》，《青海師範大學學報（哲學社會科學版）》2017 年第 4 期。

〔註17〕 李學勤主編：《清華大學藏戰國竹簡（三）》，中西書局 2012 年版，第 166 頁。

〔註18〕 李學勤主編：《清華大學藏戰國竹簡（壹）》，中西書局 2010 年版，第 128 頁。

〔註19〕 李學勤主編：《清華大學藏戰國竹簡（壹）》，中西書局 2010 年版，第 128 頁。

〔註20〕 （漢）孔安國傳，（唐）孔穎達等正義：《尚書正義》，見（清）阮元校刻：《十三經注疏》（清嘉慶刊本）中華書局 2009 年版，第 385 頁。

〔註21〕 《史記》卷 128《龜策列傳》，中華書局 2013 年版，第 3917 頁。

用而消解了鬼神信仰的神聖性，確有「蔽於用而不知文」〔註22〕的認知傾向。

（二）與儒家《尚書》差異可證清華簡「書」類文獻係墨家傳本

《漢志》云：「古之王者世有史官，君舉必書，所以慎言行，昭法式也。左史記言，右史記事，事為《春秋》，言為《尚書》，帝王靡不同之。」〔註23〕史官所記「書」或「藏在周府，可覆視也」〔註24〕，或由獲賜者「受書以歸，而捨奠於其廟」〔註25〕，皆為「書」類文獻的底本，後世所見儒家《尚書》及《逸周書》只是其中的選本。墨家所傳「書」類文獻中既有與儒家共傳者，當有未經墨家化的篇章，故筆者所言清華簡「書」類文獻係墨家傳本說，並非指所有篇章皆為墨家按己意改作，也不是說墨家《尚書》和儒家《尚書》諸篇皆有本質性的文本差異。不過，清華簡「書」類文獻的出土說明戰國中期流行著有別於儒家《尚書》的選本，墨家對「書」的認識也有別於儒家《尚書》的傳承者。

一般而言，判定「書」類文獻的標準應是篇章內容是否見於今本《尚書》，是否作為「書」而為先秦文獻所明確稱引，若無稱引，則是否與既有稱引存在明確成組關係。〔註26〕清華簡「書」類文獻對於瞭解戰國中期諸子對「書」的認識及「書」的範圍提供了難得的文本參考，從中可以看出傳承這些「書」類文獻的墨家並無儒家那樣的尊「書」意識，在他們眼裏，上古之「書」可為其鬼神觀背書，認為「故尚者夏書，其次商周之書，語數鬼神之有也，重有重之。」〔註27〕他們還把上古之「書」和所造之「書」混在一起，使「書」成為承載其上帝鬼神觀、賢人觀等思想主張的文本載體。

在墨家的文本形態視域中，借「書」表達己意的功能主義書寫意識被放大，這使得一些墨家「書」類文獻帶有鮮明的「語」類文獻的特徵，一些則因取消了明君賢臣之德的神聖性，具有實態化和寫實化的文本書寫特徵。比如，墨家

〔註22〕《荀子》卷15《解蔽》，（清）王先謙撰，沈嘯寰、王星賢點校：《荀子集解》，中華書局2013年版，第463頁。

〔註23〕《漢書》卷30《藝文志》，中華書局1963年版，第1715頁。

〔註24〕《左傳》定公四年，（晉）杜預注，（唐）孔穎達等正義：《春秋左傳正義》，見（清）阮元校刻：《十三經注疏》（清嘉慶刊本），中華書局2009年版，第4638頁。

〔註25〕《禮記·祭統》，（漢）鄭玄注，（唐）孔穎達等正義：《禮記正義》，見（清）阮元校刻：《十三經注疏》（清嘉慶刊本），中華書局2009年版，第3484頁。

〔註26〕章寧：《「書」類文獻芻議》，《史學史研究》2019年第1期。

〔註27〕《墨子》卷八《明鬼下》，（清）孫詒讓撰，孫啟治點校：《墨子閒詁》，中華書局2001年版，第241頁。

視《赤鵠之集湯之屋》為「書」，目的在於和《尹至》《尹誥》這類源於「商書」的文獻共同構成塑造、宣傳伊尹這一位卑德高賢人的文本系統，以墨家的思想主張規訓文本書寫，通過改編既有的「書」並創造新的「書」，達到宣傳、弘揚己意的目的，而文本意義上的「書」須是「上古時期各個朝代由史官所撰寫、記錄並加以整理的典章號令、君臣言論、王室辭令等歷史檔案，並具有資鑒治政和道德教化的思想價值。」〔註28〕因此，無論視《赤鵠之集湯之屋》為「書」或不是「書」，都可證明墨家「書」類文獻與儒家《尚書》在文本性質及書寫方式上存在鮮明差異。

由於清華簡「書」類文獻在文本內涵和書寫方式上與儒家《尚書》多有不同，其中一些篇章一經公布便引起不小爭議，墨家對「書」的認識也在一定程度上影響到學者們對清華簡文獻性質的判斷。劉光勝從竹簡形制、字體特徵、故事情節、人物關係、用語習慣、思想傾向等方面考量，認為《赤鵠之集湯之屋》並非楚地小說，當屬於「書」類文獻。〔註29〕劉成群則認為「以簡長這一形制特點作為界定清華簡《書》類文獻的首要依據恐怕是有問題的」，理由是從郭店簡、上博簡等出土文獻的竹簡形制來看，春秋戰國時期尚不存在完全一致的竹簡形制，抄寫所用竹簡形制與其文本內容之間也不存在相對固定的關係，事實上竹簡長度直至漢初仍然不存在「系統的定制」，《赤鵠之集湯之屋》這樣在體例、思想傾向上與今本《尚書》《逸周書》迥然不同的篇目，應當是墨家的說「書」類文本，而不應當歸入「書」類文獻。不過，在認定哪些篇章屬於「書」類文獻的問題上，劉成群認為按照墓主人的標準看，《金縢》《尹至》《尹誥》《赤鵠之集湯之屋》《程寤》《皇門》《祭公》《命訓》《保訓》《耆夜》《厚父》《封許之命》《殷高宗問於三壽》《湯處於湯丘》《湯在啻門》，計十五篇皆屬於「書」類文獻。〔註30〕

直到戰國時期，儘管「書」為記錄上古帝王言論類文體的統稱，但基於某種政治立場和思想主張的「書」類文獻分類、彙編乃至「創作」行為已然出現。從文本傳達出的思想旨趣和價值傾向看，儒家《尚書》的最大特點在於宣揚德治，弘揚仁君治民之道，強調賢臣事君之法是其傳承「書」類文獻的根本目的，

〔註28〕祿書果：《清華簡〈書〉類文獻整理與研究》，鄭州大學博士學位論文，2019年，第28頁。

〔註29〕劉光勝：《清華大學藏戰國竹簡（壹）整理研究》，上海古籍出版社2016年版，第158～173頁。

〔註30〕劉成群：《清華簡與古史甄微》，上海古籍出版社2016年版，第54～83頁。

儒家藉此想要建構以等級差序為基本框架的政治倫理觀。與之相比，墨家「順天志」「明鬼神」「兼相愛」等思想主張在很大程度上是反等級的，反映了戰國時期巫鬼觀念盛行、血統論崩壞、個體才能受到重視等的政治動向和社會風尚，墨家塑造的賢人伊尹形象最為典型地體現了這一點。

　　此外，清華簡「書」類文獻的墨家化色彩並非孤例。據劉全志分析，清華簡《繫年》的整體結構與編纂理念與儒家的禮、德觀念不符，文本在開端與行文之中強調上帝天神的信仰觀念，與墨家「順天志」「明鬼神」的學派理念相契合。《繫年》敘事以晉楚武陽之戰為終點，並有意突出魯陽公、陽城君等人的勇氣與犧牲，其中蘊含的歷史信息和情感態度展現出書寫主體對墨家「捨生取義」精神的高揚，結合長臺關楚簡、傳世文獻對墨家活動的記載，可證清華簡《繫年》成書於墨家學者之手〔註31〕，這或許能進一步說明入藏清華大學的這批楚簡總體上與墨家有著緊密關係。長臺關楚簡、清華簡的出土可證墨家試圖在楚地擴大其思想影響力，經過苦獲、已齒、鄧陵子等「楚墨」者的文本書寫與傳播，清華簡等文獻烙上鮮明的楚文化特色〔註32〕，而郭店簡、上博簡的出土可證儒家也在楚地積極傳播思想主張。在貴族制根深柢固的楚國〔註33〕，儒、墨兩家的思想傳播事業倒底取得了多大的實際效果是個見仁見智的問題，但是，大量文獻的出土至少能夠證明，在那個思想競爭異常激烈的特殊時代，墨家通過傳「書」、改「書」、造「書」，將思想主張融入其中，形成有別於儒家的「書」類文獻，展示了與儒家「書」類文獻敘事模式有明顯區別的歷史書寫意識，這說明戰國乃至秦漢時期的「書」類文獻多為原始文獻基礎上的再創作，不能簡單地以「真」「偽」評判其史料價值，而應當把研究重點放在「書」類文獻背後的書寫動機及其思想史意義。

　　總之，清華簡《程寤》《說命》《尹至》《尹誥》等「書」類文獻蘊含著墨家「順天志」「明鬼神」「尚賢」等思想觀念，墨家通過傳「書」、改「書」、造「書」，突出了上帝神鬼的現實政治功用，展現了獨特的歷史書寫意識，這都能說明清華簡「書」類文獻係墨家傳本，而這些「書」類文獻及其他反映墨家思想的清華簡材料為分析墨家賢人觀提供了堅實的材料基礎。

〔註31〕劉全志：《清華簡〈繫年〉的成書與墨家學派性質》，《浙江學刊》2021 年第 2 期。

〔註32〕王建、李靜怡：《文獻流動性視域下清華簡中之楚文化特徵》，《湖南大學學報（社會科學版）》2023 年第 4 期。

〔註33〕李玉潔：《楚國史》，河南大學出版社 2001 年版，第 393 頁。

二、製造賢人：墨家眼中的歷史人物範型

戰國諸子中，在衝絕血統論樊籬、力倡選賢任能方面，墨家是急先鋒，認為賢人「未必王公大人骨肉之親、無故富貴、面目美好者也」〔註34〕，出身卑微但才德出眾者才是真正的賢人，這樣的人「雖貧以賤，而信有道，可以馭眾、治政、臨事、長官」，面對血統論牢不可破的社會現實，他們發出「彼善與不善，豈有恆種哉」〔註35〕的質問。在歷史人物範型的生成機制上，和儒家一樣，墨家走的是借歷史故事批判當下，進而通過改造史實，把賢人觀加諸往聖先賢之身，以增強立論說服力的思想觀念生成之路。

前述清華簡《赤鵠之集湯之屋》記有小臣伊尹之事，《湯處於湯丘》則說商湯娶妻於有莘氏，有莘氏「媵以小臣，小臣善為食，烹之和。有莘之女食之，絕芳旨以粹，身體痤平，九竅發明，以道心嗌，舒快以恒。湯亦食之，曰：『允！此可以和民乎？』小臣答曰：『可。』」於是，商湯和小臣伊尹共同「基謀夏邦」〔註36〕。此外，《湯在啻門》記述了商湯和小臣關於成人、成邦、成地、成天之道的對話。《湯處於湯丘》與《墨子・貴義》所記商湯聘迎伊尹故事大體相同，不過簡文重在敘述伊尹以「烹之和」喻政，表達了賢者以貧賤之身輔佐英主的思想主張，而《貴義》主要體現君王尚賢、重義的思想。〔註37〕《赤鵠之集湯之屋》與《墨子》所見伊尹形象頗不相合，但結合與其首尾連貫的《尹至》《尹誥》可知〔註38〕，商湯與伊尹君臣失和，逃往夏國，但他並沒有真心效忠夏桀，《尹至》開篇云：「惟尹自夏徂亳」，意即伊尹從夏至商都亳，商湯對伊尹說：「格，汝其有吉志。」〔註39〕從商湯贊許伊尹回歸商都的口氣看，伊尹到夏桀之國的真實目的是助湯滅夏。接著，伊尹向商湯報告了夏桀「其有後厥志其爽，寵二玉，弗虞其有眾」的失德亂政之舉，受之殘害的族眾發出「余及

〔註34〕《墨子》卷2《尚賢下》，（清）孫詒讓撰，孫啟治點校：《墨子閒詁》，中華書局2001年版，第67頁。

〔註35〕《清華簡・治邦之道》，李學勤主編：《清華大學藏戰國楚竹書（捌）》，中西書局2018年版，第136～138頁。

〔註36〕李學勤主編：《清華大學藏戰國竹簡（伍）》，中西書局2015年版，第135頁。

〔註37〕沈建華：《清華簡〈唐（湯）處於唐丘〉與〈墨子・貴義〉文本》，《中國史研究》2016年第1期。

〔註38〕肖芸曉：《試論清華竹書伊尹三篇的關聯》，見武漢大學簡帛研究中心主編：《簡帛》第8輯，上海古籍出版社2013年版，第471～476頁。

〔註39〕李學勤主編：《清華大學藏戰國竹簡（壹）》，中西書局2010年版，第128頁。

汝偕亡」〔註40〕的呼聲，這些信息增強了商湯滅夏的決心。在伊尹的謀劃下，商湯「自西捷西邑，戉其有夏」〔註41〕。《尹誥》係伊尹誥商湯之文，商湯謙虛地請教伊尹：「何祚於民，卑我眾無違朕言？」伊尹獻上「後其賚之，其有夏之〔金〕玉寶邑，捨之吉言」〔註42〕的治國良策。

　　清華簡《尹至》《尹誥》當是「商書」的一部分，其文本形態上存在一個「層累」作成的過程〔註43〕，可能和《呂氏春秋・慎大》《古文尚書・咸有一德》同源異流。據學者研究，《尹至》《尹誥》記錄的伊尹事蹟與甲骨文透露的信息明顯有異，其故事構成的基本元素和體現的主要思想是春秋戰國文獻中才出現的，簡文形成的時間大概在春秋末期到戰國中期，作者在參考書類文獻的同時，可能整合了當時有關伊尹事蹟的傳說並融入某些思想觀念，在此基礎上，將伊尹助湯滅夏的事件條理化、系統化和細節化。〔註44〕從《尹至》所載「湯盟誓及尹」〔註45〕和《尹誥》所載「惟尹既及湯咸有一德」〔註46〕的史實和言論看，《尹至》《尹誥》所見伊尹事蹟相對相近史實，如若這些「書」類文獻由墨家傳承，最多算是他們製造賢人伊尹形象的基礎性文本，在墨家造「書」之作的清華簡《赤鵠之集湯之屋》《湯處於湯丘》等佚文中，墨家進一步發揮、改作史實，把伊尹打造成一個出身卑微但功績卓絕的賢人。

　　《韓非子・難言》：「上古有湯至聖也，伊尹至智也」〔註47〕，這是二者政治才能的真實寫照。但是，上述清華簡文及「湯舉伊尹於庖廚之中，授之政，其謀得」〔註48〕，「伊摰，有莘氏女之私臣，親為庖人，湯得之，舉以為己相，

〔註40〕李學勤主編：《清華大學藏戰國竹簡（壹）》，中西書局 2010 年版，第 128頁。

〔註41〕李學勤主編：《清華大學藏戰國竹簡（壹）》，中西書局 2010 年版，第 128頁。

〔註42〕李學勤主編：《清華大學藏戰國竹簡（壹）》，中西書局 2010 年版，第 133頁。

〔註43〕程浩：《古書成書研究再反思——以清華簡「書」類文獻為中心》，《歷史研究》2016 年第 4 期。

〔註44〕夏大兆、黃德寬：《關於清華簡《尹至》《尹誥》的形成和性質——從伊尹傳說在先秦傳世和出土文獻中的流變考察》，《文史》2014 年第 3 輯。

〔註45〕李學勤主編：《清華大學藏戰國竹簡（壹）》，中西書局 2010 年版，第 128 頁。

〔註46〕李學勤主編：《清華大學藏戰國竹簡（壹）》，中西書局 2010 年版，第 133 頁。

〔註47〕（清）王先慎撰，鍾哲點校：《韓非子集解》，中華書局 2013 年版，第 23～24頁。

〔註48〕《墨子》卷 2《尚賢上》，（清）孫詒讓撰，孫啟治點校：《墨子閒詁》，中華書局 2001 年版，第 47 頁。

與接天下之政，治天下之民」〔註49〕，「湯有小臣」〔註50〕等墨家言論卻呈現出「一邊倒」的敘事現象，商湯的睿智神武、雄才大略被弱化，伊尹雖是庖廚出身的「賤人」〔註51〕，商湯卻虛心地反覆向伊尹求教，呈現出商湯師事伊尹的敘事格局，而這與儒家《尚書》商湯、伊尹並重的史觀傾向也並不一致。〔註52〕實際上，墨家所言伊尹上述身份實為杜撰，他並非姒姓的有莘氏人，也非庖人出身的媵奴，而是因遭洪災與莘氏並族的子姓伊氏之長，他有效促成了殷氏、莘氏、伊氏戰略同盟的建立，奠定了推翻夏桀統治的政治軍事基礎，在夏朝貴族國家體制下，伊尹往來夏商之間屬於正常的政治活動而不是有意為之的間諜行為。〔註53〕伊尹固然有助湯滅夏之功，但把伊尹塑造成出身低賤但居功至偉者，而把商湯塑造為從善如流的賢君形象，顯然是墨家有意為之的。

墨家為何要把伊尹塑造成一個位卑功偉的賢人形象？這首先與墨家學派的社會屬性和價值觀念密切相關。墨家由反貴族血統論而「尚賢」，還從「尚賢」角度批評儒家的「尊尊」，反映了戰國時期地位卑下但學識出眾者強烈的參政願望。在「尚賢」思想的理論建構方面，墨家提出「古聖王以審以尚賢使能為政，而取法於天」〔註54〕，「天子」受命於「天」並由「天」選出的前提是「尚賢」〔註55〕，而「尚賢者，天鬼百姓之利，而政事之本也。」〔註56〕賢能之人要做到「有力者疾以助人，有財者勉以分人，有道者勸以教人」〔註57〕，即「尚賢」須服從於「兼愛」〔註58〕。總之，在墨家的思想視域中，賢人是融

〔註49〕《墨子》卷2《尚賢中》，（清）孫詒讓撰，孫啟治點校：《墨子閒詁》，中華書局2001年版，第58頁。

〔註50〕《墨子》卷2《尚賢下》，（清）孫詒讓撰，孫啟治點校：《墨子閒詁》，中華書局2001年版，第72頁。

〔註51〕《墨子》卷12《貴義》，（清）孫詒讓撰，孫啟治點校：《墨子閒詁》，中華書局2001年版，第441頁。

〔註52〕劉光勝：《同源異途：清華簡〈書〉類文獻與儒家〈尚書〉系統的學術分野》，《中國高校社會科學》2017年第2期。

〔註53〕杜勇：《清華簡與伊尹傳說之謎》，《中原文化研究》2015年第2期。

〔註54〕《墨子》卷2《尚賢中》，（清）孫詒讓撰，孫啟治點校：《墨子閒詁》，中華書局2001年版，第60頁。

〔註55〕李賢中：《墨家「尚賢」思想探析》，《周易研究》2014年第1期。

〔註56〕《墨子》卷2《尚賢下》，（清）孫詒讓撰，孫啟治點校：《墨子閒詁》，中華書局2001年版，第72頁。

〔註57〕《墨子》卷2《尚賢下》，（清）孫詒讓撰，孫啟治點校：《墨子閒詁》，中華書局2001年版，第70頁。

〔註58〕薛柏成：《墨家思想新探》，黑龍江人民出版社2006年版，第14頁。

通墨家核心思想主張的人事基礎。

從上述分析看，把衝絕貴族血緣關係合法性的主張置於墨家化的歷史故事之中是墨家建構賢人觀的重要方式，除伊尹外，輔佐武丁的傳說也呈現出類似的人物形象。《墨子·尚賢中》：「傳說被褐帶索，庸築乎傅岩。」〔註59〕傳說是身著粗布衣服、繫戴繩索、築城勞役之刑徒。《墨子·尚賢下》：「昔者傅說居北海之洲，圜土之上。」孫詒讓注：「周以圜土為繫治罷民之獄。據此書，則殷時已有圜土之名，不自周始矣。」〔註60〕「圜土」係周代監獄，孫詒讓認為「圜土」之稱早在商代已出現。傳說居「圜土」，自然是犯罪之人。清華簡《說命（上）》：「說於韋伐失仲，一豕乃旋保以逝，乃踐，邑人皆從……其惟說邑，在北海之州，是惟圜土。」〔註61〕傳說可能做過豕韋部族的「胥靡」，為其築城勞作，輔佐武丁擊敗豕韋后，封於「圜土」。〔註62〕在墨家的思想視域中，和伊尹一樣，傳說也是一個社會地位卑下的賢人。

三、擴充賢人觀：戰國中後期墨家的理論建構

先後公布的清華簡《治邦之道》和《治政之道》文意相通，實為首尾完整的一篇〔註63〕，其思想主旨與墨家相合〔註64〕，集中體現了戰國中後期墨家在擴充賢人觀方面的理論思考。

首先，《治邦之道》和《治政之道》從批判現實角度進一步擴充墨家賢人觀。戰國中後期，一些國家在選人問題上仍拘泥於舊制，在貴族制根深柢固的楚國〔註65〕，異姓卿士不為世家大族所容，新舊政治勢力之間的矛盾衝突激烈，極力宣揚賢人觀的戰國簡牘多出土於楚地或許不是巧合。針對這種情形，墨家從身份貴賤與否並不影響輔佐君主治理國政出發，提出「貴賤之位，豈或在它？貴之則貴，賤之則賤，何寵於貴，何羞於賤？雖貧以賤，而信有道，可

〔註59〕《墨子》卷2《尚賢中》，（清）孫詒讓撰，孫啟治點校：《墨子閒詁》，中華書局 2001 年版，第 59 頁。

〔註60〕《墨子》卷2《尚賢下》，（清）孫詒讓撰，孫啟治點校：《墨子閒詁》，中華書局 2001 年版，第 68～69 頁。

〔註61〕李學勤主編：《清華大學藏戰國竹簡（三）》，中西書局 2012 年版，第 122 頁。

〔註62〕劉光勝：《清華簡〈說命〉與傅聖生平事蹟新探》，《古代文明》2018 年第 4 期。

〔註63〕黃德寬主編：《清華大學藏戰國竹簡（玖）》，中西書局 2019 年版，第 125 頁。

〔註64〕馬騰：《論清華簡〈治邦之道〉的墨家思想》，《廈門大學學報》（哲學社會科學版）2019 年第 5 期。

〔註65〕李玉潔：《楚國史》，河南大學出版社 2001 年版，第 393 頁。

以馭眾、治政、臨事、長官」，批評「愚者」在治國問題上仍強調「在命」，發出「彼善與不善，豈有恆種哉」〔註66〕的質問與感慨。

墨家還從批評權貴貪婪、失德、暴戾等角度，進一步消解血統論存續的合法性。憑血親關係攀上高位的「正卿大夫」，「卷糧暴贏，以漁其邦，及其野裏四邊」，他們貪婪無恥，專事於「聚厚為徵貸，以多造不用之器，以飾宮室，以為目觀之無既」，致使「邦家之多病」。針對這些情形，墨家質問統治者「夫豈令色、富貴乃必或聖乎？」〔註67〕

其次，清華簡《治邦之道》和《治政之道》從平民參政體制化的角度進一步擴充賢人觀。

《治邦之道》云：「今夫逾人於其勝，不可不慎，非一人是為，萬民是為。舉而度，以可士興；舉而不度，以可士崩。」〔註68〕意思是說不能不顧實際地提拔人，要「舉而度」。在如何選任賢人方面，《治邦之道》提出「故興善人，必熟問其行，焉觀其貌，焉聽其辭。既聞其辭，焉小穀其事，以程其功。如可，以佐身相家。」〔註69〕意思是說，提拔人才的前提是「問其行」「觀其貌」「聽其辭」，然後給一個小官職來考驗他，如果有真材實學，再委以重任。簡文所謂「小谷其事」針對的自然不是貴族，而是貧賤之人，考察他們的重點在於個人能力。《治政之道》強調「興人是慎」，認為「苟其興人不度，其廢人或不度，起事必或不時」，若如此，便會造成「車馬不完，兵甲不修，其民乃寡以不正」〔註70〕的後果。《治邦之道》和《治政之道》所見「度」人之法與清華簡《芮良夫毖》「恂求有才，聖智用力。必探其宅，以親其狀，身與之語，心求其上」〔註71〕的選人之法有類似之處，所不同的是，《治邦之道》和《治政之道》所見「度」人之法，主要針對的是從貧賤之人中選出賢能，以此建構實現平民參政的選人體制。

〔註66〕《清華簡·治邦之道》，李學勤主編：《清華大學藏戰國楚竹書（捌）》，中西書局 2018 年版，第 136～138 頁。

〔註67〕《清華簡·治政之道》，黃德寬主編：《清華大學藏戰國竹簡（玖）》，中西書局 2019 年版，第 128～129 頁。

〔註68〕李學勤主編：《清華大學藏戰國楚竹書（捌）》，中西書局 2018 年版，第 137 頁。

〔註69〕李學勤主編：《清華大學藏戰國楚竹書（捌）》，中西書局 2018 年版，第 137 頁。

〔註70〕黃德寬主編：《清華大學藏戰國竹簡（玖）》，中西書局 2019 年版，第 129 頁。

〔註71〕李學勤主編：《清華大學藏戰國竹簡（三）》，中西書局 2012 年版，第 145 頁。

此外,《治邦之道》和《治政之道》從社會分工角度試圖將賢人觀體制化。《治邦之道》云:「君守器,大夫守政,士守教,工守巧,賈守賈鬻聚貨,農守稼穡,此之曰修。」〔註72〕每個人都有其職守,且每種職守都有一定的執事原則或行事標準,而賢人則是社會分工的產物,只有遵循社會分工的基本法則,才能實現賢人執政。

執政方式的體制化也是擴充賢人觀的重要體現。《治邦之道》提出,賢人執政首先要做到「男女不失其時,則民眾」,意思是說男女適時婚配則對人口增加有利。其次,在市場管理方面,「薄關市,則貨歸,民有用」,減少關卡和徵稅,有利於貨物流通。復次,在葬俗方面,賢能之人應當推行節葬,「不厚葬,祭以禮,則民厚」,以薄葬之禮整頓不良社會風氣,使百姓能夠積累財富。第四,「不起事於農之三時,則多獲」,意謂在春種、夏長、秋收之時,不能隨意徵調百姓。第五,賢能之人為政要做到「各當一官,則事靖,民不緩。」意謂百官恪守其職,則會諸事可安,百姓也不會懈怠。第六,在管理民眾方面,簡文提出「愛民則民孝,知賢則民勸,長乳則畜蕃,民有用。」《說文》謂「勸」為「勉也」,《論語‧為政》:「舉善而教不能,則勸」,賢能之人做好表率,則百姓知孝道、懂勤勉。最後,對外關係方面,簡文主張「謹路室,攝汜梁,修谷滋,順舟航,則遠人至,商旅通,民有利。」〔註73〕「遠人」既指「海內」他鄉之人,也指「海外」之人,《清華大學藏戰國竹簡(捌)》收錄的《虞夏殷周之治》以「海外有不至者」「海內有不至者」來表達禮樂之風一代比一代奢靡的後果〔註74〕,可見「遠人」是否能「至」是國家興衰的一大標誌。賢人執政要做到修建、疏通梁津,改善交通住宿條件,如此則「遠人至」,百姓也可從中獲利。

最後,吸收其他學派在選賢任能方面的主張,也是戰國中後期儒家擴充賢人觀的一種方式。

《孟子‧梁惠王上》云:「不違農時,穀不可勝食也。」〔註75〕《治邦之

〔註72〕李學勤主編:《清華大學藏戰國楚竹書(捌)》,中西書局 2018 年版,第 137頁。

〔註73〕李學勤主編:《清華大學藏戰國楚竹書(捌)》,中西書局 2018 年版,第 138頁。

〔註74〕石小力:《清華簡〈虞夏殷周之治〉與上古禮樂制度》,《清華大學學報》(哲學社會科學版)2018 年第 5 期。

〔註75〕《孟子‧梁惠王上》,(清)焦循撰‧沈文倬點校:《孟子正義》,中華書局 2015年版,第 57 頁。

道》所謂「不起事於農之三時」就是「不違農時」,《治政之道》也把「妨民之務」〔註76〕視為壞政,這說明儒、墨兩家都主張「不違農時」的安民之道。《治政之道》提出「上施教,必身服之」「上風,下草。上之所好,下亦好之」〔註77〕,其中的道德教化主張明顯與儒家德治思想相通。《治邦之道》和《治政之道》有著明顯的崇禮義、重教化的思想傾向,因此有學者認為這兩篇佚文總體上更接近儒家思想〔註78〕。在韓非子看來,墨家和儒家一樣,「俱道堯、舜,而取捨不同,皆自謂真堯、舜」〔註79〕,二者皆專事於務德而不務法,這是韓非子所不能接受的。事實上,儒、墨在實現選賢任能的方法及賢人執政方式上的確有諸多思想共域,這是戰國中後期諸子思想交融的產物。不過,從這篇佚文的總體思想特徵看,顯然是宣揚墨家賢人觀的作品,其中的儒學思想是墨家吸收、兼採儒家主張,以擴充、夯實他們賢人觀的理論基礎。

《治邦之道》和《治政之道》所見人才觀更偏重於「使能」的一面。墨家告誡統治者,「貴人以色,富人無量」只能導致「又為子圖,又為孫圖」的唯血統論,而貴族子弟只知以家世、門第博取富貴,不屑於養成個人能力,這是「危身墜邦之道」〔註80〕。想要避免「邦家昏亂,翦小削損,以及於身」的下場,就要在用人上「不辨貴賤,唯道之所在」,否則「如無能於一官」,則「彼士及工商、農夫之惰於其事,以偷求生」〔註81〕,國家也會因此敗亡。法家主張「計功而行賞,程能而授事」〔註82〕,他們不講求臣下以忠信、禮義尊奉君上,但強調個人能力的重要性和賞罰分明的用人之道,上述墨家的言論中也透露著偏重「使能」的人才觀念,而這說明在「使能」方面,墨、法兩家的主張也有相通之處。

綜上,清華簡「書」類文獻當為墨家傳本,所載賢人觀念明顯有別於儒家《尚書》。清華簡《尹至》《尹誥》《赤鵠之集湯之屋》《說命》等通過改作史實,

〔註76〕 黃德寬主編:《清華大學藏戰國竹簡(玖)》,中西書局 2019 年版,第 129 頁。
〔註77〕 黃德寬主編:《清華大學藏戰國竹簡(玖)》,中西書局 2019 年版,第 126 頁。
〔註78〕 陳民鎮:《清華簡〈治政之道〉〈治邦之道〉思想性質初探》,《清華大學學報》(哲學社會科學版)2020 年第 1 期。
〔註79〕 (清)王先慎撰,鍾哲點校:《韓非子集解》,中華書局 2013 年版,第 499 頁。
〔註80〕 《清華簡·治政之道》,黃德寬主編:《清華大學藏戰國竹簡(玖)》,中西書局 2019 年版,第 128～129 頁。
〔註81〕 《清華簡·治邦之道》,李學勤主編:《清華大學藏戰國楚竹書(捌)》,中西書局 2018 年版,第 136～137 頁。
〔註82〕 《韓非子·八說》,(清)王先慎撰,鍾哲點校:《韓非子集解》,中華書局 2013 年版,第 463 頁。

把伊尹、傅說打造成出身卑微但功績卓絕的賢人，藉此把衝絕貴族血緣關係合法性主張置於墨家化的歷史故事之中。清華簡《治邦之道》《治政之道》反映出戰國中後期墨家從批判現實、選賢任能體制化及吸收其他諸子主張角度，從理論建構層面進一步擴充了墨家賢人觀。

第二節　清華簡《子犯子餘》《趙簡子》所見諸子反貪婪觀念

《清華大學藏戰國竹簡（柒）》共收錄四篇語類文獻，其中，《子犯子餘》《趙簡子》保留了當時的反貪婪觀念，且已引起學界關注〔註83〕。筆者擬結合傳世文獻，在前賢研究基礎上，分析清華簡《趙簡子》《子犯子餘》所見反貪婪觀念的起源、演進、影響等問題。

一、歷代貪婪之舉與《子犯子餘》《趙簡子》所見反貪婪觀念的起源

《說文解字》云：「貪，欲物也。」〔註84〕意為貪心且不知足。據說，縉雲氏之「不才子」「貪於飲食，冒於貨賄，侵欲崇侈，不可盈厭，聚斂積實，不知紀極，不分孤寡，不恤窮匱，天下之民以比三凶，謂之饕餮。」〔註85〕縉雲氏「不才子」既貪食又貪財，且不分「孤寡」「窮匱」，真是貪婪至極。夏代以來，帝王的貪婪之舉，史不絕書。據說太康「盤遊無度」，「內作色荒，外作禽荒，甘酒嗜音，峻宇雕牆」〔註86〕，被東夷滅國。商紂王也是位貪財好利之徒，他「沉湎冒色，敢行暴虐」〔註87〕，且「厚賦稅以實鹿臺之錢，而盈鉅橋

〔註83〕目前學術界主要關注的是《趙簡子》中大夫成鱄關於儉、奢與國家治理之間的關係。參見趙平安、石小力：《成鱄及其與趙簡子的問對——清華簡〈趙簡子〉初探》，《文物》2017 年第 3 期；謝耀亭：《清華簡〈趙簡子〉拾零——兼論其文獻學價值》，《邯鄲學院學報》2018 年第 2 期。

〔註84〕（漢）許慎撰，（清）段玉裁注：《說文解字注》，上海古籍出版社 1981 年版，第 282 頁。

〔註85〕《左傳·文公十八年》，（晉）杜預注，（唐）孔穎達等正義：《春秋左傳正義》，見（清）阮元校刻：《十三經注疏》（清嘉慶刊本），中華書局 2009 年版，第 4044 頁。

〔註86〕《尚書·五子之歌》，（漢）孔安國傳，（唐）孔穎達等正義：《尚書正義》，見（清）阮元校刻：《十三經注疏》，中華書局 2009 年版，第 329～330 頁。

〔註87〕《尚書·泰誓上》，（漢）孔安國傳，（唐）孔穎達等正義：《尚書正義》，見（清）阮元校刻：《十三經注疏》，中華書局 2009 年版，第 382 頁。

之粟。益收狗馬奇物，充仞宮室。」〔註88〕他的貪婪好色、荒淫腐朽，致使國人「如蜩如螗，如沸如羹」〔註89〕，最終落得國滅政息的下場。周厲王任用榮夷公收回幾內封君的山林川澤之「專利」，引發「國人謗王」，他還不聽邵公「民不堪命」的勸阻，「使監謗者，以告，則殺之。國人莫敢言，道路以目。」〔註90〕最終導致「國人暴動」。《詩經·大雅·桑柔》以「大風有隧，貪人敗類」〔註91〕等詩句，諷刺周厲王的貪婪之舉。周幽王也好與貴族集團爭利，因此得罪了輔佐他的大小貴族，他們抱怨：「人有土田，女反有之。人有民人，女覆奪之。」〔註92〕恨不得他「廢為殘賊，莫知其尤」〔註93〕。春秋時期，一些諸侯的貪婪之舉也引人反感，晏嬰就曾痛批齊侯「從欲厭私」「撞鐘舞女」「暴虐淫從」「無所還忌」〔註94〕。

　　統治者的貪得無厭往往會造成政局危困甚至國家覆亡的惡果，因此，早期反對貪婪的主張也往往從這個角度出發批判帝王們的貪婪之舉，這一點在清華簡《子犯子餘》《趙簡子》中就有反映。《子犯子餘》記述了子犯、子餘回覆秦穆公的詰難，以及秦穆公、重耳問政於蹇叔等內容。秦穆公問蹇叔重耳「不能居晉邦」、「果於國」的原因，蹇叔沒有直接回答秦穆公，而是拿商湯和商紂做比較，委婉地提出重耳並不是因為敗壞國政被迫離開晉國的。蹇叔認為商湯「以德和民」，而商紂「殺三無辜，為炮為烙，殺胚之女，為桎梏三百」，致使「殷邦之君子，無小大，無遠邇，見紂若大岸將具崩，方走去之，懼不死刑以及於厥身。」商紂「邦乃遂亡」的結局與商湯「臨政九州」〔註95〕執政境界之

〔註88〕《史記》卷3《殷本紀》，中華書局2013年版，第135頁。

〔註89〕《詩經·大雅·蕩》，（漢）毛亨傳、鄭玄箋，（唐）孔穎達等疏：《毛詩正義》，見（清）阮元校刻：《十三經注疏》，中華書局2009年版，第1193頁。

〔註90〕《國語·周語上》，徐元誥撰，王樹民、沈長雲點校：《國語集解》，中華書局2002年版，第10～11頁。

〔註91〕（漢）毛亨傳、鄭玄箋，（唐）孔穎達等疏：《毛詩正義》，見（清）阮元校刻：《十三經注疏》，中華書局2009年版，第1207頁。

〔註92〕《詩經·大雅·瞻卬》，（漢）毛亨傳、鄭玄箋，（唐）孔穎達等疏：《毛詩正義》，見（清）阮元校刻：《十三經注疏》，中華書局2009年版，第1244頁。

〔註93〕《詩經·小雅·四月》，（漢）毛亨傳、鄭玄箋，（唐）孔穎達等疏：《毛詩正義》，見（清）阮元校刻：《十三經注疏》，中華書局2009年版，第992頁。

〔註94〕《左傳·昭公二十年》，（晉）杜預注，（唐）孔穎達等正義：《春秋左傳正義》，見（清）阮元校刻：《十三經注疏》（清嘉慶刊本），中華書局2009年版，第4545頁。

〔註95〕李學勤主編：《清華大學藏戰國竹簡（柒）》，中西書局2017年版，第92～93頁。

間之所以形成巨大反差，主要與商紂的殘暴貪婪有關，上述言論顯然含有反對貪婪的觀念意識。

《趙簡子》共分兩部分，第一部分是范獻子對趙簡子的進諫，反映出兩位春秋末期晉國正卿之間的微妙關係，第二部分是趙簡子和大夫成鱄之間的對話。成鱄是趙簡子手下的一名諍諫之臣，從《左傳·昭公二十八年》《說苑·善說》所載他與魏獻子、趙簡子的對話看，每次對話的開頭，成鱄都以「不知」或「不聞」不予回答。清華簡《趙簡子》中趙簡子詢問成鱄「齊君失政，陳氏得之」的原因，成鱄也以「不得聞」為由，沒有直接回答趙簡子關於田氏代齊緣由的詢問。在趙簡子的進一步追問下，他才從諸侯的儉、侈之行角度分析了春秋末年諸侯權勢旁落於諸卿的原因。成鱄以晉國三位先君事蹟為例，闡述了儉、奢與國家治理之間的辯證關係〔註96〕，晉獻公、襄公「宮中六灶並六祀」，「冬不裘，夏不賑箑，不食濡肉」，他們的清廉節儉成就「輔相周室」「知諸侯之謀」「兼霸諸侯」的功業，而晉平公「宮中三十里，馳馬四百駟，奢其衣裳，飽其飲食，宮中三臺，是乃侈已」，導致「失霸諸侯」〔註97〕的後果。

總之，清華簡《子犯子餘》《趙簡子》都是典型的先秦語類文獻，所載內容主要是上層貴族間探討前代執政得失、總結興衰治世之道的言論，未必完全合於史實。不過，從清華簡《子犯子餘》《趙簡子》蹇叔、成鱄等近乎一致性地批判商紂王、晉平公的貪婪之舉，可以看出，至春秋戰國時期，因歷代統治者貪婪無度、損害貴族和平民階層利益，從而導致國政衰亡，已經被這一時期的社會精英總結為規律性認識。

二、《趙簡子》《子犯子餘》所見反貪婪觀念的話語前提和觀念支點

商周時期的反貪婪觀念是清華簡《子犯子餘》《趙簡子》所見反貪主張的話語前提和觀念支點。具體來說，貪奢淫逸乃敗政之舉，這一點很早就成為政治精英的共識。據說，伯益就曾告誡舜要「儆戒無虞，罔失法度，罔遊於逸，罔淫於樂。」〔註98〕周武王向殷之遺老詢問殷敗亡之故，又問「眾之所說、民之所欲」，殷之遺老對曰「欲復盤庚之政」，周武王以「發巨橋之粟，賦鹿臺之

〔註96〕李學勤主編：《清華大學藏戰國竹簡（柒）》，中西書局2017年版，第106頁。
〔註97〕李學勤主編：《清華大學藏戰國竹簡（柒）》，中西書局2017年版，第107頁。
〔註98〕《尚書·大禹謨》，（漢）孔安國傳，（唐）孔穎達等正義：《尚書正義》，見（清）阮元校刻：《十三經注疏》，中華書局2009年版，第283頁。

錢，以示民無私。出拘救罪，分財棄責，以振窮困」〔註99〕回應之，這側面反映出殷商遺老眼裏「盤庚之政」即為清廉為政。

與反貪婪觀念相對應，克勤克儉的主張起源較早，《尚書·大禹謨》：「克勤於邦，克儉於家。」〔註100〕《尚書·盤庚上》：「猷黜乃心，無傲從康。」〔註101〕《尚書·盤庚下》：「無總於貨寶，生生自庸。」〔註102〕這些言論都是在說統治者要克制自己的欲望，以勤勉、謙恭的心態對待政事。據說商代都城屢遷就是為了去奢從儉，《後漢書·郎顗傳》云：「昔盤庚遷殷，去奢即儉。」〔註103〕裘錫圭認為，這是為了改善平民處境，縮小貴族內部貧富差距，以緩和矛盾。〔註104〕周初，統治者推行的德治中即有克勤克儉的內容，周公旦尤其強調以謹慎之心對待天命，他曾感歎：「嗚呼！君子所其無逸。先知稼穡之艱難，乃逸，則知小人之依。相小人，厥父母勤勞稼穡，厥子乃不知稼穡之艱難，乃逸乃諺。」〔註105〕周公認為為了保有天命，統治者不應當安於享樂，應知「稼穡之艱難」，秉持克勤克儉之道。《左傳·昭公十年》引《尚書》「欲敗度，縱敗禮」，以證在位者「自克」〔註106〕之道。總之，從「小國」時代起，統治者通過自苦其身，博施於人來獲得族眾擁戴，至商周時克勤克儉的主張已然成為政治精英群體的共識。

根據《子犯子餘》《趙簡子》所載成鱄言論，結合上述史實可知，蹇叔、成鱄以商紂王、晉平公為滿足貪欲致使商朝滅亡、晉國衰落來回答秦穆公、趙簡子的提問，顯然並沒有把商紂王、晉平公的貪婪之舉看作孤立事件，而是把

〔註99〕《呂氏春秋·慎大》，許維遹撰，梁運華整理：《呂氏春秋集釋》，中華書局1980年版，第357頁。

〔註100〕（漢）孔安國傳，（唐）孔穎達等正義：《尚書正義》，見（清）阮元校刻：《十三經注疏》，中華書局2009年版，第285頁。

〔註101〕（漢）孔安國傳，（唐）孔穎達等正義：《尚書正義》，見（清）阮元校刻：《十三經注疏》，中華書局2009年版，第358頁。

〔註102〕（漢）孔安國傳，（唐）孔穎達等正義：《尚書正義》，見（清）阮元校刻：《十三經注疏》，中華書局2009年版，第365頁。

〔註103〕《後漢書》卷30《郎顗傳》，中華書局1965年版，第1055頁。

〔註104〕裘錫圭：《關於商代的宗族組織與貴族和平民兩個階級的初步研究》，《古代文史研究新探》，江蘇古籍出版社1992年版，第333頁。

〔註105〕《尚書·無逸》，（漢）孔安國傳，（唐）孔穎達等正義：《尚書正義》，見（清）阮元校刻：《十三經注疏》，中華書局2009年版，第470頁。

〔註106〕《左傳·昭公十年》，（晉）杜預注，（唐）孔穎達等正義：《春秋左傳正義》，見（清）阮元校刻：《十三經注疏》（清嘉慶刊本），中華書局2009年版，第4472頁。

它視作導致政局混亂、國家敗亡的主因。相對應的，蹇叔所言商湯之治和成鱄所述晉獻公、襄公清廉為政，也並非只是為了解答具體問題，而是把它們看作是國家昌盛的主因。在蹇叔、成鱄看來，國家治理的成敗與否很大程度上取決於君王是否有棄絕貪婪、清儉執政的決心和意志。《子犯子餘》《趙簡子》所見反貪婪觀念的形成與蹇叔、成鱄為代表的春秋時期知識精英上承商周反貪婪觀念的歷史意識有著深刻的內在關聯，說明清華簡《子犯子餘》《趙簡子》所見反貪婪觀念以商周時期反對貪婪、克勤克儉的觀念為其話語前提和觀念支點。

三、春秋時期反貪婪觀念與《子犯子餘》《趙簡子》所見反貪婪觀念的一致性

　　春秋時期的反貪婪觀念在立論方向上與清華簡《子犯子餘》《趙簡子》是相一致的。首先，春秋時期人們關於權力與貪欲關係的立論，與《子犯子餘》《趙簡子》中關於反貪問題的思考方向相一致。貪婪之舉源於私欲的膨脹，而要實現私欲則要借助手中的權力。春秋時期，人們普遍意識到國政不寧緣於統治者利用手中權力「貪貨棄命」〔註107〕。翟柤君主「好專利而不忌」，「上貪以忍，其下偷以幸」，「君臣上下，各騖其私」〔註108〕，晉國視之為亡國之象，攻而滅之。魯國大夫臧哀伯云：「國家之敗，由官邪也。官之失德，寵賂章也。」〔註109〕魯國大夫御孫說：「儉，德之共也；侈，惡之大也。」〔註110〕晉國大夫叔向也說：「貪以敗官為墨」〔註111〕。他們都認為，統治者利用其所掌握的權力偏寵、賄賂、貪污，違背了勤儉、謙讓的為政之道，這

〔註107〕 《左傳·襄公二十三年》，（晉）杜預注，（唐）孔穎達等正義：《春秋左傳正義》，見（清）阮元校刻：《十三經注疏》（清嘉慶刊本），中華書局 2009 年版，第 4295 頁。

〔註108〕 《國語·周語下》，徐元誥撰、王樹民、沈長雲點校：《國語集解》，中華書局 2002 年版，第 259 頁。

〔註109〕 《左傳·桓公二年》，（晉）杜預注，（唐）孔穎達等正義：《春秋左傳正義》，見（清）阮元校刻：《十三經注疏》（清嘉慶刊本），中華書局 2009 年版，第 3784 頁。

〔註110〕 《左傳·莊公二十四年》，（晉）杜預注，（唐）孔穎達等正義：《春秋左傳正義》，見（清）阮元校刻：《十三經注疏》（清嘉慶刊本），中華書局 2009 年版，第 3861 頁。

〔註111〕 《左傳·昭公十四年》，（晉）杜預注，（唐）孔穎達等正義：《春秋左傳正義》，見（清）阮元校刻：《十三經注疏》（清嘉慶刊本），中華書局 2009 年版，第 4409 頁。

會對國家治理帶來很大危害。季孫氏「欲以田賦」，孔子認為這是「不度於禮，而貪冒無厭」〔註112〕之舉。季康子「患盜」，請教孔子，孔子回答道：「苟子之不欲，雖賞之不竊。」〔註113〕孔子認為季康子利用手中權勢滿足私欲，助長了他人的貪念，才會導致盜患不止。

春秋時期反對利用權勢滿足貪欲的觀念在清華簡《子犯子餘》《趙簡子》中有所反映。簡文認為商紂王、晉平公的貪欲之所以能夠得逞，借助的便是其手中的權勢，事實上，歷代帝王所以能夠大行貪墨，也是因為他們擁有支配國家財富的權力。表面上看，正是權力滿足了他們的貪欲，然而，不恰當地使用手中的權力，又使他們落得國亡政息的下場。成鱄以晉獻公、襄公之清廉執政與晉平公的奢侈靡費相比較，指出同樣擁有統治權，行事方式不同，得到的執政效果大相徑庭，從而提出為政清廉的必要和貪婪之舉的危害。進而言之，蹇叔、成鱄為代表的春秋知識精英認為反貪與否取決於君王的態度，尤其是與他們的為政修養和政治品格有著密切聯繫。《子犯子餘》中，子犯認為除「好定而敬信」之外，重耳還有「不秉禍利」「身不忍人」「節中於天」〔註114〕的品格。《逸周書·謚法》云：「秉，順也」，上文「不秉禍利」即「不順禍利」，意思是說重耳不順應或持有「禍利」，即重耳不做貪婪之事。可見，子犯對重耳品格的描述中也包含著與蹇叔、成鱄大體一致的觀念。

其次，春秋時期提倡統治者道德垂範作用的觀念在清華簡《子犯子餘》《趙簡子》中也有所反映。

春秋時期，為挽救日漸敗壞的貴族政治，人們十分強調統治者的道德垂範作用。時人認為，「天生民而立之君，使司牧之，勿使失性」〔註115〕，君主因管理百姓之需而產生，而「國君含垢，天之道也」〔註116〕，君主忍辱負重乃

〔註112〕《左傳·哀公十一年》，（晉）杜預注，（唐）孔穎達等正義：《春秋左傳正義》，見（清）阮元校刻：《十三經注疏》（清嘉慶刊本），中華書局2009年版，第4707頁。

〔註113〕《論語·顏淵》，程樹德撰，程俊英、蔣見元點校：《論語集釋》，中華書局2014年版，第1116頁。

〔註114〕李學勤主編：《清華大學藏戰國竹簡（柒）》，中西書局2017年版，第92頁。

〔註115〕《左傳·襄公十四年》，（晉）杜預注，（唐）孔穎達等正義：《春秋左傳正義》，見（清）阮元校刻：《十三經注疏》（清嘉慶刊本），中華書局2009年版，第4250頁。

〔註116〕《左傳·宣公十五年》，（晉）杜預注，（唐）孔穎達等正義：《春秋左傳正義》，見（清）阮元校刻：《十三經注疏》（清嘉慶刊本），中華書局2009年版，第4096頁。

是天道。統治者「豈以陵民？社稷是主。臣君者，豈為其口實，社稷是養。故君為社稷死，則死之；為社稷亡，則亡之」〔註117〕君主不僅要持正戒驕、以德服民，甚至還要有「為社稷死」的決心和意志。孔子視大禹王為勤儉之典範，曾感歎：「菲飲食而致孝乎鬼神，惡衣服而致美乎黻冕，卑宮室而盡力乎溝洫。禹，吾無間然矣。」〔註118〕孔子提出統治者應當節制欲望、寬仁待民，「道千乘之國，敬事而信，節用而愛人，使民以時。」〔註119〕清廉執政就要「惠而不費」「勞而不怨」「欲而不貪」，還要做到「因民之所利而利之」〔註120〕。他還說：「不義而富且貴，於我如浮雲。」〔註121〕孔子認為執政者應當以「義」節「利」，尤其要以道德自覺抑制借權力膨脹的私欲，否則就會被貪欲所控制，淪為貪圖享樂、奢侈淫逸之徒。

《子犯子餘》中，蹇叔回答秦穆公提問時提出，民心「難成」或「易成」取決於「在上之人」，意思是說，民心所向取決於統治者自身。重耳問蹇叔：「天下之君子，欲起邦奚以？欲亡邦奚以？」蹇叔回答：「如欲起邦，則大甲與盤庚、文王、武王，如欲亡邦，則桀及紂、厲王、幽王。」〔註122〕蹇叔列舉了歷史上著名的興邦之君和亡國之君，進一步論說了國家的興衰存亡都取決於「在上之人」。類似的觀念還出現於清華簡《晉文公入於晉》和《越公其事》中。《晉文公入於晉》記述了重耳結束流亡返回晉國後，整頓內政、董理刑獄、豐潔祭祀、務稼修洫、增設武備等施政措施。〔註123〕《越公其事》陳述了越王句踐在勵精圖治過程中實施的「五政」〔註124〕，即好農、好信、征人、好兵及飭民。這兩篇文獻雖然沒有直接闡明統治者的道德垂範作用，但也

〔註117〕《左傳・襄公二十五年》，（晉）杜預注，（唐）孔穎達等正義：《春秋左傳正義》，見（清）阮元校刻：《十三經注疏》（清嘉慶刊本），中華書局 2009 年版，第 4307 頁。

〔註118〕《論語・泰伯》，程樹德撰，程俊英、蔣見元點校：《論語集釋》，中華書局 2014 年版，第 724 頁。

〔註119〕《論語・學而》，程樹德撰，程俊英、蔣見元點校：《論語集釋》，中華書局 2014 年版，第 28 頁。

〔註120〕《論語・堯曰》，程樹德撰，程俊英、蔣見元點校：《論語集釋》，中華書局 2014 年版，第 1764～1768 頁。

〔註121〕《論語・述而》，程樹德撰，程俊英、蔣見元點校：《論語集釋》，中華書局 2014 年版，第 600 頁。

〔註122〕李學勤主編：《清華大學藏戰國竹簡（柒）》，中西書局 2017 年版，第 93 頁。

〔註123〕李學勤主編：《清華大學藏戰國竹簡（柒）》，中西書局 2017 年版，第 100 頁。

〔註124〕李學勤主編：《清華大學藏戰國竹簡（柒）》，中西書局 2017 年版，第 130 頁。

間接地指出「在上之人」自身的修為是國家盛衰的關鍵。

　　總之，春秋時期關於權力與私欲膨脹的關係，以及統治者以道德垂範抑制貪欲的主張在清華簡《子犯子餘》《趙簡子》中都有反映，所見反貪婪觀念的建構及延展與春秋時期的立論方向相一致。

四、《子犯子餘》《趙簡子》所見反貪婪觀念的演進

　　值得注意的是，蹇叔、成鱄的應答雖然解釋了儉、奢與國家治理之間的辯證關係，但從中透露出的反貪主張尚處於片段式觀念階段，不是成體系的具有理論意義的反貪思想。清華簡的抄寫年代判定為戰國中晚期〔註125〕，大約與《孟子》的成書年代大體一致，是儒家思想流傳較廣的時期，傳世文獻儒家化的現象也盛於此時。《子犯子餘》中，秦穆公詰問子犯子餘：「子若公子之良庶子，胡晉邦有禍，公子不能止焉，而走去之，毋乃猷心是不足也乎？」子犯回答：「誠如主君之言，吾主好定而敬信，不秉禍利，身不忍人，故走去之，以節中於天。」〔註126〕秦穆公問重耳不能居於晉國是否謀略不足，子犯回答說他的主人具有「好定而敬信」等品質，不是因為謀略不足才離開晉國的。「好定而敬信」具有強烈的儒家色彩，該簡文中蹇叔與秦穆公、重耳的交談，也反映出蹇叔具有儒家思想的端倪。〔註127〕清華簡《子犯子餘》《趙簡子》埋入地下後，沒有被重複編纂或反覆改寫，儒家化的歷程就此停止，雖有儒家觀念的痕跡，或者反映出儒家思想的端倪，其觀念主張主要體現於社會政治實踐之中，以事例直陳觀點且沒有理論修飾，這與之後充分儒家化的思想觀念有較大差別。綜合上述各因素可知，清華簡《子犯子餘》《趙簡子》所見反貪主張尚處於片段式觀念階段，還不是具有理論意義且自成體系的思想主張。戰國中後期以來，諸子從治國理政之道、人性論等角度建構各自的反貪思想，而這些思想可以看作是清華簡《子犯子餘》《趙簡子》所見反貪婪觀念的演進。

　　孟子曾說：「寶珠玉者，殃必及身。」〔註128〕貪財好利者往往自身難保，更何況去施「仁政」，他們視百姓為「土芥」，奢淫無度、橫征暴斂，雖「倉廩

〔註125〕李學勤：《清華簡整理工作的第一年》，《清華大學學報》（哲學社會科學版）2009 年第 5 期。

〔註126〕李學勤主編：《清華大學藏戰國竹簡（柒）》，中西書局 2017 年版，第 92 頁。

〔註127〕陳穎飛：《論清華簡〈子犯子餘〉的幾個問題》，《文物》2017 年第 6 期。

〔註128〕《孟子·盡心下》，（清）焦循撰，沈文倬點校：《孟子正義》，中華書局 1987 年版，第 1001 頁。

實，府庫充」，卻使「老弱轉乎溝壑，壯者散而之四方」，這是「率獸而食人」〔註129〕的暴行，這樣的統治者即為「一夫」〔註130〕，對待這些暴君就得「殺之」〔註131〕、「棄之」「已之」〔註132〕。荀子主張「節用裕民」，認為「節用以禮」可得「仁聖賢良之名」，「裕民以政」則使「民富」，而「以無禮節用之，則必有貪利糾譑之名，而且有空虛窮乏之實矣。」〔註133〕荀子把統治者「好見小利」、「愈厭而好新」視為「傷國」〔註134〕之舉，他認為，「人生而有欲，欲而不得，則不能無求；求而無度量分界，則不能不爭；爭則亂，亂則窮。」當人的欲望超出「度量分界」，就會引起社會動盪，因此，須以禮法約束之，「使欲必不窮於物，物必不屈於欲」〔註135〕。荀子還認為，即使堯舜也「不能去民之欲利」，但是須用「義」節制私欲，「上重義則義克利，上重利則利克義。故天子不言多少，諸侯不言利害，大夫不言得喪，士不通貨財，有國之君不息牛羊，錯質之臣不息雞豚，冢卿不修幣，大夫不為場園，從士以上皆羞利而不與民爭業，樂分施而恥積臧。」〔註136〕

墨子弟子管黔敖推薦高石子至衛國任職，高石子雖職高祿厚卻得不到衛君信用，便辭去官職，墨子稱讚他為「倍祿而鄉義者」〔註137〕。這個故事側面表明墨家反對以私利害政。早期法家認為，「國侈則用費，用費則民貧，民貧則奸智生，奸智生則邪巧作。」統治者的貪婪必定會導致「民貧」，窮困不

〔註129〕《孟子·梁惠王上》，（清）焦循撰，沈文倬點校：《孟子正義》，中華書局 1987 年版，第 62 頁。

〔註130〕《孟子·梁惠王下》，（清）焦循撰，沈文倬點校：《孟子正義》，中華書局 1987 年版，第 145 頁。

〔註131〕《孟子·梁惠王下》，（清）焦循撰，沈文倬點校：《孟子正義》，中華書局 1987 年版，第 144 頁。

〔註132〕《孟子·梁惠王下》，（清）焦循撰，沈文倬點校：《孟子正義》，中華書局 1987 年版，第 141 頁。

〔註133〕《荀子·富國》，（清）王先謙撰，沈嘯寰、王星賢點校：《荀子集解》，中華書局 2013 年版，第 209～210 頁。

〔註134〕《荀子·王霸》，（清）王先謙撰，沈嘯寰、王星賢點校：《荀子集解》，中華書局 2013 年版，第 268～269 頁。

〔註135〕《荀子·禮論》，（清）王先謙撰，沈嘯寰、王星賢點校：《荀子集解》，中華書局 2013 年版，第 409 頁。

〔註136〕《荀子·大略》，（清）王先謙撰，沈嘯寰、王星賢點校：《荀子集解》，中華書局 2013 年版，第 592～593 頁。

〔註137〕《墨子·耕柱》，（清）孫詒讓撰，孫啟治點校：《墨子閒詁》，中華書局 2001 年版，第 434 頁。

堪的民眾因此會生出奸詐之心，也會有僻邪之行，而「審度量，節衣服，儉財用，禁侈泰」〔註138〕才是治國理政的當務之急。韓非子也認為「不以清廉方正奉法，乃以貪污之心枉法以取私利」，好比從高山峻嶺跳下來求生，「必不幾矣。」〔註139〕儘管韓非子主張君主利用臣下的貪墨之行來控御他們，但總體上仍然主張統治者應清廉執政，反對貪贓枉法。韓非子借管仲之口提出「置吏」須「清潔於貨」〔註140〕，他還認為「父兄大臣上請爵祿於上，而下賣之以收財利」，「財利多者買官以為貴，有左右之交者請謁以成重」，「吏偷官而外交，棄事而財親」等現象是「亡國之風」〔註141〕。可見，韓非子也反對以貪財好利之舉妨礙國政。《呂氏春秋・本生》認為，「招蹙之機」「爛腸之食」「伐性之斧」乃「三患」，這是「貴富」〔註142〕所致。《呂氏春秋・貴公》也認為人天生「有貪有欲」，能「修節」「止欲」者，乃神農、黃帝等聖人，而「日醉而飾服」「貪戾而求王」〔註143〕則是愚蠢之舉。

總之，反對貪婪之舉的言論是戰國諸子思想學說的一個組成部分，在這個問題上諸子沒有大的分歧。〔註144〕從上述言論看，清華簡《子犯子餘》《趙簡子》所見蹇叔、成鱄關於統治者的儉奢與國家興亡之間辯證關係的認識在戰國諸子那裏延展到治國理政的各個方面，一些諸子已從人性論角度深化了對貪婪之舉的認識。

綜上，清華簡《子犯子餘》《趙簡子》所見反對貪婪的觀念源於對商周時期貪婪之舉的批判、反思，簡文從統治者個人修養與國家治理關係角度闡述了清廉執政的必要性，也強調君王將相的道德垂範作用，其反貪婪觀念的建構、延展與春秋時期反對利用權勢滿足貪欲等主張的立論方向相一致，並在戰國諸子思想中得以延展、深化。綜合簡文內容、清華簡抄寫年代及簡文儒家化現

〔註138〕 《管子・八觀》，黎翔鳳撰，梁運華整理：《管子校注》，中華書局 2004 年版，第 259 頁。

〔註139〕 《韓非子・姦劫弒臣》，（清）王先慎撰，鍾哲點校：《韓非子集解》，中華書局 1998 年版，第 100 頁。

〔註140〕 《韓非子・外儲說左下》，（清）王先慎撰，鍾哲點校：《韓非子集解》，中華書局 1998 年版，第 303 頁。

〔註141〕 《韓非子・八姦》，（清）王先慎撰，鍾哲點校：《韓非子集解》，中華書局 1998 年版，第 57～58 頁。

〔註142〕 許維遹撰，梁運華整理：《呂氏春秋集釋》，中華書局 2009 年版，第 16～18 頁。

〔註143〕 許維遹撰，梁運華整理：《呂氏春秋集釋》，中華書局 2009 年版，第 28 頁。

〔註144〕 王春瑜主編：《中國反貪史》，四川人民出版社 2007 年版，第 48 頁。

象等信息，清華簡《子犯子餘》《趙簡子》所見反貪婪主張尚處於片段式觀念階段，不是成體系的反貪思想。

第三節　清華簡《耆夜》《保訓》等所見戰國儒家統治思想的源起

　　清華簡「書」類文獻具有鮮明的墨家色彩，其他文獻的儒家色彩也較為淡薄，總體上反映不出儒家統治思想的基本特徵。不過，從清華簡《耆夜》《保訓》等所見儆戒、「中」思想看，也能反映出它們與戰國儒家統治思想的關聯。本節從以下三個方面，討論儒家政治批判觀、中庸思想及法治觀念的源起。

一、清華簡「詩」類文獻所見儆戒思想與儒家政治批判觀的源起

　　清華簡《耆夜》《周公之琴舞》《芮良夫毖》等所見「詩」類文獻，是研究《詩經》學史的重要材料，儒家向來重視詩教，這些文獻所見儆戒思想為儒家所吸收，從中可以看出儒家政治批判觀念的一些基本特徵。

　　《耆夜》錄有周公所作《蟋蟀》，整理者釋文如下：「蟋蟀在堂，役車其行；今夫君子，不喜不樂；夫日□□，□□□忘（荒）；毋已大樂，則終以康，康樂而毋忘荒，是惟良士之方。蟋蟀在席，歲矞雲莫；今夫君子，不喜不樂；日月其邁，從朝及夕，毋已大康，則終以祚。康樂而毋〔忘〕荒，是惟良士之懼。蟋蟀在舒，歲〔員〕雲□，□□□□，□□□□，□□□□□□，□□□□。毋已大康，則終以懼。康樂而毋忘荒，是惟良士之懼。」〔註145〕

　　武王伐耆得勝，召集畢公、周公、辛公、呂尚慶功，眾人作詩宴樂，周公作《蟋蟀》，其中，「不喜不樂」之「不」字，為語助詞，「不樂」即「樂」，「不喜不樂」當為「亦喜亦樂」〔註146〕。周公告誡諸人「毋已大樂」，不要過分歡喜逸樂，要懂得「康樂而毋忘荒」，不可沉迷享樂而忘記滅商之艱險，要不負使命，完成文王未竟大業。《蟋蟀》一詩充分顯示出周公以殷為鑒，為輔助武王完成滅商大業可謂憂深思遠，殫精竭慮。〔註147〕傳世的《詩·唐風·蟋蟀》

〔註145〕　李學勤主編：《清華大學藏戰國竹簡（壹）》，上海中西書局 2010 年版，第 150
　　　　　頁。

〔註146〕　李均明：《〈蟋蟀〉詩主旨辨──由清華簡「不喜不樂」談起》，《紹興文理學
　　　　　院學報》2014 年第 1 期。

〔註147〕　吳新勇：《清華簡〈蟋蟀〉及其所見周公無逸思想》，《史學月刊》2012 年第
　　　　　4 期。

的用韻、句式與《耆夜》所見《蟋蟀》詩不同，但其文「無已大康，職思其居。好樂無荒，良士瞿瞿」與周公詩之義多有相近之處，《毛詩序》：「《蟋蟀》，刺晉僖公也。儉不中禮，故作是詩以閔之，欲其及時以禮自虞樂也。此晉也而謂之唐，本其風俗憂深思遠而用禮，乃有堯之遺風焉。」孔穎達疏：「作蟋蟀詩者刺晉僖公也，由僖公太儉偪下不中禮度，故作蟋蟀之詩以閔傷之，欲其及歲暮閑暇之時以禮自娛樂也。以其太儉，故欲其自樂。樂失於盈又恐過禮，欲令節之以禮。故云以禮自娛樂也。」〔註148〕歷代注家基本循此解讀，認為《詩·唐風·蟋蟀》表達的是及時行樂之義，清華簡《耆夜》的問世說明原先的理解是有問題的，《蟋蟀》表達的是大功告成，當宴飲慶祝，但不能過分逸樂，要掌握好尺度，不能忘了未竟之事。《詩·唐風·蟋蟀》也表達同樣的意思，只是形式更規整，內容更偏向於說教。

清華簡《周公之琴舞》中有周公和成王所作兩組詩篇，其開篇曰：「周公作多士儆毖，琴舞九絉。元納啟曰：無悔享君，罔墜其孝，享惟惛帀，孝惟型帀。成王作儆毖，琴舞九絉。元納啟曰：敬之敬之，天惟顯帀，文非易帀。毋曰高高在上，陟降其事，卑監在茲。亂曰：遹我夙夜不逸，儆之，日就月將，教其光明。弼持其有肩，示告余顯德之行。」〔註149〕《周公之琴舞》係未經漢儒整理的詩家傳本早期形態，保存有若干關於樂舞的術語，在詩家的傳承歷史中，這些樂舞術語逐漸被剝離，最終在漢代定型為今本《詩經》，《周公之琴舞》的文本特徵及其性質，決定了它在《詩經》學史上具有重要意義〔註150〕，所見「儆毖」詩類似於《周頌》，是儆戒之詩。

清華簡《芮良夫毖》之「序」：「周邦驟有禍，寇戎方晉，厥闢、御事各營其身，恒爭於富，莫治庶難，莫卹邦之不寧。」意謂周王朝突然遭遇災禍，戎敵正在侵犯邊境，周厲王和他的執政卿士只顧自己聚斂財富，與民爭富，不顧百姓疾苦，不以國家動亂為憂。針對這種情形，芮良夫毖歎道：「嗚虖畏哉！言深於淵，莫之能測；民多艱難，我心不快。戾之不□□。無父母能生，無君不能生。吾中心念絓，莫我或聽，吾恐罪之□身，我之不□，□□是失，而邦

〔註148〕（漢）毛公傳、鄭玄箋，（唐）孔穎達等疏：《毛詩正義》，見（清）阮元校刻：《十三經注疏》（清嘉慶刊本），中華書局2009年版，第766頁。

〔註149〕李學勤主編：《清華大學藏戰國竹簡（三）》，上海中西書局2012年版，第133頁。

〔註150〕姚小鷗、孟祥笑：《試論清華簡〈周公之琴舞〉的文本性質》，《文藝研究》2014年第6期。

受其不寧。吾用作懲再終，以寓命達聽。」〔註151〕《爾雅》釋詁「比，俌也。」「俌」即輔之本字，《說文》：「俌，輔也。」〔註152〕清華簡《周公之琴舞》和《芮良夫懲》所見「懲」詩名稱，不見於傳世文獻，是新的研究材料，這兩篇詩都以儆戒為主要內容，帶有深切的憂患意識，使用相同的套語，有共同的文體特徵，但在創作對象、適用場合、篇製、風格等方面也明顯不同，代表了「懲」詩的兩種範式，即頌體範式和雅體範式。兩詩分別創製於西周初年和西周晚期，在時間上有先後，這使我們有可能把它們放在歷史進程中討論，並對「懲」詩的發展演變軌跡做一些思考。總體上看，先秦儆戒詩經歷了由儀式儆語發展為儀式儆戒詩，由儀式儆戒詩發展為獻詩陳志儆戒詩兩個階段。〔註153〕

　　上述清華簡「詩」類文獻所見儆戒思想的論說主體為周公、成王和芮良夫，在儒家的思想視域中，他們都是實施德政和諷諫時政的典型人物，秦火之前，這些表現儆戒思想的「詩」是輔助儒家生成政治批判觀念的重要文獻基礎。儒家向來重詩學，引「詩」論說的方法論雖非儒家獨有，但儒家更為偏重是不爭的事實，儒家詩學的重要性也自不待言。從周公勸告姬周貴族行樂之時不忘根本，儆戒多士要重德慎行，到成王作「儆懲」宣揚德治，再到芮良夫以詩諷諫，都在表達統治者擁有居安思危、謹奉慎守意識的重要性，儒家在繼承這些思想觀念的基礎上，形成了基於儆戒觀念的政治批判觀念。

　　筆者無意展開論述儒家的政治批判觀念，從其繼承清華簡所見「詩」學文獻中的儆戒觀來看，他們的政治批判觀念有以下幾個特點：

　　首先，儒家吸收了周公、成王、芮良夫等正面勸諭的批判觀念，以「詩」戒鑒而追索政治建設之目標，而非以「詩」諷刺而達成瓦解時政之目的。儒家的政治批判以施政者政治行為為批判對象，著力批判其失當行為，並提出補救之策。清華簡「詩」類文獻所見儆戒思想雖非具體的補救之策，但告誡思想本身也發揮著糾錯、糾偏之功能，諷諭時政的目的也是希望統治者能意識到施政之偏，及時做出調整，以挽救弊政。

　　其次，儒家以上述諸「詩」的製作者為政治偶像，實施政治批判時往往以

〔註151〕　李學勤主編：《清華大學藏戰國竹簡（三）》，上海中西書局 2012 年版，第 145 ～146 頁。

〔註152〕　（漢）許慎撰，（清）段玉裁注：《說文解字注》，上海古籍出版社 1981 年版，第 372 頁。

〔註153〕　馬芳：《從清華簡〈周公之琴舞〉、〈芮良夫懲〉看「懲」詩的兩種範式及其演變軌跡》，《學術研究》2015 年第 2 期。

在位者身份示人，具有鮮明的自我主體意識。戰國時期的儒家多不受統治者青睞，政治身份往往具有濃厚的「在野」屬性，即他們並非握有輔政之大權，也未進入主流政治圈，在這樣的背景下，儒家仍有當仁不讓之氣概，原因之一便是他們承續的儆戒思想及其發起者本為當政者，戰國儒家承續這一思想的同時，也將自我「移情」為當政者，使施政行為與政治批判合一，進而失去判斷距離，解構時政的批判觀念無從產生。

最後，清華簡「詩」類文獻所見儆戒意識傳達出對理想政治範型的喜好和膜拜意識，最初是姬周上層的統治願景，戰國儒家繼承了它們，藉此構成的政治批判意識具有濃厚的理想主義色彩，受之影響，戰國儒家多為理想主義者，他們批判政治的初衷不是為統治者施政本身辯護，而是要以政治批判者身份修正當政者之失。因此，他們不是論證政治行為合法化的「站臺」者，而是擁有理想主義情結的時政批判者，孟子、荀子等一眾儒家皆有這樣的身份意識，足以說明正統儒家與後世屈從於時政或為時政辯解的推行「儒術」者大為不同。

二、清華簡《保訓》所見「中」與儒家中庸思想的源起

清華簡《保訓》關於「中」的內容，可分為兩部分，第一部分與舜有關：「昔舜舊作小人，親耕於歷丘。恐，求中。自稽厥志，不違於庶萬姓之多欲，厥有施於上下遠邇，乃易位設儀〔註154〕，測陰陽之物，咸順不逆。舜既得中，言不易實變名，身茲備，惟允。翼翼不懈，用作三降之德。」舜先是求「中」，在做了一系列恰當的施政和求「中」的儀式後，獲得了「中」，他的行為讓帝堯「嘉之」，「用授厥緒」〔註155〕，傳承了帝位。第二部分和商人祖先上甲微有關，其文云：「昔微假中於河，以復有易，有易伏厥罪。微亡害，乃歸〔註156〕中於河。微志弗忘，傳貽子孫，至於成湯，祗服不解，用受大命。」〔註157〕上甲微先是「假中於河」，後又「歸中於河」，似乎這個「中」不是虛有的觀念，而是實有之物。

〔註154〕周鳳五將整理者釋為「稽」的字讀為「儀」，參見周鳳五：《清華簡〈保訓〉重探》，見《中國人民大學國學院五週年紀念會論文集》，2010 年，第 1～13 頁。

〔註155〕李學勤主編：《清華大學藏戰國竹簡（壹）》，上海中西書局 2010 年版，第 143 頁。

〔註156〕廖名春釋「歸」為「追」，學者多從之，但從上下文義看，釋為「歸」更恰當。見王進鋒、甘鳳、余佳：《清華簡〈保訓〉集釋》，簡帛網，http://www.bsm.org.cn/?chujian/5635.html

〔註157〕李學勤主編：《清華大學藏戰國竹簡（壹）》，上海中西書局 2010 年版，第 143 頁。

　　《保訓》公布後，學界熱烈討論其中所見「中」之義涵，論點紛紜，聚訟不已，總得看，有兩大理解方向，代表性觀點可列如下：一種是把「中」解釋為觀念，具體來說，李學勤認為《保訓》篇裏的「中」為中正、中道，並且認為堯舜以來似乎確有「中」的傳授〔註158〕。趙平安認為「中」和「誧」相類，「中」以書的形式流傳，「中」不得改易，「中」是受大命之前必須掌握的東西〔註159〕。廖名春認為《保訓》篇「中」是指治理國家的一種最好方法，它的內涵就是「和」，就是和諧之道〔註160〕。沈建華認為《保訓》「中」字有不同的層次含義，第一個「恐救中」，指舜帝擔心失去「中」；第二個「既得中」，指取於執中；第三個上甲微「借中」，指借助公平正義；第四個「追中」，指遵循效法。這四個「中」字的使用，前兩個是懷柔，後兩個是手段與目的；既有懷柔的一面，又有強硬的一面〔註161〕。第二種把「中」解釋為具體的實物，具體有地中說、訴訟文書說、旂旗說、民眾說、軍隊說、中壇說、中嶽說等。李零以「中」為「地中」和「立於地中的旗表〔註162〕，李均明以為「中」指與訴訟相關的文書，即最終的判決書〔註163〕。這兩個觀點頗有影響。相比較而言，這兩大類觀點中第二種基本不能成立，《保訓》是文王立的遺囑，主要內容表達了文王傳授給武王的治政之策，這樣的遺囑只能是精神性的東西，而不可能是實有。此外，如若舜和上甲微所用「中」是「立於地中的旗表」或判決文書，它們怎麼能起到舜受天命、上甲微降服有易氏之作用的呢？顯然，實物說總體上不能成立。就第一種觀點來說，「中道」「和諧」之說也過於籠統，一方面有著將先秦儒家思想上遷之嫌疑，另一方面也沒有考量《保訓》的「中」之具體語境。此外，也有學者認為清華簡《保訓》「中」字有兩種不同的含義：舜之「中」是由「心」引申為德行修養；上甲微之「中」是征伐有易途中祭祀王亥所用的木主，《保訓》的主旨就是文王通過舜和上甲微兩個典故，向太子發傳授治國平天下的道理，修德以文治，討伐以武功，這就是文王所傳之「保

〔註158〕李學勤：《初識清華簡》，《光明日報》2008年12月1日，第12版。

〔註159〕趙平安：《關於〈保訓〉「中」的幾點意見》，《中國史研究》2009年第3期。

〔註160〕廖名春、陳慧：《清華簡〈保訓〉解讀》，《中國哲學史》2010年第3期；廖名春：《清華簡〈保訓〉篇「中」字釋義及其他》，《孔子研究》2011年第2期。

〔註161〕劉國忠、陳穎飛：《清華簡〈保訓〉座談會紀要》，《光明日報》2009年6月29日，第12版。

〔註162〕李零：《說清華楚簡〈保訓〉篇的「中」字》，《中國文物報》2009年5月20日，第7版；《讀清華簡〈保訓〉釋文》，《中國文物報》2009年8月21日，第7版。

〔註163〕李均明：《周文王遺囑之中道觀》，《光明日報》2009年4月20日，第12版。

訓」。〔註164〕這一主張大有調和兩類分歧之意，但也未明瞭文王敍述舜之「中」和上甲微之「中」有著共同的前提。

相比較而言，曹峰的觀點切中要義。他認為《保訓》所見四個「中」字，只能理解為治國安邦的重要理念，而無法視其為某種具體之物。「中」作為一種「公平公正」的理念，對應著人間社會與天地萬物，是處理族群間矛盾的有效手段。這種理念必須放在與法的制度、法的實踐相關的情境中才能理解。從《保訓》中，看不出「公平公正」的「中」與追求平衡技巧的「中」以及心學意義上的「中」有直接關係，只能作「正直無私」解。〔註165〕

曹峰認為《保訓》的「中」是「處理族群間矛盾的有效手段」，此說甚是。舜在未得「中」之時，面臨著的是不同族群各自為政，無法形成超血緣、跨地域的「王國」形態的統治局面，舜在管理本族血族政權基礎上，以「不違於庶萬姓之多欲，厥有施於上下遠邇」之策，恰當地處理與其他政治實體的關係，從而建立起王國的雛形，得到了堯的肯定。上甲微以「中」道降服有易氏，「有易伏厥罪」，其義也是以「中」解決了跨族統治障礙。由此可見，《保訓》中的「中」是處理族群關係的一種統治理念，所見上甲微「假中於河」、「歸中於河」一說係欲神其事的敍事策略，不應從中得出「中」為實物的看法。

進而言之，舜和上甲微所處的時代恰好是「小國」時代向「王國」時代過渡時期，距今 4300 年以來，諸多血族政權統治基礎逐步擴大，形成了超血緣、跨地域統治的形態，原先的「小國」發展成「王國」的過程中，最為關鍵的問題是如何處理異姓族群關係，形成不同於血族政權內部統治法則的統治理念。舜管理其他族群、上甲微征服有殺父之仇的有易氏過程中，遇到了諸多抵抗，最為核心的原因可能出自統治異族之時，一般使用了不同於本族的統治之法，不顧及異族、異姓之人的心理感受，這自然會引起反抗，而舜和上甲微在解決這一問題上之所以成功，應當是以管理本族之法統治異族、異姓之人，給他們以正直無私之感受，因而贏得尊重和臣服，王國國家形態因此建構。從虞舜到上甲微，從上甲微到成湯，他們在處理族群關係的成功就在於實施「中」，文王和太子發也面對同樣的問題，尤其是領受「天命」的太子發，最為關鍵的政治任務就是滅商，而要滅商，就存在如何處理與商遺及東方諸族群關係問題，

〔註164〕張卉：《清華簡〈保訓〉「中」字淺析》，《史學月刊》2010 年第 12 期。
〔註165〕曹峰：《〈保訓〉的「中」即「公平公正」之理念說——兼論「三降之德」》，《文史哲》2011 年第 6 期。

文王知曉這才是實現跨族統治的關鍵，因此告誡太子發：「朕聞兹不久，命未又所延，今汝祇服毋解，其有所由矣，不及爾身受大命，敬哉！」〔註166〕武王伐商成功的關鍵是聯合了叛紂的商族力量，戰爭結束後，妥善安排了投靠周族的諸商遺，說明他很好地實踐了「中」，結合《四告一》所見周公和奄遺盟誓的內容，亦可知「中」也是周公處理跨族治理問題的統治理念。廖名春進一步把《保訓》的「中」解讀為「以德報怨」，其內涵就是「和」，即以寬待人、以「和」化敵為友，雖有一定合理性，但未如曹峰的解釋妥貼。

　　要之，有效管理異族、異姓的最為有效之法當是把他們和本族等而視之，這就是「中」，即公平合理地統治血族之外的人群，形成超血緣、跨地域的「王國」。總得來看，這是一種「王國」國家形態背景下產生的國家統治理念。

　　曹峰認為《保訓》的「中」和儒家中庸思想並無直接關係，這一點是筆者不贊同的。且不說儒家傳續「書」類文獻《保訓》的目的就是要託古明志，看重的是上古統治理念與儒家政治主張之間的接續之道，就「中」的內涵而言，《保訓》所見處理族群關係問題上的「公平公正」和「不偏不倚」的中庸之道，內理上是相通的，如若能把異姓、異族之人和本族等而視之，也以分封之制給予他們土地、民人，並將其精英納入官僚體系，意味著做到了公平公正，自然會贏得異姓、異族之支持，這其實是在不同族群之間的平衡技巧；如若在處理各種問題之時，能以公平公正之心對待之，自然能恰如其分地處理好各種關係，掌握好其中的平衡技巧。因此，正如李銳所言，《保訓》「中」觀念既有實在意義，又有抽象意義，與儒家中庸觀念有淵源關係。〔註167〕至於戰國儒家心性之學的「中道」是上述「中」理念的昇華，雖與《保訓》「中」之義涵無直接關係，但從文王要求太子發把「中」當作領有「天命」的法寶看，在他們那裏，「中」也有形而上的意義，視之為戰國儒家心性哲學的來源也無不可。

　　由此可見，戰國儒家中庸思想的起源之一當是三代處理族群關係之時可資利用的「中」觀念，它的初義是公平公正地處理超血緣、跨地域之人群關係，是形成「王國」國家形態的重要統治理念，理解它的最好方式也是將其置於「王國」國家形態之中。戰國儒家擴展了「中」的義涵和適用範圍，對原始「中」

〔註166〕李學勤主編：《清華大學藏戰國竹簡（壹）》，上海中西書局2010年版，第143頁。
〔註167〕李銳：《清華簡〈保訓〉與中國古代「中」的思想》，《孔子研究》2011年第2期。

之義進行創造性轉化，使之成為處理各種社會關係的重要原則，且將它上升為心性哲理，和《保訓》所見「中」之義構成明顯的思想傳承關係。

三、清華簡《四告一》所見「中刑」與儒家法治觀念的源起

清華簡《四告一》:「者魯天尹皋繇，毋忍斁哉，駿保王身，廣啟厥心，示之明獻，淵心憂憂，毋違朕言，眾余和協，惟作立政立事，百尹庶師，俾助相我邦國，和我庶獄庶慎，阱用中型，以光周民，懋我王國，萬世勿奸，文子文孫，保茲下土，式配享茲，宜而祜福。」〔註168〕其中，「阱用中型」之「中」與上文的「中」之義涵有一定關聯，而「阱」字指何意，對於理解「中型」何指頗為重要。「阱」原字為「㪢」，趙平安認為，「『㪢』和甲骨文『𥎊』（《屯南》2408）酷似。王子楊曾專文考釋甲骨文『𥎊』，分析其從『㢁』（即鏟畚類挖土工具）從『井』，即《說文》『𨸎』字，後世寫作『阱』。將『㪢』釋為𨸎，可以讀為刑。『刑用中型』，講的是『士制百姓於刑之中』（《呂刑》）、『刑平國用中典』（《周禮》）的道理。『㪢』是甲骨文『𥎊』寫法略微省簡的結果。」〔註169〕「阱」讀為「刑」，《周禮‧地官‧司徒》中有「市刑，小刑憲罰，中刑徇罰，大刑撲罰」〔註170〕之語，「阱用中型」指的就是傳世文獻中的「中刑」。

清華簡《四告一》「阱用中型」可與《尚書‧立政》對讀，其文云:「周公若曰:『太史！司寇蘇公式敬爾由獄，以長我王國。茲式有慎，以列用中罰。』」〔註171〕「列用中罰」之「列」字何指，歷來有不同解讀。宋人呂祖謙言:「苟治獄者以此為法而有慎焉，斯能各以輕重之條列，用其中罰而無過差矣。」〔註172〕呂氏以為「列」當從本意，將輕重之刑一一列出，用以中罰。蘇軾認為，「列者，前後相比，猶今之言例也。以舊事為比，而用其輕重之中者也。」〔註173〕他將「列」當「例」解，釋為「條例」之意。近代學人多從蘇軾解讀，金兆梓認為，「『列』通『例』。……此言對此等瑣瑣是

〔註168〕黃德寬主編:《清華大學藏戰國竹簡（拾）》，中西書局 2020 年，第 111 頁。

〔註169〕趙平安:《清華簡〈四告〉的文本形態及其意義》，《文物》2020 年第 9 期。

〔註170〕（漢）鄭玄注，（唐）賈公彥疏:《周禮注疏》，見（清）阮元校刻:《十三經注疏》，中華書局 2009 年版，第 1584 頁。

〔註171〕（漢）孔安國傳，（唐）孔穎達等正義:《尚書正義》，見（清）阮元校刻:《十三經注疏》，中華書局 2009 年版，第 495 頁。

〔註172〕（宋）呂祖謙著:《增修東萊書說》，陳金生、王煦華點校:《呂祖謙全集》第 1 冊，浙江古籍出版社 2017 年版，第 375 頁。

〔註173〕（宋）蘇軾:《東坡書傳（三）》，中華書局 1991 年版，第 528～529 頁。

非功罪之爭，你要認真訊問，援例用不輕不重之責罰以防閒之也。」〔註174〕
章太炎認為，「列即今例字。中罰者，《周禮》所謂『中典』也。」〔註175〕
顧頡剛、劉起釪認為，「列，讀例。《禮記‧服問》：『上附下附，列也。』《釋
文》：『列，本亦作例。』《莊子‧達生》：『非知巧果敢之列。』《釋文》：『列，
本或作例。』『茲式有慎以列用中罰』者，茲用有所訊訟，按成例用其適中
之罰也。」〔註176〕清華簡《四告一》的出土為還原「列用中罰」之「列」
的本義提供了原始文獻，但蘇軾以來以「例」釋「列」也基本接近「阤」之
本義。

　　《尚書‧立政》所見「列用中罰」是周公告誡成王效法司寇蘇公慎刑謹獄、
刑罰適中的警語，其中的「中罰」，孔安國解為「不輕不重」，孔穎達沿用此說：
「此刑獄之法有所慎行，必以其體式列用中常之罰，不輕不重，當如蘇公所行
也。」〔註177〕結合《四告一》的具體語境可知，針對如何更好地處理周族與
奄遺的關係，周公禱告皋繇，乞求在天的奄人祖先保佑周人始創的天下，同時
也希望臣服的奄遺服從周人的統治，所見「中刑」之「中」是公平合理之義，
與前述《保訓》所見「中」之義是相同的，具體內涵涉及處理異族、民姓關係
問題。以此觀之，孔穎達解為「中常之罰」已然脫離了原義。春秋戰國時期，
儒家多主張慎刑、少刑，戰國儒家尤以慎刑思想與法家的重刑觀念相對抗，受
之影響，後世解「列用中罰」時多往儒家的慎刑、少刑思想上靠攏。比如，明
人劉三吾認為，「周公因言慎罰，而以蘇公敬獄之事告之太史，使其並書，以
為後世司獄之式也。……今於此取法而有謹焉，則能以輕重條列用其中罰，而
無過差之患矣。」〔註178〕清人王先謙也認為，「言此時之法式不同蘇公為司寇
時，又當慎益加慎，以條列之而用其中罰焉，勿用重典也。」〔註179〕從刑法
思想角度看，慎刑、少刑思想與周初的法律實踐未必契合，周公主張以公平合
理的刑罰管理異姓、異族，而一旦這些人違背周人統治意志，則「盡執拘以歸

〔註174〕　金兆梓：《尚書詮譯》，中華書局 2010 年版，第 353 頁。

〔註175〕　章太炎講、諸祖耿整理：《太炎先生尚書說》，中華書局 2013 年版，第 179
　　　　　頁。

〔註176〕　顧頡剛、劉起釪：《尚書校釋譯論》，中華書局 2005 年版，第 1701～1702 頁。

〔註177〕　（漢）孔安國傳，（唐）孔穎達等正義：《尚書正義》，見（清）阮元校刻：《十
　　　　　三經注疏》，中華書局 2009 年版，第 495 頁。

〔註178〕　（明）劉三吾撰，陳冠梅校點：《書傳會選》，嶽麓書社 2013 年版，第 484 頁。

〔註179〕　（清）王先謙撰，何晉點校：《尚書孔傳參正》，中華書局 2011 年版，第 851
　　　　　頁。

于周，予其殺」〔註180〕，所用之刑未必為「中常之罰」，也未必是慎刑、少刑思想支配下的司法實踐。

由此可知，清華簡《四告一》所見「中刑」觀念有著以公平合理的刑罰處理「王國」時代統治異族、異姓之人的內涵，從《立政》等儒家《尚書》文獻所見「中罰」觀念看，這一法律觀念的具體內涵雖有一定變化，但持中的刑罰思想與以恰當的尺度實施法治在思想層面上有一致之處。戰國儒家以主張慎刑、少刑思想見長，但細究他們依循的「書」類文獻及其價值觀念，在刑罰問題上主張公平合理的原則也是儒家法治觀念的源頭之一。

第四節　清華簡《五紀》所見「五德」與黃帝學說的統治思想

2021 年公布的清華簡《五紀》篇，凡 130 簡，約 4500 字，該篇內容以天下有洪水災殃，「后帝」通過「修曆五紀」平息災禍，總結出「日、月、星、辰、歲，唯天五紀，文後經德自此始」的天道觀，並在此基礎上建立「天五紀，地五常，神五時」的「五紀」系統和囊括「天地、神祇、萬貌」的宇宙體系，與之對應的人事行用方面，《五紀》以五種德行與天象、星宿、方位、顏色、器官等相配，以「比物連類」之法形成一套天地、神祇、人事「同類相感」的配比系統，從而使人事化為對天道自然的模擬，構建起規模宏大、意蘊豐富的天人體系。其中的「五德」，程浩認為是「禮」「義」「愛」「信」「忠」為「五德」，即「仁」當為「信」〔註181〕，但從字型看，上身下心的構造是典型的「仁」，因此，筆者從該篇釋讀者之說，以「禮」「義」「愛」「仁」「忠」為「五德」。

馬楠認為《五紀》的篇章結構、內容觀念、文句語詞等方面與《尚書·洪範》多有相似之處，可以認為它們具有相同或相近的文獻、知識、思想資源。〔註182〕陳民鎮認為《五紀》總體而言是由楚人抄寫的楚地抄本，但一些文字構形與用字習慣亦表現出齊系文字的特點，其底本與齊魯地區關係密切，這可與其思想內涵相呼應。〔註183〕統觀全文，清華簡《五紀》的寫作目標是建構、

〔註180〕《尚書·酒誥》，（漢）孔安國傳，（唐）孔穎達等正義：《尚書正義》，見（清）阮元校刻：《十三經注疏》，中華書局 2009 年版，第 441 頁。
〔註181〕程浩：《清華簡〈五紀〉思想觀念發微》，《出土文獻》2021 年第 4 期。
〔註182〕馬楠：《清華簡〈五紀〉篇初識》，《文物》2021 年第 9 期。
〔註183〕陳民鎮：《略說清華簡〈五紀〉的齊系文字因素》，《北方論叢》2022 年第 4 期。

宣揚「天地神人」的宇宙體系，方法論上與陰陽五行學說相近，以黃帝故事為主體的論說模式顯示出它應當是戰國黃帝學說的一篇佚文〔註 184〕。「秦火」後，黃帝學說文獻散佚，西漢以來，黃帝學說主要借老子思想得以傳續，清華簡《五紀》的出土說明戰國中後期黃帝學說已形成較為成熟的思想理論體系，而將禮、義、愛、仁、忠「五德」融入其中，也反映出戰國中後期諸子學說雜糅並蓄的時代特徵。本節從分析《五紀》所見黃帝學說的理論體系，重點解析「五德」所見黃帝學說統治思想的內容、特點等。

一、《五紀》所見黃帝學說的政治觀

　　一般來說，黃帝學說是戰國時期假託黃帝之言而形成的一種思想學說，它以黃帝書為思想載體，以傳統陰陽五行思想為宇宙觀念，以傳說中黃帝治國理政精神為政治主張。漢初，黃老學說興盛，《漢書‧藝文志》的諸子略、兵書略、數術略、方技略均著錄有「黃帝書」，銀雀山漢簡《黃帝伐赤帝》《地典》，馬王堆帛書《十六經》《十問》等的出土也側面證明漢代黃帝學說的流行。從清華簡《五紀》所記黃帝傳說和論說模式看，這是一篇戰國時期的「黃帝書」，其中有「五紀」「五常」「五時」，唯缺「五行」，《五紀》的作者以「五」為中數，構建天地、神祇、萬物及人事為一體的宇宙運行體系，方法論上吸收了陰陽五行學說，有趣的是，它刻意迴避「五行」〔註 185〕，與之後公布的清華簡《參不韋》明言「五行」的思想旨趣頗有不同，體現出黃帝學說與陰陽五行學說的思想競爭關係。從所見災異、天道比附人事的宇宙觀可見黃帝學說的核心主張在於以天道配合人事，突出以君主為本的統治觀念。

　　清華簡《五紀》開篇云：「唯昔方有洪，奮溢於上，灌其有中，戲其有德，以乘亂天紀。后帝、四捍、四輔，乃夐乃懼，稱攢以圖。后帝靖己，修曆五紀，自日始，乃五五紀。五紀既敷，五算聿度，大參建常，天地、神祇、萬貌同德，有昭明明，有洪乃彌，五紀有常。」〔註 186〕災水發生後，「后帝」通過「修曆

〔註 184〕袁青認為清華簡《五紀》用很大篇幅來描述黃帝征蚩尤，當時一篇黃帝書，此說可從，但他認為《五紀》中雖出現陰陽思想，但陰陽、五行並未合流形成成熟的陰陽五行思想，筆者認為這一看法不甚恰當。參見袁青：《清華簡〈五紀〉思想探微》，《江淮論壇》2022 年第 3 期。

〔註 185〕賈連翔：《清華簡〈五紀〉中的「行象」之則與「天人」關係》，《文物》2021 年第 9 期。

〔註 186〕黃德寬主編：《清華大學藏戰國竹簡（拾壹）》，中西書局 2021 年版，第 90 頁，部分字詞從程浩釐定。

五紀」，使「天地、神祇、萬貌同德」，方使洪水退卻，「五紀」重歸常態。《五紀》所言洪水故事，既是以災異引出「后帝」平治天下的學說範式，也有真實的上古史實為其素地。《尚書・洪範》云：「我聞在昔，鯀陻洪水，汨陳其五行。帝乃震怒，不畀洪範九疇，彝倫攸斁。鯀則殛死，禹乃嗣興，天乃錫禹洪範九疇，彝倫攸敘。」〔註187〕說的也是洪水滔天，大禹治水成功後，天下秩序方平。和陰陽五行學說一樣，黃帝學說也相信災異是上天的啟示，正常情況下百姓尚不能自我管理，國家治理本離不開賢明君主，更何況遇到大的災難。《五紀》以天下有洪水而「后帝」以「五紀」平治的敘述模式，透露出天道的獲得與運行是基於現世的需要，而非它的先驗性存在，體現了一種「關聯式宇宙論」思維〔註188〕，這與儒、道等以先驗的「天」及其恒在性論證其說的思維模式有很大區別。

在《五紀》所見黃帝學說的宇宙體系中，所有事物如天之四向、地之四方、干支、歲時、器官、骨骼、疾病、道德等都是相互聯繫的，人的器官與「五德」相連，「目相禮，口相義，耳相愛，鼻相仁，心相忠」；色彩與「五德」相連，「禮青，義白，愛黑，仁赤，忠黃，天下之章」，一切事物相關聯，也相互匹配，它們所擁有的靈性或神力皆與「五紀」相關。因此，順應「五紀」方使自然、社會和人事得以正常運行，「后帝」利用「五紀」平治天下，黃帝也實施了「五紀」，得到「四荒」「四輔」「四柱」「四唯」的輔佐，平定了蚩尤之亂，而如不順應「五紀」，就會導致「天作妖，神作孽，民不敬，自遺罰。天地疾惕，神見禍孽，過而弗改，天之所罰」〔註189〕的後果，可見《五紀》建構的「天地神人」宇宙體系展現了黃帝學說的天道觀及其以天道比附人事的思維邏輯。

《五紀》構建的龐大的「天地神人」宇宙體系中，人事成為天道自然的模擬，天道自然也是人格化的存在，而天文曆算、日月星辰、歲月時令、草木魚蟲、五色五官、骨骼臟器等都被囊括進「五紀」體系，「五紀」是宇宙間一切事物運行的最終法則，「后帝」須遵「五紀」而行，黃帝亦如此，這似乎是在

〔註187〕（漢）孔安國傳，（唐）孔穎達等正義：《尚書正義》，見（清）阮元校刻：《十三經注疏》，中華書局，2009年，第397～398頁。

〔註188〕趙益：《清華簡〈五紀〉與「關聯式宇宙論」》，《古典文獻研究》（第25輯下），2022年，第1～15頁。

〔註189〕黃德寬主編：《清華大學藏戰國竹簡（拾壹）》，中西書局2021年版，第123頁。

昭示天道為本的宇宙觀。然而,《五紀》作者的目的是為了展現「后帝」掌握天道運行而能平治天下,黃帝亦以此法可平定叛亂,在上天,「后帝」是天道的主宰,在人世,黃帝是人事的主宰,以「五紀」為核心的宇宙運行規律喻示著他們才是天道及人事運行的主導者。由此可見,《五紀》所見黃帝學說的政治觀是以君主為本位的,體系龐大、繁複的宇宙體系最終是為了展現君主主導人事的政治觀念。

戰國時期,君主為本的政治觀念並非黃帝學說一家持有,提倡禮治的儒家、推行法治的法家也持這一主張。不過,細究之,儒家推重君主是希望他們成為道德的化身,法家重君權是為了推行以法治國,在他們的思維視域中,君主本位是一種方法而非目的。《五紀》的出土證明戰國士人通過建構「天地神人」一體化的宇宙觀,論證黃帝為代表的君主在社會人事層面的主導地位,說明黃帝學說的政治觀以君主為本,君主不僅僅因需而生,他們是天道自然運行法則的掌握者,也是人類社會諸事務的主導者。

黃帝學說以追述帝王往世之功見長[註190],但其立論的目的則為現世服務,反映了思想界配合戰國時期各國君主權力漸趨集中、強化的現實,同時也反映出當時的社會文化氛圍中仍然籠罩著濃厚的神道設教色彩,理性、切實的思想表述未必能引起各國國君的關注,也未必能獲得社會各階層的支持,而貫之以神秘的「五紀」系統,以天命鬼神包裝君主本位,則能引起共鳴,進而獲得傳播並產生影響。進而言之,以天下有洪水災異引出「后帝」以「五紀」治天下的敘述模式,除有災異學說的立論痕跡外,與戰國時期天下大亂,災異頻發,思想界希望黃帝那樣的明君出現,戰勝蚩尤,「諸侯咸尊軒轅為天子,代神農氏,是為黃帝。天下有不順者,黃帝從而征之,平者去之,披山通道,未嘗寧居」[註191],平定災亂,天下歸治。當然,黃帝學說沒有直截了當地說平定叛亂就是平治天下,黃帝實施的「五德」才是「邦經家和」的關鍵。在一些思想家眼裏,戰國後期秦、楚、齊等國政事尚能穩定者,皆與該國君主平治國政有關。因此,理論體系中的「后帝」以「五紀」治天下與現實社會國政安穩得益於君主的認知兩相一致,儘管這樣的認識更多地出於思想設定而非事實,或者是思想家的一種願景,但黃帝學說偏執於這一點,進而行成君主為本的政治觀。在各國變法圖強的時代背景下,君主為本的政治觀自然深受各國國

〔註190〕陳成吒:《黃帝學派及其老學》,《管子學刊》2018 年第 2 期。

〔註191〕《史記》卷 1《五帝本紀》,中華書局 2013 年版,第 4 頁。

君喜愛，黃帝學說也因此流行於世，就其思想的影響力而言，強化了君主集權的信心，也博得了統治精英階層的支持。

二、「五德」的統治思想內涵

《易傳》云：「觀天之神道而四時不忒，聖人以神道設教，而天下服矣。」〔註192〕所謂「神道設教」，不僅是以天道比附人事，最終的目的是要教化百姓，平治天下，《五紀》「數稽協德，歷歲匡天，規象依度，諦律五紀」的目的就是要「用正下方」，方式便是「五德」，「後曰：一曰禮，二曰義，三曰愛，四曰仁，五曰忠，唯後之正民之德」；「唯德曰禮、義、愛、仁、忠，合德以為方」〔註193〕，作者反覆申說的「五德」其實就是五種德行的組合，孤立地看，這樣的德目組合像是儒家的德治主張，但放置到「五紀」系統裏，可從以下兩方面理解其義：

首先，「五德」是黃帝學說的教化之道，即以「五行」治理民眾。以「禮」「義」教民，使之知遵守禮義，尚好理解，以「愛」教民，甚少見於傳世史料，「愛」也甚少出現在儒家德目體系中，而往往以「仁」之「愛人」表達其最高德性追求。黃帝學說要求統治者「愛」，自然不會是平等的「愛」，而是自上而下的憐愛、垂愛，意謂在上位者要懂得百姓之苦，以憐愛、垂愛之心對待百姓。「五德」中的「仁」，程浩認為當為「信」，從兩字的相似及《五行》行文及意旨角度申說當為「信」的理據，但從字形上看，上身下心是「仁」的標準寫法，「五德」之一為「仁」與「五德」德目組合的建構和歸於「忠」的立意之間也不產生衝突。從以「仁」治民角度看，既然已經有了「愛」，那麼「仁」或可從身、心結合的內在德性之義，即統治修煉出仁愛之心，這也是德的重要體現。

其次，「五德」也是黃帝學說對民眾修德要求，即百姓當有遵從「五德」之行，以「禮」「義」「愛」「仁」「忠」五種德行規範行為，學會遵德而行。戰國時期，王國國家形態日臻成熟，血族統治的遺緒雖有一定作用，但基於地緣、業緣關係的依附成為主導社會的主要關係。在這樣的國家形態中，劃分社會財富的標準與人的才能和德性關係更為密切，人的才能和德性也更多地影響著國家治理。就後者來說，德性既是個我修煉的結果，也是社會精英倡導的產物，

〔註192〕（魏）王弼、韓康伯注，（唐）孔穎達正義：《周易正義》，見（清）阮元校刻：《十三經注疏》，中華書局 2009 年版，經 73 頁。

〔註193〕黃德寬主編：《清華大學藏戰國竹簡（拾壹）》，中西書局 2021 年版，第 93、96 頁。

具備「五德」意味著具有遵守社會秩序、接受國家管理的基本素養。從這個角度看，「禮」「義」的內涵相對清晰，「愛」則不能理解為自愛、互愛，當解為憐愛、垂愛，至於「仁」，亦可以上身下心的個體修養角度加以解釋，但沒有儒家那樣內在超越的意味。

《五紀》的作者雖然羅列了這五種德性，除以比附之法解釋其運行和發揮作用的機理，沒有更深入地闡釋選取每一種德性的目的及其內涵，不過，「五德」並非是一個平衡的德目結構，其中，「忠」占於核心地位。在作者看來，「愛忠在上，民和不疑，光欲行忠，唯後之臨」，「忠」的價值在於使「民和」，在於「唯後之臨」，即「忠」是「后帝」強調的最高德道範疇，是受其他德目配合或拱力的道德歸宿。作者說：「禮曰則，信曰食，義曰式，愛曰服，四禮以恭，全忠曰福」〔註194〕。「禮」「義」「愛」「信」四個德目是規則、禮儀、服從和恭敬，遵四德者不應當言而無信、忤逆背義、專橫怯懦，而應當以恰當的德性配合「忠」，只有這樣才達成「福」。

結合上述《五紀》所見黃帝學說宇宙觀與政治主張的關係論述可知，以君主本位的政治觀在德性訴求方面主張忠君思想是順理成章之事，既然要建構君主本位的政治觀，那麼，道德教化的目的必然是服從君主統治，忠於君主也是對百姓的基本要求。由此可見，統治者具備「五德」，其真實義涵不是具備五種德性，而是要瞭解五種德性的教化功能，懂得如何以「禮」「義」「愛」「仁」四種德目的意涵要求別人，懂得利用這四種德性避免不恰當的行為，最終要求百姓服膺於「忠」；從百姓角度看，「忠」與其說是一種德性，還不如說是具備其他德性基礎上的一種德性要求，即服從統治者所要求的忠君理念。《五紀》提出「忠以事君父母」〔註195〕的主張說明，早在儒家形成忠君理念為本的政治儒學之前，黃帝學說早就有了基於君主本位的忠君思想。

黃帝學說以黃帝之名推行忠君思想是較好理解的思想構造，因為打著黃帝之名必然是為統治者著想，其政治主張也必然是為了鞏固統治。但是，《五紀》的作者為何要選擇「禮」「義」「愛」「仁」四種德性配合「忠」？筆者認為，這四種德性的選擇一如作者刻意迴避「五行」一樣，不是偶以為之，而是頗有深意。其中的「禮」和「義」是十分重要也十分普遍的德性要求，在春秋

〔註194〕黃德寬主編：《清華大學藏戰國竹簡（拾壹）》，中西書局 2021 年版，第 110 頁。

〔註195〕黃德寬主編：《清華大學藏戰國竹簡（拾壹）》，中西書局 2021 年版，第 94 頁。

戰國士人思想中有很大的通約性，而「愛」和「仁」的主張者多為儒生，作者選取它們，目的就是要把儒家的道德觀念融入黃帝學說的「五德」之中。和傳統認識中黃帝學說多融匯陰陽五行、老子之學以致形成黃老之學不同，《五紀》所見黃帝學說吸收儒家思想，形成一個從宇宙觀到政治觀不同於黃老之學的黃帝學說。這也可以證明，戰國時期的黃老學說可能有多個思想面相，在總體上以陰陽五行災異學說構成本體論的同時，在政治主張上有一定區別。黃老之學得益於稷下學派的學術貢獻和思想張目，在齊地頗為流行，它配合了齊國固執舊的地方自治傳統，主張君主以無為之術治理天下，而《五紀》見於楚地，以集權之術配合楚國王權是當時楚地士人或來楚地「推銷」其主張的士人們的「必修課」，前述清華簡《越公其事》有這樣的目的，《五紀》的作者也有這樣的考量。他一方面吸收儒家「愛」「仁」，試圖形成有別於黃老之學的道德主張，另一方面，將君主本位政治觀和忠君思想結合起來，形成教化色彩極濃的政治觀念，以為當政者提供體系完備、規模宏大的宇宙論體系和目標明確、意義非凡的統治思想。

「五德」所見統治思想內涵當深受統治者重視，直截了當的忠君思想，使得提出者的學術身份與其他思想家之間也有了鮮明的區別。那麼，有必要討論《五紀》所見政治觀念的屬性問題，它到底是統治者的思想，是某一時期的國家統治思想，還是思想家的政治主張？在筆者看來，諸多思想家的政治主張就是拿來為統治者參鑒的，直白的忠君思想本身不能否認它的思想屬性。不過，儘管這也是以某一思想家或某一學派的宇宙觀、社會觀和價值觀相匹配的政治主張，但與其他學派相比，的確更切近統治者的統治觀念，也與某一時期的國家統治思想相契合。因此，可以說從當時的思想影響角度看，這樣的黃帝學說可能一度十分流行，思想影響力也較為廣泛。與此同時，也須看到，儘管「禮」「義」「愛」「仁」是配合「忠」的德目，但作者選取它們也有以這些德性規範政治行為的目的，受這些德目內涵的制約，所謂「忠」也並非赤裸裸的教化和服從，而是教提醒當政者只有尚德修行方能獲取民心，而作者的立意是否與當政者的統治意圖相一致，則是另外一個問題。無獨有偶，清華簡《參不韋》核心思想包括「五則」「五行」「五音」「五色」「五味」[註196]，其中，「五則」即「五德」，也是將「禮」「義」「愛」「仁」「忠」合為「五德」，藉此要求夏啟

〔註196〕黃德寬主編：《清華大學藏戰國竹簡（拾貳）》，中西書局 2022 年版，第 110 頁。

謹奉天命、修明刑罰、秉德持中，當中也包含有陰陽五行家教導最高統治者的方式、意圖。

三、「五德」與郭店簡「五行」的聯繫與區別

上文已提到《五紀》作者引入儒家德目的問題，「五德」在德目構成形式、內容及功效等方面與郭店簡「五行」思想有一定關聯，通過比較二者的異同也有助於進一步暸解「五德」的統治思想內涵。

1998 年公布的郭店簡《五行》篇，共 50 簡，約 1220 字，基本內容與長沙馬王堆漢墓帛書《五行》相同，皆將「仁」「義」「禮」「智」「聖」並稱「五行」。郭店簡《五行》開篇云：「五行：仁形於內謂之德之行，不形於內謂之行。義形於內謂之德之行，不形於內謂之行。禮形於內謂之德之行，不形於內謂之（行。知形）於內謂之德之行，不形於內謂之行。聖形於內謂之德之行，不形於內謂之行。」〔註197〕徑直將「仁」「義」「禮」「智」「聖」並稱「五行」，藉此區分道德行為和非道德行為。郭店簡《五行》是孔孟之間儒家學派「子思之儒」的作品，《荀子・非十二子》批評子思、孟子「案往舊造說，謂之五行」，「子思之儒」的學術思想特點之一即是雜糅諸子學說，他們以陰陽五行家金、木、水、火、土之「五行」建構宇宙生成體系的學說框架，把孔子思想中五個重要德目並列起來，構成儒家「五行」學說，體現了戰國中後期諸子思想學說雜糅並蓄的時代特徵。

和郭店簡《五行》以陰陽五行學說原理構建儒家「五行」的方法論相似，清華簡《五紀》篇的作者則在既有的「五行」運行法則之下，將「禮」「義」「愛」「仁」「忠」五種德行與天象、星宿、方位、顏色、器官等相配，以關聯式思維為先導，以「比物連類」之法形成一套天地、神祇、人事「同類相感」的配比系統。儘管作者以「天五紀」配合「五德」，刻意迴避「五行」，但其方法論本質上與陰陽五行學說並無大的區別，也反映出戰國中後期諸子學說雜糅並蓄的時代特徵。

戰國中後期，諸子學說以上古「六經」為共同知識資源，《詩》《書》等上古經典所見「禮」「義」等德目及其內涵為諸子共同承續，贊成者以繼承人的姿態吸收、承納之，反對者以批判舊學的形式拒斥之，無論怎樣，都會對過往

〔註197〕荊門市博物館：《郭店楚墓竹簡》，文物出版社 1998 年版，第 149 頁。文中缺字參考李零等人的釋讀做了添加。

的學說思想做出應對之態。清華簡《五紀》的作者和郭店簡《五行》的作者都屬於接納這些德目的承續派。儘管先秦學術體系的生成可後推至漢代〔註198〕，但是，這並不意味著戰國時期諸子百家之學仍處於混沌不明狀態，事實上，各家在方法論和思想主張方面已有明顯的區別和界限，正唯如此，彼此的借鑒和交融才有可能達成。清華簡「五德」和郭店簡「五行」都在觀念生成的方法論上承襲了上古「五行」學說，因為在古人的思想律中，「五」為中數，表示持中、圓滿，與「五」與「色」「聲」「味」「教」「刑」等相合，構成宇宙、人事生成、運行的良好法則，「子思之儒」利用陰陽五行學說之外殼，將孔子思想體系化、形而上化，清華簡《五紀》則以黃帝學說為核心雜糅了儒家倫理道德，都反映出雜糅各家之學的學術特色。

在具體德目組合方面，「五德」和郭店簡「五行」也有相似之處，郭店簡《五行》云：「德之行五和謂之德，四行和謂之善，善，人道也。德，天道也。」〔註199〕郭店簡「五行」派生出「四行」，「仁」「義」「禮」「智」「聖」「五行」相合是「天道」，「天德」之德以「聖」為歸旨，代表著孔子、子思仁學思想的內在超越性；「仁」「義」「禮」「智」「四行」相合是「人道」，「人道」之善以「仁」為標的，代表了孔子、子思仁學思想的現實理想，啟發出孟子的「四端」學說。清華簡《五紀》的作者把「禮」「義」「愛」「仁」稱作「四」或「四德」，在它們的輔助、配合下，方能「全忠曰福」「忠以稽度」，表達德目及其功效方面，有「四德」「五德」之分，亦有以「四德」達成「五德」的方法論建構。具體內容上，「五德」和郭店簡「五行」中，「禮」「義」「仁」三個德目是相重合的，前二者當是諸子思想中相互通約的德性主張，集中體現了商周以來傳統倫理道德的主要內容，「仁」則主要由儒家傳續，黃帝學說引入「仁」，說明戰國中後期儒家的仁愛思想已對其他諸子思想產生較大影響。

郭店簡「五行」和清華簡「五德」大體形成於同一時期，代表了德治觀念的深化。道德是社會關係的基石，郭店簡「五行」和清華簡「五德」不約而同地重視德治，說明以血緣依附為機理的商周政治體制瓦解後，派生於這一體制的道德觀念仍具有普遍適用的社會價值，也足以說明當時德治思想及其倫理觀念在社會秩序構造層面具有很強的通約性，而黃帝學說引入「五德」也說明

〔註198〕李振宏：《論「先秦學術體系」的漢代生成》，《河南大學學報》（社會科學版）2008 年第 2 期。

〔註199〕荊門市博物館：《郭店楚墓竹簡》，文物出版社 1998 年版，第 149 頁。

學術思想層面的儒學與社會政治學意義的儒家之道，與其他思想體系也可實現連接和融通。

當然，「五德」和郭店簡「五行」之間也存在鮮明的思想區格。兩種德目相比較，可以看出，黃帝學說主張「五德」的目的在於實現「邦經家和，衛勉六官六府、五刑五音」，即幫助君主實現統治目標，這與儒家仁學思想的學說旨趣和思想意涵有著明顯的區別，郭店簡「五行」是主體內在心性建構的德性累積及其形而上化的一種形式，核心目標是提升人的道德修養。

黃帝學說直截了當地把「禮」「義」「愛」「仁」設定為服務於「忠」的德目，提倡「忠以事君父母」，這與部分儒家的主張有相通之處。有些戰國時期的儒家認為孔子學說缺乏社會政治功能，曾子以「孝」為本體的思想建構和子張、子夏等人以「禮」為核心的儒學政治化改造，都試圖彌補孔子學說的這一缺憾，不過，這些思想主張既不能代表儒家整體的思想主張，也不能替代儒家心性之學的主流地位。和「五德」不同，郭店簡「五行」繼承了孔子通過完善道德修養控御權力的仁學主張，把「仁」從倫理道德層面推進至人性論和天道觀中，使「仁」從踐履層面躍升至形而上的哲學層面，試圖促使人們進一步意識到個體修養的力量和社會和諧的基石並非來自於外在管控手段，而是來自於人類的道德自覺。總之，清華簡《五紀》的作者構建「五德」的目的在於教化百姓形成忠君觀念，郭店簡「五行」的主旨在於以仁愛之心成「聖」，雖也有教化之道的內涵，但保留了「愛人」精神中的主體自覺性。

顯然，郭店簡「五行」和清華簡「五德」之間存在事實上的思想競爭關係。前者注重「仁」，試圖以「愛人」精神衝破等級秩序之牢籠，樹立人的主體意志；後者注重倫理觀念的社會秩序建構功效，試圖借助天命鬼神之力推廣「忠」，藉此獲取民心。郭店簡「五行」未把「忠」列為德目之一，是因為「忠」很大程度上是「仁」的對立面；清華簡「五德」未把「仁」作為核心德目，是因為「仁」排斥「忠」所蘊含的依附心理和從屬心態。

從思想觀念的歷史影響角度看，郭店簡「五行」是儒家內聖外王之道的主脈，也是儒學實現現代性轉換的思想根柢；清華簡「五德」適用於統治秩序的建構，在黃老學說、董仲舒政治儒學中都能見到它的影子，近代以來，神道設教的社會文化基礎逐步瓦解，但效忠國家、忠於職守的德性倫理仍有切實的社會意義。

第四章　清華簡所見周代統治思想的特點與內涵

本章共分兩節，第一節討論清華簡所見周代統治思想的特點，重點解讀其結構特征和思想特點，第二節研究周代統治思想的內涵，闡釋政治哲學意義上的思想內涵和時代意義。

第一節　從清華簡看周代統治思想的結構特徵與基本特點

本節在分析清華簡所見周代統治思想的結構特徵的基礎上，解讀清華簡所見周代統治思想的基本特點，以及這些統治思想所傳達出的方法論意義。

一、周代統治思想的結構特徵

一般來說，特定國家或時代的統治思想都存在結構分層問題，統治思想的表述主體，統治意志的表達對象，統治技術的實施細則，皆因結構分層的細化而對象化、具體化。因此，統治思想史研究本身就是在某種固化的結構主義思維下進行的學術活動。相對比而言，先秦思想史研究雖有諸子百家書為基礎史料，但受諸子思想特徵及史料傳承等因素影響，其結構特徵較秦漢以來的思想史不甚明顯，這是相關研究成果較少分析其結構特徵的主因，先秦統治思想史研究領域更是缺乏結構特徵分析的問題意識和具體操作。

從大的方面講，受「秦火」影響，先秦文獻傳承於秦和西漢之間產生巨大

斷裂，漢代學者無法用系統的文獻材料還原先秦統治思想的總體結構和細部特徵，加之「小國時代」乃至「王國時代」早期的歷史本身就缺乏材料支撐，所呈現出的結構特徵更是微弱。從具體內容上看，漢代學者的結構化認知主要體現在戰國諸子的分派構造上，諸子百家的派系劃分、文獻構造和學派溯源，使得儒、墨、道、法、兵、陰陽等諸子的分派及其內部結構成為一種歷時彌久的共識，直到近代才在「疑古思潮」背景下受到質疑，諸子之間的思想分野未必如一般認識得那樣巨大，學派內部的思想共性也未必如一般認識得那樣明顯，學派構造本身應當是「層累」的結果，而非歷史事實。當代學者沿著這一問題，進一步提出，所謂「先秦學術體系」及先秦諸子的學派劃分形成於漢代，漢人根據他們的時代需要，對先秦諸子學進行新的闡釋或改造，而這種改造在某種程度上改變了先秦學術的真實面貌，不利於在新的歷史條件下發掘先秦學術的思想價值。另一方面，按照學派的劃分去認識先秦思想，也容易造成這樣的弊端：對於某一學派內部，重其共性而忽視個性，而學派內部的差異是顯而易見的；對於不同學派之間的個性來說，又造成重視個性而忽視共性，忽視各學派共同的思想文化前提，忽視三代文化對於先秦學術的奠基意義。〔註1〕

確如李振宏分析得那樣，先秦諸子的學派劃分可能會造成解讀上的障礙和偏差，重視學派內部的思想差異當是深化認知的一個門徑。但是，諸子學派差異是客觀存在的，它們不是漢人的創造，而是戰國諸子思想本有的歷史現象。郭店簡、上博簡和清華簡的出土一方面的確可以說明戰國諸子之間的思想差異沒有漢人說得那麼大。郭店本《老子》不是基於儒、道相斥和思想分野基礎上寫就的，其中所見諸多思想立論是儒、道共享的；郭店簡所見「子思之儒」的作品也能說明戰國儒家內部的思想個性特點也很鮮明。然而，恰恰是這批竹簡的出土證明，戰國諸子思想文化的發育程度較原先的認識更加發達，諸子之間的思想分野也十分明顯，漢人受「秦火」影響不能全面認識他們，我們受漢代以來的層累觀念或誇大其分野，或質疑分門立派的客觀性，歸根到底都是材料缺乏導致的認知偏差。總之，新材料的湧現足以說明先秦思想史是可以結構化的，或者說結構化本身就是這一時期思想文化的客觀實在，不僅先秦諸子的學派劃分客觀存在，某一學派或某類思想也可結構化。

就周代統治思想的結構特徵來說，結合新材料的研究證實，不僅存在戰國

〔註1〕李振宏：《論「先秦學術體系」的漢代生成》，《河南大學學報（社會科學版）》2008年第2期。

諸子各自不同的統治思想主張，具體內容方面也有鮮明的結構化特徵。

　　首先，清華簡記載了文王、武王、周公等商末周初諸統治者的統治思想，這是研究分析統治者統治思想的絕佳材料。

　　傳統政治思想史研究和教學往往以梳理統治者的政治思想為主線，其結構特徵具有鮮明的人文主義色彩和強彩的事功目的，但是，在論證材料的選取和運用上缺乏現代史學方法的規範和史學研究目的論的框定，使得研究對象的擇別、研究方法的設定、研究結論的歸納等方面隨意為之、誇大其辭，以致伏羲、女媧的政治思想亦可言而有徵。

　　在現代史學理論與方法的洗禮下，先秦政治思想史研究特別注重史料辨析，學界總體認為《尚書》《詩經》等已然充分儒家化，其中所見文王、武王、周公等人的統治思想是儒家改作過的，目的是為了塑造理想型思想典範，反映不了真實的歷史面貌。因此，討論這一時段的統治思想論題時，往往以總述時代特徵代替具體研究，或者基於諸子文獻只討論具體的思想主張，不做細緻的結構分析。

　　從原先漫無邊際地闡述上古政治精英統治思想到迴避相關問題，從一個極端走向另一個極端，受其影響，考察統治者統治思想時往往依託於某個具體統治理念或某個學派，逐步形成不以他們本身考察其統治思想的研究旨趣。比如，以往學界研究秦始皇統治思想，多是從漢代人關於先秦學術體系的認知模式出發，將其判定為法家、陰陽家、雜家等等，這種思想史研究中的家派分析模式，一方面陷入了公式化、模式化的窠臼，忽略了戰國時期諸子學術的共同性思想文化基礎，另一方面忽視了秦始皇作為政治家的思維個性，秦始皇不是法家、儒家、陰陽家，更不是雜家，他有著特別鮮明的思想個性，其思想屬性的判斷，應該從家派分析模式中擺脫出來。〔註2〕

　　從清華簡《程寤》等看，商末周初的一些統治者顯然具有相對獨立的統治理念。就文王來說，「天命」不在茲本身就是他的「天命」，假於鬼神表述其志，既反映出巫鬼時代統治精英的思想和行為受神秘主義文化影響的事實，也反映出文王對政治形勢的理性判斷，「三分天下有其二」的確是儒家的杜撰，但文王志在滅商的統治理念對於姬周貴族集團來說具有政治導向作用。

　　周公也受巫鬼時代總體文化氛圍的制約，被後世誇飾的德治思想的原型無非也是假借鬼神以述其志。清華簡相關材料證實周公的統治思想是他的軍

〔註2〕李振宏：《關於秦始皇統治思想屬性的判斷問題》，《古代文明》2020年第3期。

政活動、權力欲望和思想言說在國家權力合法性問題上相互交織的產物，他重點考量的問題是如何整合姬周貴族和異姓貴族之間的利益衝突，形成相對和諧的貴族統治機制，而他善於審時度勢，及時改換統治方略的做法也說明統治者的統治理念本身也存在自我調節機制。

李振宏認為，與思想家不同，政治家並不忠實於真理追求，而是圍繞實際的政治需要來選擇自己的統治思想，用研究思想家的分析框架來看待政治家的思想，是一種身份錯位，不可能探究其思想的真諦。從文王、武王及周公的統治思想看，他們的統治理念的確圍繞著自己的統治需要，的確不能用「真理追求」的觀念去框定其統治思想，後世儒家的解讀把他們的統治思想完全理想化，從而遮蔽了這些政治家統治理念的本相。統治者的政治需要本身是具體的，它會隨時勢變化而變化，但統治理念中的價值體系卻是恒定的，也存在和「真理追求」相通約的一些內涵。比如，清華簡《保訓》「中」思想和後世儒家公平正義觀有很大的通約關係，而儒家思想現代化的一個指標便是它的公平正義觀的現代化。

其次，清華簡所見西周前期及春秋戰國時期的國家統治思想，是周代統治思想的組成部分，也典型地反映了統治思想史的結構特徵。

以往研究成果往往把最高統治者的統治思想等同於國家層面的統治思想，或者研究者不具備單獨討論國家統治思想的問題意識。具體來說，既然統治者統治、管理著國家，那麼他們的統治思想就代著著國家立場，因此，他們的統治思想就是國家層面的統治思想。持這一觀點的學者雖然抓住了統治者的政治立場與國家層面施政思想之間的同一性，但未認識到作為主體的統治意志表達與作為統治實體的統治思想之間實際上存在較鮮明的差異。如果說統治者的統治思想是基於個體喜好和統治需要，具有顯而易見的個體性特徵，那麼國家層面的統治思想是整個國家機器運作過程中形成的具有總體性、穩定性特徵的統治思想觀念，它往往代表整個統治集團的意志。統治者的統治思想對國家統治思想往往形成統攝性影響，統治意志強大的秦皇漢武，他們的統治意志和當時國家層面的統治思想往往是重合的，但從細微處看，再強大的統治意志也代替不了國家層面統治思想，它作為一種客觀實存，往往在統治思想結構體系中居於主核地位，具有相對穩定且影響巨大的思想結構特徵。

就本書關注的幾個論題來說，清華簡所見春秋戰國時期秦國、鄭國等的國家統治思想，十分典型地反映了國家層面統治思想的結構特徵。以秦國為例，

「使眾若使一人」的兵家思想經過西戎軍紀的融匯和改造，成為秦國國家層面的重要統治理念，而社會各個層面實踐這一統治理念的過程，也是秦國國家權力構造和資源整合過程，同時也是秦國將一體化施政推向極端的一個過程。從「王國」國家形態向「帝國」國家形態邁進的過程中，為了擺脫「王權─貴族」權力結構導致的政治生態多元性，秦國試圖以「使眾若使一人」之法由國家統攝所有社會資源，形成一元化的政治生態。這樣的國家統治思想最後破產了，但從學理上講，清華簡語類文獻《子犯子餘》中的「使眾若使一人」所表達的國家統治思想不僅是一種客觀存在，且在歷史上產生過較為重要的作用。子產是早期法家的代表人物，他的「鑄刑書」所表達的統治立場的確和傳統施政方式有著明顯區別。從清華簡《子產》所傳達出的統治意志看，春秋時期的鄭國在國家層面上始終堅持以禮俗治國，試圖恢復國野制度的舉動說明脫胎於姬周分封傳統的鄭國走著一條頗具復古色彩的國家統治之路，作為鄭國執政，子產以「令」「刑」強化國野分治，與其早期法家身份既有相異之處，也有相合的地方，側面反映了精英政治群體的統治思想和最高統治者統治理念之間複雜的聯繫和區別。

最後，清華簡諸多文獻證實戰國諸子統治思想是周代統治思想的組成部分，諸子之間已具有鮮明的思想分野，同時也有諸子思想共性。

以往的先秦政治思想研究，諸子政治思想不僅居於核心地位，有些成果以諸子思想涵括總體，致使學界逐步形成諸子思想便是周代思想的觀念。清華簡的出土證明，在統治思想領域，諸子思想可謂「三分天下有其一」。這批竹簡的出土也證實，戰國時期諸子之間已有鮮明的思想分野，漢人對諸子百家的分派是有依據的。當然，也須看到，漢人誇大了諸子之間在思想上的分野，他們的認識多來自儒道分派與思想競爭，這一點上，清華簡可以證實，當時的諸子不僅有諸多思想共域，即使在同一論題上也往往持相同或相近的觀點。

以墨家「賢人」觀來說，清華簡「書」類文獻和明顯帶有墨家學派特色的政論性文獻都能證實，任用賢能是墨家的「真理追求」，同時也是認識、反思歷史的一個方法論，基於墨家「賢人」觀，他們改作歷史事實，造出諸多頗具學派特色的「書」類文獻，長篇累牘的論證也說明那個時代的言說和思辨能力已十分發達。清華簡《五紀》證實，黃帝學說借鑑儒家思想並形成本學派的德治主張，而郭店楚簡則證明儒家借用了陰陽五行的思想外殼，這都說明諸子之間在思想主張上的互鑒與互融。

　　要之，清華簡的出土為瞭解、研究諸子百家思想提供了更多的文獻材料，有利於糾正原先不甚恰當的認識，也有利於深化相關問題的討論，其中，諸子思想的共性和互融問題當是清華簡所見周代統治思想的典型結構特徵。

　　綜觀三種層面統治思想主體的權力意志和話語訴求，可以明顯地看出，統治者的統治思想以維持穩定、長久的統治狀態為目標，即使那些看似具有破壞性的施政想法也是出於這個目的；精英政治群體的統治思想是各類統治精英的共識和妥協，獲得既得利益並維持現狀以求自保是這類統治思想背後起支配作用的權力意志；諸子為代表的思想精英在具體的權力表述上未必有明確的目的論，但話語訴求背後的理想型權力建構理念也是表達權力的一種形式。

二、周代統治思想的基本特點

　　首先，清華簡證實周代統治思想很大程度上是貴族階層的統治思想，它的生成主體是貴族，它的接受群體也是貴族，因此其統治思想具有鮮明的貴族性。

　　清華簡所見周代統治思想材料證實，在最高統治者的統治思想和精英政治群體的統治思想結構中，貴族階層始終居於主體地位，這和傳世文獻所見的「神本」或「民本」形成鮮明差異。具體而言，清華簡反映出周代諸多統治理念的生成者是貴族，儘管《程寤》中有借鬼神表達統治理念的內容，一些篇章也反映出姬周貴族慎終追遠的思想意識，但是，從清華簡保留下的實態化政治行為看，姬周貴族善於利用傳統人文資源表述統治意志。殷商政治的神權色彩因甲骨卜辭的出土得以強化，人們普遍認為殷商政治行為是複雜的祭祀系統的派生物，這或許是殷商時代的本相，也有可能僅是甲骨卜辭展現出的文化面貌，和商代「書」類文獻展現出的文化氛圍區別甚大，而後者一般被認為因儒家的改作無法反映殷商時代的原貌。接續殷商文化的早期周人文化，其神秘主義色彩和神本主義的文化氛圍也受到學界關注，除利用傳世文獻論述外，清華簡《保訓》等的出土似乎強化了這樣的認識。但是，剝開這些頗具鬼神色彩的文獻外衣，我們看到的是姬周貴族上層以歷史經驗、個體體驗等形式達成的諸如公平公正地處理超血緣、跨地域統治，由此形成的一些統治理念明顯不是神本主義的，而是貴族集團統治理念的直接表述。此外，無論是秦國以「使眾若使一人」的軍紀治理民眾，還是鄭國試圖恢復國野制度的禮樂重構，皆是統治集團共同主導下的統治意志，對祖宗之法的繼承和擇別也取決於當政者的意志。

以往的研究把周代統治思想的接受群體設定為民眾，認為當時的統治者基於更好地管理民眾或為民眾著想而實施德政，尤其是把周公統治思想塑造為民本主義的典型。這一方面與儒家《尚書》等史料的規約有關，另一方面也和把周代視為等同於秦漢大一統王朝的歷史觀密切相關。在傳世史料的規約下，其中所見「民本」被當作切實生成過的思想命題，既把它看作周代統治思想的核心命題，也將其視為不可多得的寶貴歷史經驗；在大一統歷史觀念規導下，郡縣體制下必須關注的民眾是否服從統治的問題也上推至商周時代，認為民心所向決定政權興廢。儘管儒家《尚書》及《詩經》等傳世文獻也能傳達出周代統治思想的接受主體是貴族集團，分封體制下的統治理念規約的對象也當為貴族，但是被儒家反覆申說的「民本」觀念的歷史塑造已然深入人心，「得民心者得天下」的儆戒思想也早就貼上了周代思想的標籤。

從筆者在前述幾章中利用清華簡還原周代統治思想的具體內容看，無論是文王對太子發的訓戒，還是周公對姬周貴族及異姓奄遺的談話，都能直觀地看出最高統治者治國理政的受眾對象是王族成員或者居於權力核心的貴族，在分封體制下，這些人向下貫徹統治理念之時，傳達對象也是貴族，只是等級下降了。具體的統治指令首先下達於姬周同姓貴族，目的是為了姬周內部達成一致意見，協調同族利益，形成一致對外的統治力量；從「小國」到「王國」的轉型過程中，為了把更多的異族、異姓之人納入統治範圍，向臣服於己的異族、異姓貴族下達統治指令，達成統治意志，也是姬周貴族上層施政的重要方面。藉此，對內形成穩定的統治堡壘，對外形成穩固的統治聯盟，這樣才能確保「王國」國家形態的穩定。由此可見，將自己的統治意志傳達給各級各類貴族，在維護他們利益的同時，獲得支持，形成上下、內外有序、穩定的統治狀態，是最高統治者的統治願景，也是他們的統治手段。

總之，利用清華簡材料，結合最高統治者的統治思想結構可以看出，周代統治思想的特點之一即是統治理念的生成主體和接受者皆為貴族，統治思想達成統治效果的受益者也是貴族，商代的神本主義或儒家鍛造的民本主義都不是周代統治思想的主題，要說有什麼主義，那必定是貴族主義。

其次，從清華簡相關篇章所反映的國家統治思想看，「書」類文獻和政論性語類文獻的作者是國家統治意志的忠實記錄者，史官的身份意識促使他們基於國家總體立場書寫國家統治思想，他們書寫的國家統治思想具有鮮明的穩定性特徵。

　　誰是國家統治思想的書寫者？相關研究的重點在於揭示統治思想的提出者和實施者以及實施效應等，至於是誰記錄它們則不是思考的重點，在漫長的時代長河中，西周、春秋及戰國時期國家統治思想的書寫者及其身份是有變化的，反映西周統治思想的「書」類文獻的執筆者當是史官，他們的任務是記錄統治者帶有政論和說教性質的言論，他們的書寫被當作早期檔案文書藏之於府庫，代代傳承，成為保存早期國家統治思想的經典材料。反映春秋戰國時期統治思想的政論性語類文獻的作者也當為史官，他們的記錄未必忠於史實，也未必僅採錄官方史料，但他們能夠準確判斷出治國理政的要點和方向，見諸於語類文獻的觀念明顯不同於諸子，側面反映出史家的歷史認識和現實觀感。

　　相對於統治者的統治思想，國家統治思想是一個相對籠統的概念，如何從文獻中摘錄出與之相關的材料，又如何判斷這些材料所見統治思想的性質，本身就是研究者必須要思考的問題。筆者認為周代統治思想的文本載體本身並沒有什麼特殊之處，相對於諸子書而言，這些材料往往有一定的官方背景，書寫者也有官方身份，所反映的思想明顯具有官方色彩或者有為官方背書的思想傾向。和諸子書集中展現諸子思想的書寫特徵不同，材料中呈現的國家統治思想是碎片化的，它需要研究者的雙重整合能力，即整合各種材料的同時以整合各種觀念的方式總結出相應國家或時代的統治思想。

　　本書涉及的國家統治思想中，有幾個相對比較明顯的思想主線，一是周初基於「革命」和反「革命」的國家統治理念；二是秦國「使眾若使一人」的統治意志；三是鄭國恢復國野制度的禮樂重構；四是戰國時期以秦國、楚國為代表的基於縣制改革的治國思想。這些國家統治思想具有鮮明的穩定性特徵。文王在太姒寤夢的啟示下，明確了滅商意志，他知道只有太子發能受天命，「革命」的主動權也在太子發那裏，因此沒有為「革命」而冒進，武王、周公一代完成「革命」大業的同時試圖構建反「革命」的統治基礎，由此形成的國家統治理念具有鮮明的辯證法色彩，尤其是建構起反「革命」的意志後，通過制禮作樂，周代國家治國理政的思想穩定地傳承下來。「使眾若使一人」的國家統治理念生成於「王國」時代，在舉全國之力推行這一統治理念時，完全不顧及族群、地域不同導致的多元政治因素與一元化統治之間客觀存在的衝突對抗，在沒有糾錯機制輔助的情況下，致使這一統治理念在「帝國」建立之初就破產了。鄭國在新舊統治理念交織的春秋中後期執意恢復國野制度，足見以禮樂制度治國理政的傳統統治思想的穩定性，而戰國時期秦、楚等國銳意推行縣制改

革的措施從另一個側面說明，一旦國家層面構建起某個統治理念，它必將會穩定有序地推行下去。

此外，國家統治思想的穩定性派生出它的整合性特徵。從清華簡看，國家統治思想的書寫者的確是史官，但國家統治思想本身不是史官的發明，很難說它的生成主體是具體的某個人，它的提出者和實施者可以看作是作為群體的國家統治精英，同時也包括在野狀態的精英思想家群體。因此，國家統治思想中既有最高統治者的統治理念，也有精英思想家的思想主張，還有統治體系運作過程中形成的統治慣性，總體上是整合而成的思想觀念。

當然，也須看到，國家統治思想在客觀上是一個相對獨立的思想實體，未必是某種思想的派性物。從清華簡所見國家統治思想看，有時統治者的統治思想和國家統治思想是相重合的，周初姬周貴族精英的「革命」和反「革命」思想就是國家層面的統治思想，「使眾若使一人」的統治理念是歷代秦國國君及秦始皇貫諸於秦國的統治理念；有時它們之間是相分離的，鄭國國家層面重構禮樂制度的統治思想和子產個人的治國思想之間是有差異的，秦、楚等國銳意推行縣制的統治思想也未必合於這些國家統治精英的想法。國家統治思想和精英思想家的統治思想之間也存在契合或相異的現象。作為一個思想實體，國家統治思想一旦形成，就會借助國家管理與社會控制的機制獨立地發揮作用，整合特徵往往和它的生成機制有關，但與它的運作機制關係不大。

最後，從清華簡體現出的周代統治思想的結構特徵看，諸子的統治思想的實際效應較弱，總體上處於「在野」狀態，這也是清華簡所見周代統治思想的一個基本特點。

和夏、商、西周傳世文獻相對匱乏形成鮮明對比的是，春秋戰國諸子文獻的數量較多，主要流派的思想主張皆可得到相應文獻的證明，加之戰國時期兵家、縱橫家、名家及墨家等的確對時政產生過影響，因此，無論是文獻層面的研究，還是基於政治史的分析，都似乎能夠證明諸子統治思想在當時具有很大的影響力，而對國家管理和社會控制產生實質性作用與影響的最高統治者的統治思想和精英政治群體的統治思想反而未當作重點對象給予關注和研究。這種以諸子統治思想取代統治者的統治思想和精英政治群體的統治思想的做法雖有文獻不足等客觀原因，但主要還是過於看重諸子統治思想的實際效應導致的。事實上，儒、墨、道、法等諸子統治思想在它們孕育和生成的時代並沒有完全進入統治者的視野，相反，統治者治國理政的實際心得是諸子進一步

闡釋和發揚的對象。

就本書涉及的幾個論題來說，墨家的「賢人」觀偏執於提拔位卑而德高者，他們試圖衝絕血統樊籬的想法與戰國時期總體時代氛圍格格不入，統治者依賴的人事資源背後是悠久的封建傳統。諸子批判貴族政治時，往往把矛頭指向身居高位的貪官污吏，從各個層面解析貪婪思想的起源和反貪婪的具體手段，但對於統治者而言，滿足貪欲以換取忠誠的統治技術便於操作，也更為有效。儒家繼承並極力發揚的徹戒思想、「中」的理念等實際上是周代統治者的統治心得。儘管黃帝學說把「忠」視為德治的核心，但戰國時期基本未見德政為本的政治現象。由此可見，清華簡較明晰地揭示了周代統治思想的基本結構，也提示出當時的諸子統治思想在治國理政層面並不占居主流地位，而這促使我們必須對諸子統治思想進行合理定位。

總之，從結構層面出發討論周代統治思想的特點，可以看出，周代統治思想具有鮮明的貴族性特徵，國家層面的統治思想的穩定性也值得關注，至於當時的諸子統治思想，因其事實上的「在野」性質，需要重新定位，這些結論反過來揭示了清華簡對於研究周代政治思想史的非凡意義。

三、新材料規導出的研究方法

首先，新材料提示出統治思想史研究要注意研究內容的結構和層次問題。和常見的「串糖葫蘆」式的研究方法不同，基於新材料的統治思想史研究當從材料中解析出統治思想本身是一個複合式的結構體系，施政者的身份不同，觀察政治問題的角度不同，治國理政的角色不同，有可能都會導致思想結構的多元化。其中，最高統治者的統治思想，精英政治群體的統治思想和精英思想家的思想學說是邊界相對清晰，材料支撐相對充實的三個思想結構。這三個思想結構之間既有交並的可能，也存在明顯差異，而關注交並和差異本身即可推進統治思想史的研究。

具體來說，最高統治者的統治思想和精英政治群體的統治思想有交並的可能，比如文王所代表的商末姬周貴族集團的反商意志，武王利用盟誓進行的權力整合，都代表著周邦貴族集團的統治意志。從另一個側面看，事實上的重合往往會讓研究者忽略二者之間的區別，而清華簡相關篇章揭示出最高統治者的統治意志雖然主導著精英政治群體的統治思想，但後者作為一個客觀實體，未必完於屈從於個體統治意志，周公試圖攝政稱王，而周初各級各類貴族

力量共同形成的國家統治思想未必容受周公的統治意志，各類貴族的權力訴求、利益自保與國家權力運作密切結合，所形成的政治力量和統治意志未必弱於周公的權力意志，較量的結果是周公做出了妥協。西周中期以來，周天子統治意志與代表精英政治群體的統治思想之間出現過幾次嚴重的衝突，彼此之間的統治思想分野可從權力失衡的事實中窺見其貌。

統治思想的結構問題推導出相應的層次問題。這裡所指的層次，不是指統治思想本身在思想內涵上有高低之分，而是指它在特定條件下的政治影響問題。

從目的論上講，基於新材料的統治思想史研究既可以以學術史研究為旨趣，也可以以思想史研究為目標。前者主要是利用新材料揭示當時統治思想的基本面貌，對思想主題的社會影響力不做判斷，後者則在學術史研究基礎上判斷思想主題的政治影響力，並對影響力做出評價，而研究方法上的層次問題即是對影響力的判斷和評價。清華簡的史料價值還在於它能幫助我們對當時的思想主題進行分層次的考察，把政治影響力問題納入研究視野。比如，第一章涉及的盟誓現象十分鮮明地揭示出最高統治者的統治意志和精英政治群體的統治思想之重合，以及這種重合力量揭示出的社會文化「原始性」對國家統治的影響。據此，可以判斷出周初統攝治國理政的統治思想的核心之一在於利用舊有傳統完成「小國」向「王國」的有序過渡。

分層次的研究方法遵循歷史發展變遷的客觀過程，有利於在變動不居的政治情勢中抓住統治思想的主要方面，結合其歷史影響討論相關問題，從而可以避免學術史研究忽略影響力問題導致研究目的的懸空化，也可以幫助讀者建構起對特定時期統治思想的多層次認識。

以秦為例，從《史記‧秦始皇本紀》看，秦始皇、秦二世的統治思想是秦代最高統治者統治思想的具體樣態，其結構形態和具體內容顯然具有權威性和獨立性。統治者當然想治理好他的天下，政治精英的訴求、學說層面的統治思想、百姓所想所願等或許對秦始皇、秦二世的統治思想產生影響，但帝王首先考量的是加強並延長統治；皇帝的統治意志和國家統治思想在理論上是合一的，但實際情況未必如此，秦始想貫徹中央集權，但就在中央，他的權力已然被既得利益集團分解，繼任者更是「虛君」論的受害者。

以李斯、趙高等為代表的精英政治群體有他們自己的打算，而他們的政治運作手段所反映出的統治思想也是秦代統治思想的一種形態。秦始皇力推官

僚政治，但大小官僚在財富、權勢上的遞增和繼承問題與封建制暗合，皇帝想打破權力固化，最直接的辦法是從肉體上消滅這些政治精英，而在彼此心知肚明的情況下，如何自保是精英政治群體必須考量的大問題。

秦帝國嚴控意識形態，精英思想家的聲音似乎絕跡，但借著傳聲筒，儒、道等諸子思想也有一定影響，它們是秦代統治思想的另一種形態。公子扶蘇勸諫其父的言論顯然是儒家封建論的傳達，秦始皇巡遊各地，群臣為其所立的琅邪臺石刻云：「人跡所至，無不臣者。功蓋五帝，澤及牛馬」，碣石門石刻亦云：「惠論功勞，賞及牛馬，恩肥土域」，稱頌其「體道行德」「誅戮無道」「原道至明」〔註3〕，把他打造成功蓋古今、恩賜天下的聖主，其中顯然貫穿著仁愛、王道思想。

由此可見，秦帝國國家統治思想由最高統治者的統治思想，精英政治群體的統治思想和精英思想家的思想學說構成。理論上，三種統治思想形態的有機結合是長治久安的前提，但在實際權力運作中，彼此之間的競爭、牽制乃至衝突，是我國古代國家統治思想史的本相。就秦代而言，秦始皇足夠強勢，但他的統治理念並不能覆蓋國家統治思想，後兩者對皇權的消解是秦二世而亡的主因。

其次，新材料可幫助研究者達成還原史實的目標，使基於新材料的思想史研究更加符合史學研究的基本方法。

還原史實是史學研究的重要目標之一。就周代統治思想研究來說，傳世史料支撐下的史實還原雖也是研究的目標之一，但受制於史料本身的觀念化，史實還原缺乏原始史料支撐，且受到約定俗成的諸多觀念制約，而清華簡埋入地下後未再經歷觀念化的改造，其中反映史實的內容和表達觀念的部分都很大程度上接近原始史實和最初的觀念設定，比起原先的史實還原，由這些新材料推導而出的還原方法更切中史實。因之，筆者認為一些研究方法不僅受制於材料，且在一定程度上取決於材料的新舊、多寡。

進而言之，清華簡為統治思想史研究領域的史實還原提供了可能。眾所周知，「中」是中國古代哲學思想的核心命題之一，涉及宇宙觀、本體論、價值觀及倫理觀等，它的本義是什麼？是基於荒蠻時代關於宇宙之「中」的概念，是天地神人遵循的行為準則，還是思想家對行為尺度的設定或判斷，可謂眾說紛紜，而清華簡《保訓》給出的答案當是接近它的本義，「中」是一種頗具施

〔註3〕《史記》卷6《秦始皇本紀》，中華書局2013年版，第315～322頁。

政經驗意味的實際操作，是國家形態轉型過程中形成的執政觀念，起初並不具備哲學意義上的超越性特質。從統治觀念角度解釋「中」的學理基礎在清華簡出土之前是甚難成立的，超越基本史實徑直進行哲學思想史意義上的闡釋，顯然很難切中歷史本相。

作為專門史的一種，思想史研究因著重於對歷史現象的解讀、闡釋而非考辨史實而不能引起史學界的重視，普遍認為思想史研究更接近於哲學史或文學史研究方法，與考實之學形成鮮明差別，思想史研究因此在史學領域往往居於邊緣地位。導致這種認識的原因是多方面的，究其根由，受材料的局限或在觀念化史料的規導下只能進行解讀、闡釋工作，致使相關研究與還原史實的工作形成距離，久而久之，便形成思想史研究的任務就是解讀、闡釋某人或某種思想現象的思維定式。本書的一些嘗試似乎說明我們既可利用新材料在思想史研究領域進行還原史實的工作，也可以拓展這樣的思路，把還原史實當作思想史研究的首要任務，致力於開掘各種材料的考實功能，使思想史研究更符合史學研究的基本方法。

第二節　清華簡所見周代統治思想的政治學內涵

統治思想史研究總體上是朝向過去的，即主要研究目的在於還原歷史，與此同時，這個研究方向也有關注社會現實的學科秉賦，因此筆者在還原和解讀的基礎上，擬從周初制禮作樂的政治學內涵，國家統治路徑選擇及其政治學內涵，與多元世界相對抗的統治思想內涵，三個角度闡釋清華簡所見周代統治思想的政治學內涵。

一、制禮作樂與告別「革命」

長期以來，受儒家《尚書》及其衍生觀念影響，一般都認為周初的統治者十分忌憚亂臣賊子的身份標籤，致力於「革命」合法化的話語建構，並長期保持「革命」者的身份意識和反「革命」的政治警覺。清華簡的出土讓人們看到周初的統治思想並非沿著「革命」和反「革命」的單一線索延伸，以周公為代表的統治精英通過制禮作樂迅速改換身份，致力於爭取更多政治力量的支持，他們的統治理念與儒家通過改作文獻塑造而成的統治思想有較大區別。

儒家向來糾結於文、武、周公等人顯而易見的造反者形象與他們心目中的聖人形象不合，因此致力於改作承載這些歷史人物形象的傳世文獻，採取改

寫、刪除、杜撰文獻的方式，使原本的史實被理想化的觀念史所取代，比如，儒家鼓吹文王之時「三分天下有其二」，已然具備取商王而代之的實力，然而，文王有不忍之心，未在有生之年完成滅商大業。而事實是文王之時周邦實力弱小，統治階層內部未必達成滅商的統一意見，清華簡《程寤》所見太姒寤夢，看似荒誕，實則是基於鬼神信仰的理性主義抉擇。為樹立周初統治者的完美形象，儒家還掩蓋了諸多史實，這方面最典型的莫過於遮掩周公欲圖奪權的事實，而清華簡《皇門》等揭示出周公本人並不避諱攝政稱王引起的政治動亂，相反，動亂發生後迅速調整施政方策，解決了一觸即發的政治矛盾，挽救了剛剛建立的姬周「王國」。此外，儒家還通過抹殺諸多事實的方式，斬斷了商周易代之際的諸多歷史記憶，比如，武王滅商過程中殘酷的族群競爭被儒家描述為以德服人的典範，而清華簡《四告一》等文獻則側面揭示出殘酷的滅商戰爭之後如何安排好諸如奄遺等被降服族群才是施政的重點。總之，儒家偏執於塑造並維護周初統治者的「革命」形象，著力於歷史的合理化解釋，使這段歷史成為儒家化政治範型的附庸，也使周初的統治者長期以「革命」者的身份示人，這極大地影響了中國古代的歷史觀和政治觀。

事實上，周初統治者迅速告別了「革命」者身份，他們並不糾結於過去身份的合法性及其政治影響力，而是致力於建構「王國」國家形態。他們意識到滅商後的周邦不再是一家一姓之國，超血緣、跨地域的統治需要的是解決多元族群關係的統治智慧，而不是持續「革命」的欲念或勇氣。清華簡揭示出，「王國」國家形態建構的關鍵是解決跨族群統治問題，涉及征服之後的異族、異姓貴族的安置，以何種統治理念整合多元政治力量等問題，從西周前期相對穩定有序的統治效果看，當時的統治者較合理有效地解決了跨族群統治問題，他們的統治理念符合「王國」國家形態建構之需要。

由此可以得出這樣的看法，那就是在闡釋當時統治思想的政治學意義時，應當注意到統治思想建構合理與否就要看它是否符合國家形態的需要，西周為「王國」國家形態，建構之初的核心問題是如何處理國內的多族群共存問題，相應的，統治思想的核心要義就是要解決這一問題。反觀西周中期以來的國家敗政，主因之一是沒有處理好和姜姓之戎等異族的關係；統觀中國歷史，較好處理了國家形態與統治需要之間關係的時期，國家統治相對穩定有序。如果說還原周初統治思想基礎上試圖借鑒什麼政治智慧的話，那麼建構符合國家形態需要的統治理念是亙古不移的政治智慧。

　　如前所述，筆者認為周公制禮作樂的目的之一是為了限制王權，或者說以制禮作樂的形式進一步穩固「王國」國家形態下的有限王權體制。這一制度設計的目的是多重的，它一方面是對傳統制度體系的繼承，使新興的姬周王權和各級各類貴族在新的政治環境中仍能維持原有權力結構關係，另一方面用禮樂制度分割政治權利，把王權限定在貴族集團之上，使之無法直接接觸封國的土地和民人，而王畿內的有限社會資源無法使王權一家獨大。周公的制禮作樂可以看作是關於有限王權的一系列制度設計，目的是為了保持王權和貴族集團之間的權利平衡，使王權無法獲得壓倒貴族集團勢力的社會資源支撐，從而無法突破「王權—貴族」權力結構的限制。從這個角度看，「王國」國家形態的典型特徵是王權的有限性，這和「帝國」國家形態下皇權一家獨大的局面是完全不同的。有限王權限制王權的「革命」衝動，規導著姬周王族通過盟誓、冊封等與各類貴族達成政治上的妥協，從而有效地減少了戰爭殺戮，快速建立起穩定的「王國」國家形態，其政治學內涵和當代學者李澤厚提出的「告別革命」有著同等意義。

　　一般來說，統治者的統治意志取決於他的權力欲望，為達目的不擇手段、不改初衷是統治者的本性。綜觀歷史，這一結論有大量事實可為依據，因此基本反映了統治者統治思想的本質。但是，這一結論本身並不代表統治者統治思想的理想範型，也未必合於所有歷史現象。就本書涉及的周初統治者的統治思想來看，利用清華簡還原的史實告訴我們，統治者是可以意識到統治理念的缺陷並且可以主動放棄原有理念的，並不是所有的統治者在統治思想層面上都是一條道走到黑，適時改易統治方略是這一時期統治思想史的一個特色。基於批判史學的諸多觀念雖有堅實的史實基礎，但傳統歷史批判和現代史學視域下的史學反思，都把統治者的權力欲望視為歷史之惡，當這一歷史之惡加諸於歷史本身，批判的距離感完全喪失，讓人們產生統治即罪惡的思維快感，忘記了社會秩序建構需要全社會參與的基本常識，同時還將「帝國」時代的歷史陰影投射到「王國」時代，以為認清了中國歷史的本質，產生充滿壓抑、無奈的悲憤情緒，進而陷入批判史學的無限輪迴之中——既痛恨歷史又離不開歷史。且不說這樣的歷史認識是否符合事實，就其思維特徵來說，與其想像中的權力即惡在價值觀上是一致的，而從統治思想的政治學內涵角度看，周公制禮作樂的歷史價值在於統治者可以適時調整統治方略，抑制「革命」衝動並告別「革命」，以實際行動重塑統治者在貴族集團的形象，為持續有效地國家管理與社

會控制樹立典範，且這一典範在新材料的印證下必然對重塑統治者的歷史形象發揮積極作用。

由此可以說，對於周初的姬周王族來說，「革命」是手段，不是目的，滅商大業完成後，如何構建一個新的「王國」，建立穩定有序的統治秩序是最關鍵的問題，而制禮作樂本身就是在建構穩定的統治秩序，表面上，它是達成有效統治的手段，實則它是實施統治的目的。進而言之，「革命」是對秩序的解構，它的有效性針對所有既有統治秩序，周人的「革命」者身份可以革掉殷商之命，而「革命」成功之後，如若不適時地改換身份，也有可能革掉姬周之命，自我「革命」發生的前提即是沒有意識到身份轉換的必要性。事實上，姬周王族在「革命」成功之後迅速以反「革命」的身份消滅或抑制了有可能顛覆新政權的諸多因素，且以繼承並建構禮樂制度的方式使反「革命」的舉措固化為長久實施的各項制度。由此也可以看出，通過制禮作樂建構秩序是社會資源分配方式的理性化、普遍化。所謂理性化，即不再以「革命」的方式分配社會資源，而是以符合「王國」國家形態需要的前提下，合理地、有步驟地劃分社會資源；所謂普遍化，指姬周王族不再固守「小國」時代一族一姓之榮光，善於與各級各類貴族共享社會資源，儘管這種「普遍化」僅限於貴族內部，但與之前國家形態背景下的資源分配機制相比，它所涵括的人群範圍明顯增多了。

總之，從清華簡所見西周前期統治者的統治思想看，統治的要義在於統治者的統治思維要根據情勢適時地加以調整，「革命」和制禮作樂是周初統治理念的兩個發展方向，彼此之間甚至是矛盾關係，而文、武、周公並沒有像儒化古史所展現地那樣執於其中的一端而無變通的意識，相反，在何時「革命」、如何「革命」、怎樣反「革命」等問題上有著相當清楚的判斷能力，根據具體社會政治形勢調整統治方略是這些政治精英共同的特徵，而其統治思想的政治學意義也蘊含於他們的統治思想當中。

二、國家統治路徑中的「新」與「舊」

本書涉及的國家統治思想研究問題中，有一個在政治學內涵方面屬於價值判斷的問題，那就是鄭國和秦、楚等國在不同時期的統治路徑選擇，基於這個問題，筆者擬闡釋國家統治路徑中的「新」與「舊」。

相對於統治者的統治思想和精英思想家的統治思想，國家統治思想具有典型的穩定性特徵，特定國家在特定時期一旦形成基於某種統治目標的統治

思想，必將會舉全國之力加以貫徹，它的影響力是巨大的，一旦出現方向性的錯誤，所要付出的代價也是巨大的。那麼，國家總體上為何要選擇某種統治路徑，選擇的原因和目的是什麼，路徑選擇與時代的契合度之間是否可以達成正向關係，諸如此類的問題在統治思想史研究中具有跨時空、跨國別的意義，因而也是學界重點思考的問題。

首先，符合需要是判斷國家統治路徑新舊與否的首要標準。鄭國之所以用「令」「刑」強化國野制度，具體原因是多方面的，鄭國生成於西周分封體制，以禮樂制度治國理政事關其政治傳統；鄭國夾於晉、楚大國之間，用禮樂制度穩定國內政局方有可能周旋於諸國之間得以生存；春秋時期的鄭國國運把持在大夫手中，用禮樂制度管控國家是實現大夫政治霸權的方便法門；國野分治之策將統治對象劃分為地理區位、政治地位截然不同的兩大群體，方便管理和控制。等等此類的具體原因都可以匯成一個總的原因，那就是對於鄭國來說，恢復和強化西周舊制符合鄭國國家統治的需要。

戰國中後期，基於縣制改革的君主集權統治及其制度效應已然明朗，秦、楚原先實施的縣制相對接近基於縣制的集權需要，兩國也在開疆拓土方面取得最為顯著的成果，通過推行縣制控制地方社會，將各類社會資源牢牢控制在國家手中，實現一體化統治目標，是秦、楚等國國家統治思想的核心內涵。要之，推行縣制符合統治需要，因而得以推廣，也得以假託歷史故事進行書寫和議論。

對於鄭國來說，舊的國野制度符合統治需要，基於重建禮樂制度的路徑選擇可以整合貴族集團的統治力量，也可以消解內部紛爭，也使其他統治路徑選項讓位於基於國家總體利益考量的這一統治路徑，因此，這一統治路徑的價值取向朝向過去；對於秦、楚等國來說，推行縣制改革符合集權統治的預期，是君主專權體制的主要制度依憑，為了推行這一統治路徑，國家致力於消滅與之對抗的傳統政治勢力，因此，這一統治路徑的價值取向朝向未來。從國家統治思想的政治學內涵看，統治路徑無論新舊，是否符合統治需要才是判斷合適與否的唯一標準。清華簡所見國家統治思想的這一政治學內涵提示出，統治路徑的價值取向的新與舊本身不是問題，而關鍵的問題在於路徑本身是否符合統治需要。

其次，維持穩定是國家統治路徑選擇的根本目標。統治者的統治思想是個人政治抱負的載體，其統治目標因統治者個人政治抱負的不同而有所不同，有

些統治者追求平穩有序的統治狀態，有些統治者為了實現廣土眾民將整個國家綁在對外擴張的戰車之上，有些以舊的制度體系維持國家運轉，有些則銳意改革舊制試圖建構新的統治樣態。因之，在統治者的統治目標體系中，維持穩定只是其中一個選項，有時甚至不是最為主要的那個目標。精英思想家的統治思想一定程度上是思想家理想信念在政治領域的投射，而這一理想信念的實現往往以社會變革為前奏，維持穩定一般不符合精英思想家對理想型統治樣態的預期。相比較而言，精英政治群體的統治路徑選擇基於維持政治穩定為目標，且這一目標高於一切，所有應當由國家承擔的管理與控制功能都得服從這一目標，最終形成為了維持穩定而不惜製造穩定假象的治理陷阱，致使國家治理成為關乎穩定的政治遊戲，統治目標的功利主義色彩因此變得十分濃厚。

鄭國的統治路徑選擇目標是十分明確的，為了維持國家穩定，即使是執政的子產也要弱化乃至放棄推行法治的個人統治主張，服從整個國家試圖重構禮樂制度來維持穩定的統治目標。從統治路徑的選擇角度看，精英政治群體的統治思想並不屬於信念政治範疇，也不追求政治正義，趨向「新」或「舊」的路徑選擇都須服從於維持穩定的統治目標，而這一目標本身具有一定的排他性，既有可能排拒統治者施於精英政治群體的統治理念，也有可能排斥精英思想家的統治願景，把諸多帶有信念政治意味的路徑選擇及其可能性排擠出可實踐的政治路徑之外，往往為了維持穩定重新整合統治主體並加重對民眾的盤剝力度。

從精英政治群體統治思想的路徑選擇及其政治學內涵看，為了實現維持穩定的統治目標可以犧牲一切可以犧牲的東西，統治集團成員的利益一旦成為維持穩定的阻礙也要毫不猶豫地犧牲掉，可以說，在維持穩定的政治目標面前，一切皆可犧牲，這樣的統治目標隱藏在治國理政的具體行動之中，控制著國家管理和社會控制的每一個步驟，使得統治路徑中的價值判斷被消解，「新」「舊」政治路徑都得服從精英政治群體的統治目標。因此，從周代國家層面的統治思想看，精英政治群體追求的所謂「穩定」本身是值得警惕的，至少是值得反思的，當它消解了信念政治的內在動力，排斥政治正義的必要性，必然會對人類正常的政治活動產生危害，也必然會解構國家應當正常承擔的管理與控制功能。

最後，一旦確定統治路徑，國家管理與社會控制系統會不惜代價去實施這一路徑。就統治路徑的實施問題來說，統治者的統治思想與國家統治思想相重

合且統治者能夠有效控制國家軍政體系之時，統治者想要實施的統治路徑才會被真實實踐，精英思想家設計的統治路徑有可能被精英政治群體的統治思想所吸納，也有可能和統治者的構想相契合，也有可能在實踐過程中被取代。相比較而言，國家統治思想層面的統治路徑往往是整個國家軍政系統共同的選擇，代表著整個國家的統治意志，能夠得到各種社會資源的支撐，一旦被選定，整個國家也會不惜一切代價去實施這一路徑。

就清華簡《越公其事》所見秦、楚等國在縣制改革背景下實施的集權統治來說，在地方上推行縣制以強化君主專制統治的統治路徑一旦確定下來，它便會在社會各個領域得以執行，從土地分配、人口控制、市場交易規則，到選官考績、民族政策、軍事改革等各個領域都有執行基於縣制改革的一體化統治模式，使得君主權力成為分配、調整各種社會資源的主導力量，「王國」國家形態下的分權模式被淘汰，「帝國」國家形態下的集權模式逐步壯大。朝向新時代的國家統治路徑一旦確立，「王權—貴族」權力結構下對君主專權形成阻礙作用的各種社會因素便會成為變革對象，比如，原先未被國家編戶的人口是地方貴族勢力資以與中央政府相抗衡的主要社會資源，一旦被編戶齊民，意味著動搖了地方貴族勢力存續的根基，由此導致他們的抵抗是可以想見的，邊陲地區的少數民族人口原先也未納入統一的編戶管理，而縣制的合法化使地方自治在某種意義上成為非法現象，為了把這部分人口納入一體化統治體系，國家往往不惜一切代價將他們進行編戶齊民。《越公其事》是史家以句踐滅吳故事將推行縣制合法化的政論性文獻，讀者在其中看到的是理想化的縣制改革及其歷史意義，在現實社會中，秦、楚等國推行縣制過程中致力於消滅地方舊貴族及異族勢力，為推行縣制可謂不惜代價，最終，縣制在秦國得以真正落實，而縣制的推行也是秦完成統一的制度基礎。

清華簡所見戰國時期國家層面推行縣制改革的統治思想讓我們感受到國家一旦選定特定的統治路徑，國家統治意志的貫徹便有了堅強的思想後盾，國家治理背後的統治意志及其思維力量令人印象深刻。與此同時，我們也能感受到這樣的統治思想往往缺乏某種彈性因素，統治目標與統治手段之間缺少可調節的環節，相應的，也缺乏必要的糾錯機制，為貫徹這樣的統治路徑，地方社會須付出極大代價，而如若在現代社會仍把這樣的國家統治思想視為一種歷史經驗，那麼必然會與現代社會治理的彈性原則和糾錯機制形成張力。

三、與多元世界相對抗的統治思想及其歷史命運

秦國「使眾若使一人」的統治思想致力於一元化的統治格局和統治樣態，當這樣的統治思想與多元化的區域、族群及風俗等地理因素、民族文化及民俗風情碰撞，便形成與多元世界相對抗的格局。

「王國」國家形態下的秦國存在超血緣、跨地域統治問題，悠久的封建傳統使得戰國秦所繼承的政治遺產與關東六國幾無差異，而「王國」國家形態承納區域之間的差異化統治。「王國」國家形態下，國家控制的區域不再是「小國」時代的單一區域，統治核心區之外開拓的疆土在地理格局上溢出原來的區域格局，在地理單元上呈現多元化面貌，作為人類活動的空間場域，地理單元的多元化意味著人類活動方式的多元化，「使眾若使一人」的統治思想試圖把秦在統治核心區推行的治理方式普及到各地，致力於消彌不同地理空間之間客觀存在的差異，而地理空間之間的差異不會因為一元化統治方式的推行完全消失，統治核心區與被征服區域之間的矛盾便會顯現出來，致使秦國統治理念與多元世界的對抗最終以地理單元之間的衝突呈現出來。

儘管與諸子思想和西戎舊俗相關聯，「使眾若使一人」的主要承載主體當是秦人，秦的開疆拓土，使得不同族群逐步納入秦的一元化統治格局當中，而秦國推行的統治方式就是以管理秦人之法管理不同族群，意圖把「使眾若使一人」的治人之術施於更多的被征服人群。「王國」國家形態本身包容不同族群的生產生活方式，是因俗而治的生成場域，春秋戰國時期多個「王國」並立的格局強化了不同族群之間的文化差異，加之秦國周邊少數族裔在文化面貌上與秦地文化多有不同，因此秦國擴張領土的過程也是吸納多元族群文化的過程。「使眾若使一人」的統治思想天然地和異族、異姓文化不能相容，秦國一體化的統治方略往往以消滅多元族群文化為目標，一元化的統治思維與多元世界的對抗便以族群衝突的方式得以呈現。

出土文獻證實，秦的地方官員把楚地民俗視為惡俗，原因是它們阻礙了一元化統治的推行，而一元化統治背後的統治思想便是「使眾若使一人」。在「王國」和「帝國」國家形態中，區域和族群的多元化最終以民俗風情的多元化呈現出來，或者說，超越「小國」國家形態的早期中國本身是一個民俗多元化的世界，作為人類文化的載體，民俗風情既是地域文化的標誌，也是族群文化的象徵，而秦國地方官員致力於消滅各類風俗的行動實際上也是一元化統治思想與多元世界的對抗。

「使眾若使一人」的統治思想很快就破產了，秦的一元化統治短期看是失敗的，但是統觀中國古史，它似乎又是成功的，而在現代社會，這樣的統治思想及其命運更是值得玩味的一個歷史命題。

清華簡所見墨家單質化的人才觀反映了諸子以一家之學與多元世界相對抗的思想格局。清華簡所見墨家「賢人」觀是個典型的觀念樣本，為了標榜符合自身價值觀的人才觀念，墨家通過杜撰歷史故事，申說自我主張，希冀天下盡用位卑而德高者，他們在衝絕血統論樊籬的同時，也傳達出一種與多元世界相對抗的思想觀念。

任何一個時代，人才的來源、選用、提拔等渠道都是多元的，在血統論鬆動的戰國時期，從貴族集團內部選拔優秀人才既具有體制上的合法性，也符合常情，即使各國以變法抑制貴族勢力，也不能完全解除這一社會群體參與國家管理與社會控制的權利。換個角度看，破除血統論後，人才的來源也不能完全固定在選用位卑而德高者這一單一渠道中，社會人群的多元結構本身就決定了賢人來源的多樣性，用一種觀念替代社會現實是不可能成立的。但是，墨家將一孔之見無限放大，用盡各種辦法申說選用位卑而德高者的合法性和正當性，營造出非位卑而德高者就不是賢人的輿論場域，以單質化的人才觀應對日益複雜的國家管理與社會控制事務。

墨家的人才觀在某種程度上為我們呈現了這一學派自我環閉的思想景觀。人才觀是墨家政治觀、價值觀、社會觀的具體表現形式，它們雖在形式上有所區別，但內理上是相通的，主張使用位卑而德高者的人才觀推導出墨家主張用這樣的賢人執政的政治觀，而這樣的政治觀推導出相應的價值觀，而價值觀又決定著墨家的社會觀。自我環閉的思想景觀表現出墨家思想的空想性質，反映出這一學派與最高統治者的統治思想和精英政治群體統治思想之間的區別和價值觀念上的疏離，體現出墨家以一己之學與多元社會結構相的對抗心理。

墨家的這種對抗心理也投射於諸子學術思想場域之中。墨家一旦抱定要求統治者使用位卑而德高者的人才觀念，就拒斥其他諸子的相關主張，尤其是和儒家的人才觀相對抗，拒絕在血統合法性問題上妥協。以此觀之，以一己之學與多元思想世界相對抗的思路，說明墨家不具備容受文化多元性的學派特質，其統治思想的政治學內涵或許只能停留在歷史研究層面，而無法與現代社會達成某種有意義的連接。擴而言之，墨家的賢人觀集中體現了諸子時代思想文化

世界的前現代特質，在那個看似可以自由表達的時代，諸子們致力於自由地闡述自己的觀點，少有容納他說的雅量，遑論對多元思想世界的包容與承納。

清華簡所見周代統治思想的單質性可從兩個方面加以剖析。首先，國家層面的統治思想往往會形成放諸四海皆準的統治法則，並以這一法則為準繩進行相應的人事安排、制度構建，且通過自上而下的宣教和強制，使之成為全社會共同認可、遵守的行動指南。這樣的統治思想集中體現了作為國家管理與社會控制主體的威權和暴力特徵，它所制定和推行的統治理念不能容忍人類在觀念、行為等層面上的多元性，並以這樣的多元性為敵，推行的目的就是要消滅不同層面上客觀呈現的多元性。秦的橫掃六合、霸絕天下是歷代史家歌頌的輝煌歷史篇章，蘊含其中的統治理念也為史家看重，從「王國」邁向「帝國」的過程中，秦放棄了原先處理超血緣、跨地域統治的諸多歷史經驗，一元化的統治法則似乎使「小國」時代一家一姓的統治思想得以復活，致力於與多元世界相對抗的國家意志也似乎意味著文明的倒退。然而，這一統治思想並非不能在與多元世界相對抗的過程中得到統治者的重視，也並非不能起到效果尚佳的管理和控制功能，秦的短祚並沒有終結它，相反，在長時段的歷史進程中，它始終是古代中國的主流統治思想。不過，這一統治思想顯然與現代社會包容多元文化的基本理念是不能相容的，它的單質性及延伸出的排他性特質顯而易見。從歷史深入找尋身份認同或想承續歷史傳統之時，應當辨析清楚這一統治思想的真實面目，也應當考量清楚恢復這一統治思想對於現代多元社會意味著什麼。

其次，從清華簡所見諸子統治思想的構成看，諸子思想主張存在互鑒現象，但這並不能改變他們以一己之見與多元世界相對抗的觀念和心態。諸子時代的思想是一筆豐厚的文化遺產，不僅是中國文化的一個高峰，也是中國人精神文化的源頭，從中汲取所需已然成為一種思維慣性。不能否認的是，諸子的倫理觀、審美觀、社會觀等不僅是傳統中國思想的凝煉和昇華，也與現代中國文化相通融。但是，就本書涉及的諸子統治思想觀念來說，其思想性質具有明顯的個性和時代性，基本不具備跨時代的通約性。在文末，筆者無意重複那些具體的思想主題，而是想在闡釋其政治學內涵的基礎上反思諸子時代的文化特徵。在筆者看來，那個可以自由發聲的時代並不意味著自由和包容成為基本價值觀念，在諸子的政治思想視域中，如何排拒其他諸子的思想主張，以一己之見與多元化的思想觀念相對抗，才是諸子時代思想文化的根本性特徵，這一思想環境下孕育出的統治思想是否具有借鑒或承續意義值得我們認真反思。

參考文獻

一、古代史籍

1. （漢）鄭玄注，王闓運補注：《尚書大傳》，商務印書館 1937 年版。
2. （漢）班固：《漢書》，中華書局 1962 年版。
3. 徐宗元輯：《帝王世紀輯存》，中華書局 1964 年版。
4. （南朝宋）范曄：《後漢書》，中華書局 1965 年版。
5. （清）永瑢等撰：《四庫全書總目》，中華書局 1965 年版。
6. （唐）房玄齡等：《晉書》，中華書局 1974 年。
7. （漢）王符著，（清）汪繼培箋，彭鐸校正：《潛夫論箋》，中華書局 1979 年版。
8. （漢）許慎撰，（清）段玉裁注：《說文解字注》，上海古籍出版社 1981 年版。
9. 蔣禮鴻撰：《商君書錐指》，中華書局 1986 年版。
10. （清）焦循撰，沈文倬點校：《孟子正義》，中華書局 1987 年版。
11. 劉文典撰，馮逸、喬華點校：《淮南鴻烈集解》，中華書局 1989 年版。
12. （宋）蘇軾：《東坡書傳（三）》，中華書局 1991 年版。
13. 吳毓江撰，孫啟治點校：《墨子校注》，中華書局 1993 年版。
14. （唐）歐陽詢撰，汪紹楹校：《藝文類聚》，上海古籍出版社 1999 年版。
15. （南朝梁）蕭統選，（唐）李善注，韓放主校點：《昭明文選》，京華出版社 2000 年版。
16. （清）孫詒讓撰，孫啟治點校：《墨子閒詁》，中華書局 2001 年版。

17. 徐元誥撰，王樹民、沈長雲點校：《國語集解》（修訂本），中華書局 2002 年版。

18. 黎翔鳳撰，梁運華整理：《管子校注》，中華書局 2004 年版。

19. 黃懷信、張懋鎔、田旭東：《逸周書彙校集注》，上海古籍出版社 2007 年版。

20. （清）阮元校刻：《十三經注疏》，中華書局 2009 年版。

21. 許維遹撰、梁運華整理：《呂氏春秋集釋》，中華書局 2009 年版。

22. （清）王先謙撰，何晉點校：《尚書孔傳參正》，中華書局 2011 年版。

23. （春秋）孫武撰，（三國）曹操等注，楊丙安校理：《十一家注孫子校理》，中華書局 2012 年版。

24. （清）王先謙撰，沈嘯寰、王星賢點校：《荀子集解》，中華書局 2013 年版。

25. （清）王先慎撰，鍾哲點校：《韓非子集解》，中華書局 2013 年版。

26. （明）劉三吾撰，陳冠梅校點：《書傳會選》，嶽麓書社 2013 年版。

27. （漢）司馬遷：《史記》，中華書局 2013 年版。

28. （三國魏）嵇康著，戴明揚校注：《嵇康集校注》，中華書局 2014 年版。

29. 程樹德撰，程俊英、蔣見元點校：《論語集釋》，中華書局 2014 年版。

30. （宋）呂祖謙：《呂祖謙全集》，浙江古籍出版社 2017 年版。

二、出土文獻

1. 睡虎地秦墓竹簡整理小組：《睡虎地秦墓竹簡》，文物出版社 1990 年版。

2. 荊門市博物館：《郭店楚墓竹簡》，文物出版社 1998 年版。

3. 曹瑋編著：《周原甲骨文》，世界圖書出版公司北京公司 2002 年版。

4. 劉雨、盧岩：《近出殷周金文集錄》，中華書局 2002 年版。

5. 馬承源主編：《上海博物館藏戰國楚竹書（四）》，上海古籍出版社 2004 年版。

6. 中國社會科學院考古研究所編：《殷周金文集成（修訂增補本）》，中華書局 2007 年版。

7. 李學勤主編：《清華大學藏戰國竹簡（壹）》，中西書局 2010 年版。

8. 李學勤主編：《清華大學藏戰國竹簡（貳）》，中西書局 2011 年版。

9. 吳鎮烽編著：《商周青銅器銘文暨圖像集成》，上海古籍出版社 2012 年版。

10. 馬承源主編《上海博物館藏戰國楚竹書（九）》，上海古籍出版社 2012 年版。
11. 李學勤主編：《清華大學藏戰國竹簡（三）》，中西書局 2012 年版。
12. 李學勤主編：《清華大學藏戰國竹簡（伍）》，中西書局 2015 年版。
13. 李學勤主編：《清華大學藏戰國竹簡（陸）》，中西書局 2016 年版。
14. 李學勤主編：《清華大學藏戰國竹簡（柒）》，中西書局 2017 年版。
15. 李學勤主編：《清華大學藏戰國竹簡（捌）》，中西書局 2018 年版。
16. 黃德寬主編：《清華大學藏戰國竹簡（玖）》，中西書局 2019 年版。
17. 黃德寬主編：《清華大學藏戰國竹簡（拾）》，中西書局 2020 年版。
18. 黃德寬主編：《清華大學藏戰國竹簡（拾壹）》，中西書局 2021 年版。
19. 黃德寬主編：《清華大學藏戰國竹簡（拾貳）》，中西書局 2022 年版。

三、學術著作

1. 王振先：《中國古代法理學》，商務印書館 1925 年版。
2. 郭寶鈞：《中國青銅器時代》，生活・讀書・新知三聯書店 1963 年版。
3. 童書業：《春秋左傳研究》，上海人民出版社 1980 年版。
4. 〔法〕列維・布留爾著，丁由譯：《原始思維》，商務印書館 1981 年版。
5. 馬非百：《秦集史》，中華書局 1982 年版。
6. 〔法〕克洛德・列維・斯特勞斯著，李幼蒸譯：《野性的思維》，商務印書館 1987 年版。
7. 陳夢家：《殷虛卜辭綜述》，中華書局 1988 年版。
8. 張光直：《中國青銅時代》（二集），生活・讀書・新知三聯書店 1990 年版。
9. 徐中舒：《先秦史論稿》，巴蜀書社 1992 年版。
10. 杜正勝：《古代社會與國家》，臺灣允晨文化實業股份有限公司 1992 年版。
11. 裘錫圭：《古代文史研究新探》，江蘇古籍出版社 1992 年版。
12. 謝維揚：《中國早期國家》，浙江人民出版社 1995 年版。
13. 〔英〕詹姆斯・喬治・弗雷澤著，徐育新、汪培基、張澤石譯，汪培基校：《金枝》，大眾文藝出版社 1998 年版。
14. 王玉哲：《中華遠古史》，上海人民出版社 2000 年版。
15. 梁啟超：《梁啟超法學文集》，中國政法大學出版社 2000 年版。

16. 徐復觀：《兩漢思想史（第一卷）》，華東師範大學出版社2001年版。

17. 李玉潔：《楚國史》，河南大學出版社2001年版。

18. 〔日〕伊藤道治著，江藍生譯：《中國古代王朝的形成——以出土資料為主的殷周史研究》，中華書局2002年版。

19. 孫作雲：《孫作雲文集》，河南大學出版社2003年版。

20. 瞿同祖：《中國法律與中國社會》，中華書局2003年版。

21. 李雪山：《商代分封制度研究》，中國社會科學出版社2004年版。

22. 顧頡剛、劉起釪：《尚書校釋譯論》，中華書局2005年版。

23. 徐復觀：《中國人性論史》，華東師範大學出版社2005年版。

24. 〔美〕夏含夷：《古史異觀》，上海古籍出版社2005年版。

25. 韋慶遠、柏樺：《中國政治制度史》（第二版），中國人民大學出版社2005年版。

26. 沈長雲：《先秦史》，人民出版社2006年版。

27. 薛柏成：《墨家思想新探》，黑龍江人民出版社2006年版。

28. 陳劍：《甲骨金文考釋論集》，線裝書局2007年版。

29. 王春瑜主編：《中國反貪史》，四川人民出版社2007年版。

30. 〔美〕李峰著，徐峰譯，湯惠生校：《西周的滅亡：中國早期國家的地理和政治危機》，上海古籍出版社2007年版。

31. 呂靜：《春秋時期盟誓研究：神靈崇拜下的社會秩序再構建》，上海古籍出版社2007年版。

32. 〔美〕拉鐵摩爾著，唐曉峰譯：《中國的亞洲內陸邊疆》，江蘇人民出版社2008年版。

33. 閻步克：《品位與職位：秦漢魏晉南北朝官階制度研究》，中華書局2009年版。

34. 金兆梓：《尚書詮譯》，中華書局2010年版。

35. 侯外盧等著：《中國思想通史（第一卷）》，人民出版社2011年版。

36. 〔美〕巴菲爾德著，袁劍譯：《危險的邊疆：游牧帝國與中國》，江蘇人民出版社2011年版。

37. 許倬雲：《西周史》，生活·讀書·新知三聯書店2012年版。

38. 王震中：《中國文明起源的比較研究》，中國社會科學出版社2013年版。

39. 章太炎講、諸祖耿整理：《太炎先生尚書說》，中華書局2013年版。

40. 方授楚：《墨學源流》，商務印書館 2015 年版。

41. 劉光勝：《〈清華大學藏戰國竹簡（壹）〉整理研究》，上海古籍出版社 2016 年版。

42. 劉成群：《清華簡與古史甄微》，上海古籍出版社 2016 年版。

43. 李健勝：《流動的權力：先秦、秦漢國家統治思想研究》，中國社會科學出版社 2018 年版。

44. 傅斯年：《性命古訓辨正》，上海三聯書店 2018 年版。

45. 史黨社：《秦與北方民族歷史文化論集》，科學出版社 2018 年版。

46. 〔日〕工藤元男著，〔日〕廣瀨薰雄、曹峰譯：《睡虎地秦簡所見秦代國家與社會》，上海古籍出版社 2018 年版。

47. 〔以〕尤銳著，孫英剛譯：《展望永恆帝國——戰國時代的中國政治思想》，上海古籍出版社 2018 年版。

48. 田兆元：《盟誓史》，廣西民族出版社、上海文藝出版社 2000 年版。

49. 趙世超：《周代國野制度研究（修訂本）》，人民出版社 2020 年版。

50. 程浩：《有為言之——先秦「書」類文獻的源與流》，中華書局 2021 年版。

四、論文

1. 顧頡剛：《紂惡七十事的發生次第》，《語絲》1924 年第 2 期（11 月 24 日）。

2. 顧頡剛：《春秋時代的縣》，《禹貢》第 7 卷，1937 年。

3. 胡厚宣：《殷人占夢考》，《甲骨學商史論叢初集》（第三冊），成都齊魯大學國學研究所專刊，1944 年。

4. 陳夢家：《東周盟誓與出土載書》，《考古》1966 年第 5 期。

5. 徐錫臺：《周原出土的甲骨文所見人名、官名、方國、地名淺釋》，參見吉林大學古文字研究室主編：《古文字研究》第 1 輯，中華書局 1979 年版。

6. 徐中舒：《西周史論述（上）》，《四川大學學報》（哲學社會科學版）1979 年第 3 期。

7. 顧頡剛：《「周公制禮」的傳說和〈周官〉一書的出現》，《文史》第 6 輯，中華書局 1979 年版。

8. 閻步克：《春秋戰國時「信」觀念的演變及其社會原因》，《歷史研究》1981 年第 6 期。

9. 繆文遠:《周原甲骨所見諸方國考略》,四川大學學報編輯部,四川大學古文字研究室:《古文字研究論文集》第 10 輯,四川人民出版社 1982 年版。

10. 徐中舒:《周原甲骨初論》,四川大學學報編輯部,四川大學古文字研究室:《古文字研究論文集》第 10 輯,四川人民出版社 1982 年版。

11. 李裕民:《周公篡位考——從「桐葉封弟」的疑案說起》,《晉陽學刊》1984 年第 4 期。

12. 郝鐵川:《周公本為巫祝考》,《人文雜誌》1987 年第 5 期。

13. 李學勤:《麥尊與邢國的初封》,楊文山、翁振軍主編:《邢臺歷史文化論叢》,河北人民出版社 1990 年版。

14. 李學勤:《范蠡思想與帛書〈黃帝書〉》,《浙江學刊》1990 年第 1 期。

15. 陳平:《克罍、克盉銘文及其有關問題》,《考古》1991 年第 9 期。

16. 晁福林:《「共和行政」與西周後期社會觀念的變遷》,《北京師範大學學報》1992 年第 3 期。

17. 晁福林:《試論西周分封制的若干問題》,陝西歷史博物館編:《西周史論文集》(下),陝西人民教育出版社 1993 年版。

18. 朱鳳瀚:《商周時期的天神崇拜》,《中國社會科學》1993 年第 4 期。

19. 山西省考古研究所、北京大學考古學系:《天馬—曲村遺址北趙晉侯墓地第三次發掘》,《文物》1994 年第 8 期。

20. 徐難於:《試論春秋時期的信觀念》,《中國史研究》1995 年第 4 期。

21. 董作賓:《甲骨學六十年》,劉夢溪主編:《中國現代學術經典·董作賓卷》,河北教育出版社 1996 年版。

22. 巴新生:《試論先秦「德」的起源與流變》,《中國史研究》1997 年第 3 期。

23. 杜迺松:《克罍克盉銘文新釋》,《故宮博物院院刊》1998 年第 1 期。

24. 向光忠:《釋古文字「盟」與古文化「盟」》,《河池師專學報》(社會科學版)1998 年第 3 期。

25. 張國碩:《試論商代的會盟誓詛制度》,《殷都學刊》1998 年第 4 期。

26. 何晉:《秦稱「虎狼」考》,《文博》1999 年第 5 期。

27. 李模:《試論先秦盟誓制度的歷史功用》,《天府新論》2001 年第 1 期。

28. 杜勇:《關於令方彝的年代問題》,《中國史研究》2001 年第 2 期。

29. 鄭殿華:《論春秋時期的楚縣與晉縣》,《清華大學學報》(哲學社會科學

版）2002 年第 4 期。

30. 李零：《讀〈周原甲骨文〉》，北京大學中國考古學研究中心、北京大學震旦古代文明研究中心編：《古代文明》第 3 卷，文物出版社 2004 年版。

31. 王暉：《作冊旂器銘與西周分封賜土禮儀考》，《中國歷史文物》2005 年第 1 期。

32. 陳立柱：《微子封建考》，《歷史研究》2005 年第 6 期。

33. 宋鎮豪：《甲骨文中的夢與占夢》，《文物》2006 年第 6 期。

34. 杜勇：《論夏朝國家形式及其統一的意義》及《續》，《天津師範大學學報》（社會科學版）2007 年第 1、2 期。

35. 萬光軍：《儒學革命觀的邏輯解讀》，《中華文化論壇》2007 年第 1 期。

36. 雒有倉：《論西周的盟誓制度》，《考古與文物》2007 年第 2 期。

37. 朱鳳瀚：《公簋與唐伯侯於晉》，《考古》2007 年第 3 期。

38. 張分田：《深化中國古代統治思想研究的幾點思考》，《天津師範大學學報》（社會科學版）2007 年第 3 期。

39. 李振宏：《論「先秦學術體系」的漢代生成》，《河南大學學報》（社會科學版）2008 年第 2 期。

40. 李伯謙：《公簋與晉國早期歷史若干問題的再認識》，《中原文物》2009 年第 1 期。

41. 趙平安：《關於〈保訓〉「中」的幾點意見》，《中國史研究》2009 年第 3 期。

42. 李學勤：《清華簡整理工作的第一年》，《清華大學學報》（哲學社會科學版）2009 年第 5 期。

43. 周鳳五：《清華簡〈保訓〉重探》，見《中國人民大學國學院五週年紀念會論文集》，2010 年。

44. 雒有倉：《甲骨文所見商代族氏聯合與聯盟關係研究》，《殷都學刊》2010 年第 2 期。

45. 廖名春、陳慧：《清華簡〈保訓〉解讀》，《中國哲學史》2010 年第 3 期。

46. 楊振紅：《從出土秦漢律看中國古代的「禮」、「法」觀念及其法律體現——中國古代法律之儒家化說商兌》，《中國史研究》2010 年第 4 期。

47. 張卉：《清華簡〈保訓〉「中」字淺析》，《史學月刊》2010 年第 12 期。

48. 李均明：《清華簡〈皇門〉之君臣觀》，《中國史研究》2011 年第 1 期。

49. 廖名春：《清華簡〈保訓〉篇「中」字釋義及其他》，《孔子研究》2011 年第 2 期。

50. 李銳：《清華簡〈保訓〉與中國古代「中」的思想》，《孔子研究》2011 年第 2 期。

51. 黃懷信：《清華簡〈程寤〉解讀》，《魯東大學學報》（哲學社會科學版）2011 年第 4 期。

52. 曹峰：《〈保訓〉的「中」即「公平公正」之理念說——兼論「三降之德」》，《文史哲》2011 年第 6 期。

53. 湖北省文物考古研究所、隨州市博物館：《湖北隨州葉家山西周墓地發掘簡報》，《文物》2011 年第 11 期。

54. 李學勤等：《湖北隨州葉家山西周墓地筆談》，《文物》2011 年第 11 期。

55. 劉光勝、李亞光：《清華簡〈耆夜〉與周公酒政的思想意蘊》，《社會科學戰線》2011 年第 12 期。

56. 李學勤：《斗子鼎與成王岐陽之盟》，《中國國家博物館館刊》2012 年第 1 期。

57. 於薇：《湖北隨州葉家山 M2 新出ㄔ子鼎與西周宗盟》，《江漢考古》2012 年第 2 期。

58. 吳新勇：《清華簡〈蟋蟀〉及其所見周公無逸思想》，《史學月刊》2012 年第 4 期。

59. 劉國忠：《清華簡〈程寤〉與「文王受命」》，《文史知識》2012 年第 5 期。

60. 劉光勝：《真實的歷史，還是不斷衍生的傳說——對清華簡文王受命的再考察》，《社會科學輯刊》2012 年第 5 期。

61. 羅新慧：《周代天命觀念的發展與嬗變》，《歷史研究》2012 年第 5 期。

62. 申超：《清華簡〈程寤〉主旨試探》，《管子學刊》2013 年第 1 期。

63. 王子今：《秦世民間兵書的流傳》，《中國文化》2013 年第 2 期。

64. 陳穎飛：《清華簡〈程寤〉與文王受命》，《清華大學學報》（哲學社會科學版）2013 年第 2 期。

65. 李桂民：《周原廟祭甲骨與「文王受命」公案》，《歷史研究》2013 年第 2 期。

66. 程浩：《清華簡〈金縢〉性質與成篇辯證》，《上海交通大學學報》（哲學社會科學版）2013 年第 4 期。

67. 裘錫圭：《出土文獻與古典學重建》，《出土文獻》第 4 輯，中西書局 2013 年版。

68. 肖芸曉：《試論清華竹書伊尹三篇的關聯》，見武漢大學簡帛研究中心主編：《簡帛》第 8 輯，上海古籍出版社 2013 年版。

69. 黃錦前：《荊子鼎與成王岐陽之盟》，《中國國家博物館館刊》2013 年第 9 期。

70. 李賢中：《墨家「尚賢」思想探析》，《周易研究》2014 年第 1 期。

71. 李均明：《〈蟋蟀〉詩主旨辨——由清華簡「不喜不樂」談起》，《紹興文理學院學報》2014 年第 1 期。

72. 夏大兆，黃德寬：《關於清華簡〈尹至〉〈尹誥〉的形成和性質——從伊尹傳說在先秦傳世和出土文獻中的流變考察》，《文史》2014 年第 3 輯。

73. 李凱：《說清華簡〈程寤〉「攻於商神」》，《雲南社會科學》2014 年第 5 期。

74. 姚小鷗、孟祥笑：《試論清華簡〈周公之琴舞〉的文本性質》，《文藝研究》2014 年第 6 期。

75. 馬智全：《清華簡〈程寤〉與〈書〉類文獻「寤」體略探》，《魯東大學學報》（哲學社會科學版）2015 年第 1 期。

76. 段清波：《從秦始皇陵考古看東西文化交流（一）（二）》，《西北大學學報》（哲學社會科學版）2015 年第 1、2 期。

77. 杜勇：《清華簡與伊尹傳說之謎》，《中原文化研究》2015 年第 2 期。

78. 馬芳：《從清華簡〈周公之琴舞〉、〈芮良夫毖〉看「毖」詩的兩種範式及其演變軌跡》，《學術研究》2015 年第 2 期。

79. 沈建華：《清華簡〈唐（湯）處於唐丘〉與〈墨子·貴義〉文本》，《中國史研究》2016 年第 1 期。

80. 胡寧：《從大河口鳥形盉銘文看先秦誓命規程》，《中國史研究》2016 年第 1 期。

81. 程浩：《古書成書研究再反思——以清華簡「書」類文獻為中心》，《歷史研究》2016 年第 4 期。

82. 晁福林：《從清華簡〈程寤〉篇看「文王受命」問題》，《北京師範大學學報》（社會科學版）2016 年第 5 期。

83. 吳柱：《先秦盟誓的信任機制及其演變》，《史學月刊》2016 年第 11 期。

84. 劉光勝：《同源異途：清華簡〈書〉類文獻與儒家〈尚書〉系統的學術分

野〉，《中國高校社會科學》2017 年第 2 期。

85. 劉成群：《清華簡與墨學管窺》，《清華大學學報》（哲學社會科學版）2017
　　年第 3 期。

86. 蓋立濤：《墨家鬼神觀新論》，《世界宗教研究》2017 年第 3 期。

87. 趙平安、石小力：《成鱄及其與趙簡子的問對——清華簡〈趙簡子〉初探》，
　　《文物》2017 年第 3 期。

88. 楊善群：《清華簡〈說命〉性質探討》，《青海師範大學學報（哲學社會科
　　學版）》2017 年第 4 期。

89. 李守奎：《〈越公其事〉與句踐滅吳的歷史事實及故事流傳》，《文物》2017
　　年第 6 期。

90. 陳穎飛：《論清華簡〈子犯子餘〉的幾個問題》，《文物》2017 年第 6 期。

91. 熊賢品：《論清華簡七〈越公其事〉吳越爭霸故事》，《東吳學術》2018 年
　　第 1 期。

92. 李忠林：《皇天與上帝之間：從殷周之際的天命觀說文王受命》，《史學月
　　刊》2018 年第 2 期。

93. 劉成群：《清華簡〈越公其事〉與黃老之學的源起》，《華中國學》2018 年
　　第 2 期。

94. 王沛：《子產鑄刑書新考：以清華簡〈子產〉為中心的研究》，《政法論壇》
　　2018 年第 2 期。

95. 王進鋒：《清華簡〈越公其事〉與春秋時期越國的縣制》，《歷史地理》2018
　　年第 2 期。

96. 謝耀亭：《清華簡〈趙簡子〉拾零——兼論其文獻學價值》，《邯鄲學院學
　　報》2018 年第 2 期。

97. 陳成吒：《黃帝學派及其老學》，《管子學刊》2018 年第 2 期。

98. 劉源：《從韓伯豐鼎銘文看西周貴族政體運作機制》，《史學集刊》2018 年
　　第 3 期。

99. 劉光勝：《清華簡〈說命〉與傅聖生平事蹟新探》，《古代文明》2018 年第
　　4 期。

100. 石小力：《清華簡〈虞夏殷周之治〉與上古禮樂制度》，《清華大學學報》
　　（哲學社會科學版）2018 年第 5 期。

101. 寧鎮疆：《由清華簡〈芮良夫毖〉之「五相」論西周亦「尚賢」及「尚賢」

古義》,《學術月刊》2018 年第 6 期。

102. 袁濟喜、程景牧:《從〈尚書‧金縢〉看周公形象的悲慨之美》,《暨南學報》(哲學社會科學版) 2018 年第 9 期。

103. 劉光勝:《德刑分途:春秋時期破解禮崩樂壞困局的不同路徑——以清華簡〈子產〉為中心的考察》,《孔子研究》2019 年第 1 期。

104. 章寧:《「書」類文獻芻議》,《史學史研究》2019 年第 1 期。

105. 曹定雲:《清華簡〈說命上〉「二戊豕」解——兼論〈說命〉的真實性與傳抄時代》,《中原文化研究》2019 年第 2 期。

106. 劉成群:《清華簡〈越公其事〉與句踐時代的經濟制度》,《社會科學》2019 年第 4 期。

107. 王暉:《清華簡〈厚父〉屬性及時代背景新認識——從「之匿王乃渴失其命」的斷句釋讀說起》,《史學集刊》2019 年第 4 期。

108. 馬騰:《論清華簡〈治邦之道〉的墨家思想》,《廈門大學學報》(哲學社會科學版) 2019 年第 5 期。

109. 陳民鎮:《清華簡〈治邦之道〉墨家佚書說獻疑》,《陝西師範大學學報》(哲學社會科學版) 2019 年第 5 期。

110. 陳民鎮:《清華簡〈治政之道〉〈治邦之道〉思想性質初探》,《清華大學學報》(哲學社會科學版) 2020 年第 1 期。

111. 郭長江、凡國棟、陳虎等:《曾公 編鍾銘文初步釋讀》,《江漢考古》2020 年第 1 期。

112. 孫聞博:《商鞅「農戰」政策推行與帝國興衰——以「君—官—民」政治結構變動為中心》,《中國史研究》2020 年第 1 期。

113. 熊永:《封建郡縣之爭與秦始皇嗣君選擇》,《歷史研究》2020 年第 1 期。

114. 黃德寬:《清華簡〈四告〉疑難字詞二考》,《出土文獻》2020 年第 3 期。

115. 程浩:《清華簡〈四告〉的性質與結構》,《出土文獻》2020 年第 3 期。

116. 趙法生:《殷周之際的宗教革命與人文精神》,《文史哲》2020 年第 3 期。

117. 劉光勝:《三監之亂與周公治國謀略的展開——以清華簡〈皇門〉為中心的考察》,《古代文明》2020 年第 3 期。

118. 王博:《先秦騎兵起源新研》,《學術探索》2020 年第 3 期。

119. 李振宏:《關於秦始皇統治思想屬性的判斷問題》,《古代文明》2020 年第 3 期。

120. 王子今：《政論與史論：秦政治人物關於「史」的對話》，《史學史研究》2020 年第 4 期。

121. 余豔紅：《百年中國政治思想史研究的三重困境與反思》，《中國社會科學院研究生院學報》2020 年第 5 期。

122. 彭華、李菲：《清華簡〈越公其事〉研究述評》，《地方文化研究》2020 年第 5 期。

123. 唐俊峰：《新見荊州胡家草場 12 號漢墓〈外樂律〉〈蠻夷律〉條文讀記與校釋》，《法律史譯評》（第 8 卷），2020 年。

124. 黃愛梅：《〈越公其事〉的敘事立場及越國史事》，《社會科學戰線》2020 年第 8 期。

125. 趙平安：《清華簡〈四告〉的文本形態及其意義》，《文物》2020 年第 9 期。

126. 王福海：《殷周之際「天命」思想變遷內在理路的哲學省察——以周武王的天命思想為中心》，《周易研究》2021 年第 2 期。

127. 馬騰：《子產禮義與變法新詮——〈左傳〉與清華簡〈子產〉互證》，《四川大學學報》（哲學社會科學版）2021 年第 2 期。

128. 劉全志：《清華簡〈繫年〉的成書與墨家學派性質》，《浙江學刊》2021 年第 2 期。

129. 張利軍：《歷史書寫與史學功能——以清華簡〈厚父〉所述夏史為例》，《史學理論研究》2021 年第 3 期。

130. 王晨光：《重令型國家的觀念建構——與朱騰教授商榷清華簡〈子產〉的定位》，《南大法學》2021 年第 4 期。

131. 鄔可晶：《說清華簡〈芮良夫毖〉「其罰時尚其德型宜利」》，《漢字漢語研究》2021 年第 4 期。

132. 程浩：《清華簡〈五紀〉思想觀念發微》，《出土文獻》2021 年第 4 期。

133. 馬楠：《清華簡〈五紀〉篇初識》，《文物》2021 年第 9 期。

134. 賈連翔：《清華簡〈五紀〉中的「行象」之則與「天人」關係》，《文物》2021 年第 9 期。

135. 袁青：《清華簡〈五紀〉思想探微》，《江淮論壇》2022 年第 3 期。

136. 陳民鎮：《略說清華簡〈五紀〉的齊系文字因素》，《北方論叢》2022 年第 4 期。

137. 趙益：《清華簡〈五紀〉與「關聯式宇宙論」》，《古典文獻研究》（第 25 輯

下），2022 年。

138. 曹斌：《多學科視野下的西周國家禮制變革和社會轉型研究》，《中國史研究動態》2023 年第 1 期。

129. 王建、李靜怡：《文獻流動性視域下清華簡中之楚文化特徵》，《湖南大學學報（社會科學版）》2023 年第 4 期。

140. 王晨光：《藩屏王家：清華簡〈皇門〉〈四告〉的權力互動及政治倫理》，《史學月刊》2023 年第 6 期。

五、報刊及網絡論文

1. 王進鋒、甘鳳、余佳：《清華簡〈保訓〉集釋》，簡帛網，http://www.bsm.org.cn/?chujian/5635.html。

2. 李學勤：《初識清華簡》，《光明日報》2008 年 12 月 1 日，第 12 版。

3. 李均明：《周文王遺囑之中道觀》，《光明日報》2009 年 4 月 20 日，第 12 版。

4. 李零：《說清華楚簡〈保訓〉篇的「中」字》，《中國文物報》2009 年 5 月 20 日，第 7 版；劉國忠、陳穎飛：《清華簡〈保訓〉座談會紀要》，《光明日報》2009 年 6 月 29 日，第 12 版。

5. 李零：《讀清華簡〈保訓〉釋文》，《中國文物報》2009 年 8 月 21 日，第 7 版。